JN267850

開発経済学と台湾の経験

Development Economics : The Experience of Taiwan

アジア経済の発展メカニズム

朝元照雄
Teruo Asamoto

keisō shobo

はしがき

　本書は開発経済学の手法で現代台湾の経済発展の分析を試みている。台湾は優れた経済発展のパフォーマンスを実現したが，1972年9月27日の日台国交断絶（日中国交回復）以降，突如，糸が切れた凧のように日本における台湾研究に関する著作出版が少なくなっていた。日本における台湾研究はマイノリティの存在になり，本書はこのような「不自然な」現象の隙間を埋めるための研究書である。それがあえて本書の出版に踏み切った理由である。御批判と御叱正をいただければ幸いである。なお，開発経済学に関心を持つ研究者のために，「あとがき」に開発経済学に関する書籍文献を列挙しておく。

　本書は以下のように展開する。まず，第1章は，ルイスとラニス＝フェイの転換点モデルおよびクズネッツの逆U字型曲線を使って，実証研究を試みたものである。1960年代台湾の輸出志向工業化の特徴は労働集約型工業化であり，輸出拡大と同時により多くの労働力を吸収する体質をもっていた。労働吸収力の拡大が労働市場構造にどのような変化をもたらしたのか。それは，労働過剰経済から労働不足経済への構造変化をもたらし，台湾経済は1966年～68年に転換点を通過したこと。そして，転換点の時点と逆U字型曲線の「最大不平等点」とは同じ時点であるという少々大胆な仮説を展開している。

　第2章は，レオンチェフが考案した産業連関表によるスカイライン・マップの手法を使って，日本と台湾の産業連関分析を考察したものである。1964年から1999年の台湾8時点，1975年から1999年の日本6時点の産業連関表によるスカイライン・マップから産業高度化の変化が顕著に表れていた。その結果，日本の産業構造がより"総括的"で，台湾の方がより"強い産業と弱い産業"として顕著に表れていたことがわかった。

　第3章は，バラッサの顕示比較優位指数（RCA指数）と貿易特化係数を使い，欧米，日本，アジアNIEs，中国，東南アジアの産業の国際競争力を分析

したものである。その結果，重層的追跡過程からヴァーノンのプロダクト・サイクル理論の生成―成長―成熟―衰退の軌跡を観察することができた。

　第4章は，台湾の経済発展における政府の役割に焦点をあてたものである。通産省（現在の経済産業省）は戦後日本の産業政策に多大な役割を果たしていた。それが故に，通産省は「日本株式会社」と呼ばれていた。台湾の場合，経済開発政策を主導的にリードしたのが日本の経済企画庁に相当する機構であり，経済安定委員会（経安会），アメリカ援助委員会（米援会），国際経済合作発展委員会（経合会），経済設計委員会（経設会）を経て，現在の経済建設委員会（経建会）に至っていた。これらの機構は経済建設4ヵ年計画などを通じて工業化の基礎を築くようになった。他方，中国農村復興聯合委員会（農復会）は農地改革，家族計画を実施し，貧富の格差縮小と人口抑制に大きな役割を果たした。時代の沿革，経済発展段階における政府の役割を明らかにしたものである。

　第5章は，台湾の産業政策の具体策とその国家の制度能力にスポットをあてたものである。戦後初期の幣制改革，農地改革，1950年代の輸入代替工業化時期の高い輸入関税，通貨の過大評価，60年代の輸出志向工業化時期の為替レート一本化，十九項目財政経済改革措置，投資奨励条例の制定，輸出加工区の設置を解明する。続いて，1970年代の第2次輸入代替工業化（重化学工業化）時期の十大建設と十二項目建設，80年代の産業高度化の推進に新竹科学工業園区の設置，経済の自由化・国際化時期での中小企業政策，海外投資政策を考察する。1990年代のハイテク産業発展期の国家建設6ヵ年計画，科学技術政策，アジア太平洋オペレーションセンター計画，2000年の陳水扁政権誕生後の「挑戦2008」計画，工業技術研究院の役割を論じる。そして，国家の制度能力の検証を行う。

　第6章は，経済発展における中小企業の役割を考察したものである。中小企業の定義，発展時期と位置づけの変化，発展要因，貿易と海外投資の動向，雇用と賃金の動向，財務管理，資金調達・運用を論じる。

　開発経済学による台湾経済研究に従事して20数年が経った，これまで多くの先生，先輩，研究仲間からの御指導と御教示を得ることができ，ここに記して

感謝の意を示したい。

　まず，大学院指導教授の渡辺利夫教授から開発経済学およびアジア経済論の基礎を学んだ。学部ゼミ指導教授の故・板垣與一教授および飯島正教授から開発途上国の経済研究の啓蒙を受け，その後の研究分野を決定づけることになった。逆立ちしても指導教授の学風を継続・発展させていくことなどは無理な相談であるが，今後の精進をお誓い申し上げるほかない。

　1996年度の国外研修の機会を利用し，ハーバード大学フェアバンク東アジア研究センターで客員研究員の身分で1年間滞在した。研修を引き受けていただいたキルビー（W. C. Kirby）学部長，ヴォーゲル（E. F. Vogel）所長ならびに国外研修の派遣を認めた九州産業大学当局に感謝の意を示したい。その研究での成果は本書の第3章を構成している。

　東アジア地域研究会の「東アジア経済の構造」研究プロジェクトの誘いを受け，その成果は本書の第4章を構成している。代表の中村哲（京都大学名誉教授），主査の石田浩（関西大学教授）と西口清勝（立命館大学教授）をはじめとする同研究会の諸先生に教わるところが大であった。

　アジア経済研究所の2003年度「国家の制度能力と産業政策」研究会への参加によって，新たな刺激を受けた。黒岩郁雄主査のほか同研究会委員の下村恭民（法政大学），松島茂（法政大学），穴沢眞（小樽商科大学），堀金由美（明治大学），東茂樹と石塚二葉（アジア経済研究所）の諸先生に教わるところが大きい。その研究会での成果は本書の第5章を構成している。

　九州産業大学産業経営研究所の1999年度と2002年度研究プロジェクトに参加し，その成果は本書の第2章と第6章を構成している。研究所長の佐々野謙治と大谷順彦，同研究プロジェクトの安藤正士，黄完晟の諸教授に大変お世話になった。

　そのほかに，九州産業大学の山本盤男経済学部長，楠本捷一朗経済学研究科長をはじめとする諸先生から御教示を得た。森田明（大阪市立大学名誉教授）から論文を添削してもらい，黄星満（経建会），葉満足と何金巡（行政院主計処）の諸先生から政府刊行物を提供してもらい，大変お世話になった。

　それに，『台湾経済論』，『台湾の経済開発政策』と『台湾の産業政策』（いずれも勁草書房）の共編著・執筆者の施昭雄（福岡大学），劉進慶（東京経済大学），

劉文甫（台湾経済専門家），伊東和久（県立広島女子大学），陳添枝（中華経済研究院長・台湾大学），瞿宛文（中央研究院中山人文科学研究所），顧瑩華（中華経済研究院），董安琪（中央研究院経済研究所），川瀬光義（静岡県立大学），佐藤幸人（アジア経済研究所），宮城和宏（北九州市立大学），中嶋航一（帝塚山大学），水橋佑介（交流協会）にも厚く御礼を申し上げたい。そして，今までの研究生活を支えてくれた父・伸吉（朝元），母・久代（柿），妹・美利，妻・照子（翠娥）と息子・雅明にこの成果を捧げたい。最後に，前著の『現代台湾経済分析』以来，勁草書房の宮本詳三氏の実によく目配りをきかせた編集へのご尽力に，深く感謝している。

平成16年　盛夏

朝元　照雄

目　　次

はしがき

第1章　転換点と逆U字型曲線 …………………………………………………… 3
　　　　──開発経済学による実証研究──
　はじめに　3
　Ⅰ．転換点と逆U字型曲線の理論　4
　Ⅱ．賃金変化の趨勢　13
　Ⅲ．転換点の確認　19
　Ⅳ．賃金格差と所得分配：逆U字型曲線の検証　23
　おわりに　31

第2章　日台産業連関分析 …………………………………………………………… 35
　　　　──産業構造のスカイライン分析と構造変化──
　はじめに　35
　Ⅰ．スカイライン分析　35
　Ⅱ．台湾の産業連関分析　36
　Ⅲ．日本の産業連関分析　52
　おわりに　61

第3章　産業の国際競争力分析 …………………………………………………… 65
　　　　──欧米・日本・アジアNIEs・中国・東南アジア──
　はじめに　65
　Ⅰ．国際競争力の構造様態(1)：民生用電子機器と家庭用電気機器　66
　Ⅱ．国際競争力の構造様態(2)：通信機器と事務用機器　81
　Ⅲ．製品の国際競争力の重層構造　91

おわりに　97

第4章　経済発展戦略と政府の役割 …………………………………102
　　　　――台湾のケース・スタディ――

はじめに　102
Ⅰ．経済の発展過程における農復会の役割　103
Ⅱ．経済の発展過程における経済計画機構の役割　107
おわりに　113

第5章　産業政策と国家の制度能力 ……………………………………116
　　　　――台湾のケース・スタディ――

はじめに　116
Ⅰ．幣制改革と農地改革（戦後～1940年代）　119
Ⅱ．輸入代替工業化（1950年代）　123
Ⅲ．輸出志向工業化（1960年代）　128
Ⅳ．第2次輸入代替工業化（1970年代）　133
Ⅴ．産業の高度化と経済の自由化・国際化（1980年代）　135
Ⅵ．グローバル時代のハイテク産業発展期（1990年代）　139
Ⅶ．緑のシリコン・アイランド構築期（2000年以降）　142
Ⅷ．国家の制度能力の検証　145
おわりに　150

第6章　経済発展における中小企業の役割 ……………………………157
　　　　――台湾のケース・スタディ――

はじめに　157
Ⅰ．中小企業の定義，発展時期と位置づけの変化　158
Ⅱ．貿易動向と海外投資の動向　170
Ⅲ．雇用動向と賃金動向　178
Ⅳ．財務管理，資金調達と運用の実態　189

初出論文 ……………………………………………………………………201
あとがき──開発経済学を知るための文献 ……………………………202
事項索引 ……………………………………………………………………209
人名索引 ……………………………………………………………………212

開発経済学と台湾の経験
―― アジア経済の発展メカニズム ――

第1章　転換点と逆U字型曲線
——開発経済学による実証研究——

はじめに

　ノーベル経済学賞を受賞したA. ルイスとS. クズネッツの両教授は，開発経済学の領域のなかで優れた業績を残した。特に，ルイスの転換点理論とクズネッツの逆U字型曲線理論は独創性を持ち，経済理論に大きな影響を及ぼした。多くの論文では巨匠の個々の理論についても分析がなされたが，この2つの理論を共に論じるものは稀である。本章は転換点と逆U字型曲線の視点から台湾のケースで実証研究を試みようとするものである。

　まず，本章は次の節でルイス，ラニスとフェイの転換点理論とクズネッツの逆U字型曲線の理論を考察する。続く第II節ではこの転換点理論の存在を台湾のケースで検証する。労働市場における賃金構造の変化を考察し，実質賃金はいつ頃急速な上昇を開始したのか，景気変動と賃金との間にはどのような変化がみられるのか，などを検証する。

　農業従事者の工業部門への移動に伴い，労働市場は次第に労働力の供給が逼迫し，農業の実質賃金はある時点から上昇し始める。農業の労働限界生産性もほぼ同じ時期に上昇を開始する。この両者にはどのような関係がみられるのか。農家の交易条件にはどのような変化が起きたか，有効求人者数と有効求職人者数にはどのような変化が発生したかを考察する（第III節）。

　これらの論理的帰結として，台湾の経済が1960年代後半のある時点に「転換点」を通過したのではないかと推測される。最後に台湾経済が転換点を通過したことによって，賃金格差および所得格差の構造にどのような変化があるのか，逆U字型曲線が発生したか否かを検証する（第IV節）。

I．転換点と逆U字型曲線の理論

(1) ルイスの転換点モデル

　労働力移動モデルの代表的なものはルイス（W. A. Lewis）の転換点理論である。ルイスは途上国の経済を伝統的生産方法による労働生産性が低く，賃金が低い伝統的部門（非資本主義部門），および近代的生産方法による労働生産性が高く，賃金が高い近代的部門（資本主義部門）に分けた。前者は農業部門を代表とし，後者は工業部門を代表とする。ルイスが1954年に発表した「無制限労働供給下の経済発展」では，無制限労働供給の前提条件で，近代的工業部門の拡大によって，伝統的農業部門から過剰労働力を吸収し，やがて労働過剰経済に終焉を告げ，労働不足経済を迎えるようになる[1]。

　経済発展によって，一国の「労働過剰経済」から「労働不足経済」への移行が転換点理論の基本的な考えである。つまり，古典学派の「賃金の生存費説」から新古典学派の「賃金の限界生産性説」への移行を意味する。その原動力は工業化である。工業部門（近代的部門）の発展によって農業部門（伝統的部門）の過剰労働者は次々と吸収され，一国の経済地図を塗り替えることである。

　労働過剰の途上国の農村では過剰な労働者が蓄積され，資本がそれほど投入されなく，耕地面積にも限りがある。さらに，人口の増加テンポが速いために，労働力が過剰になり，限界生産性は収穫逓減の法則に沿ってゼロまで減少することもありうる。したがって，農業部門の1人当たりの所得は低く，支払われる賃金は「制度的賃金」であり，その多くは「生存維持的水準」状態のぎりぎりの生活水準である。これを経済発展の初期条件と仮定する。いったん，工業化が推進されると，工業部門で支払われる賃金は，農業部門の賃金よりも高い（A. ルイスによると約3割高い）。そうすると，農民はより高い賃金を求めて都市での工業部門に移動する。

　確かに，農業部門の過剰労働力が豊富である時期は「無制限労働供給」または「労働過剰経済」の段階である。この無制限労働供給または労働過剰状態において，工業化の進展で工業部門による労働力吸収が継続的に進んでいると，いずれかの時期に過剰労働供給は「枯渇」するようになってしまう。この現象

図 1-1　ルイス・モデル

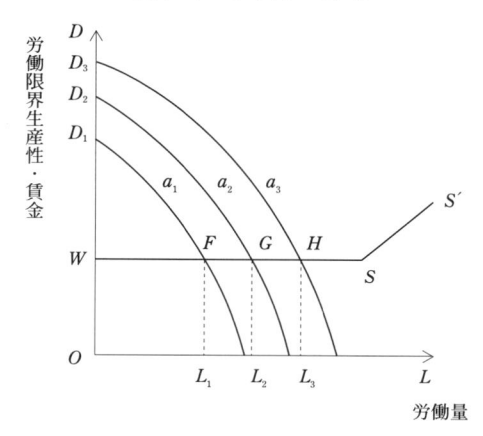

はその国の経済が「労働過剰経済」から「労働不足経済」へのシフトを意味する。この移行の瞬間を「転換点」(turning point)と呼んでいた。この転換点を通過すると、「制度的賃金」で無制限の労働力を雇用することが不可能になり、賃金が急速に上昇することを意味する。

　図1-1はルイスの労働移転過程を示したものである。図の横軸の OL は労働量、縦軸の OD は労働限界生産性と賃金を表している。OW は近代的工業部門の賃金水準である。工業部門の賃金は農業部門の賃金水準よりも高いために、農業部門から供給された労働力は無制限である。そのために、労働供給曲線 WS は横軸に沿った水平線である。この時期、SS' の上昇線を考慮しない。工業部門では資本と労働の2つの要素が使われたと仮定する。資本は希少であるが、労働は豊富である。a_1、a_2、a_3 は労働限界生産性曲線である。工業部門の拡大によって、労働吸収量の増加で労働限界生産性曲線は a_1 から a_2 へと、さらに a_3 へとシフトする。

　工業部門は企業家によって構成され、企業活動は利潤最大化の追求を目標とする。利潤最大化の条件での労働限界生産性は賃金に等しい。労働限界生産性曲線は a_1 の時、雇用する労働量は OL_1、1人当たりの賃金は OW である。労働限界生産性曲線 a_1 と労働供給曲線 WS は F 点で交叉しているので、労働者

に支払われる賃金総額は OL_1FW である。総生産は OL_1FD_1 で，残りは企業家の利潤の WFD_1 である。

　工業部門の企業家は余剰である利潤を投資する。これは利潤最大化を求める最も理想的なビヘイビアである。その時，経済発展のモメンタムが発生する。仮に企業家がこの利潤を再投資すると，労働限界生産性曲線（すなわち，労働需要曲線）は a_1 から a_2 にシフトする。労働限界生産性曲線 a_2 は，労働供給曲線 WS と G 点で交叉し，労働量 OL_2 を決定する。この時，$OL_2 > OL_1$ であり，OL_2 は OL_1 よりも L_1L_2 の雇用量が多い。この意味は，工業部門の拡大によって労働雇用量の増加を示していた。この時点の総生産量は OL_2GD_2 で，労働者に支払われる賃金は OL_2GW であり，残りの WGD_2 は企業家の利潤である。明らかに労働限界生産性曲線 a_2 の時の利潤 WGD_2 は労働限界生産性曲線 a_1 の時の利潤 WFD_1 よりも大きい。これは企業家の利潤の増加を意味している。

　この仮定に沿って，企業家の利潤 WGD_2 の再投資によって，労働限界生産性曲線は a_2 から a_3 にシフトする。この曲線 a_3 は労働供給曲線 WS と H 点で交叉する。それによって労働投入量 OL_3 を決定する。労働投入量 $OL_3 > OL_2 > OL_1$ であり，OL_3 は OL_2 よりも L_2L_3 の雇用量が多い。この場合，総産出量は OL_3HD_3 であり，労働者に支払われる賃金は OL_3HW であり，残りの WHD_3 は企業家の利潤である。この利潤は $WHD_3 > WGD_2 > WFD_1$ であり，明らかに企業家の利潤が増加したことがわかる。

　この利潤を工業部門に投資し，労働限界生産性曲線は再びシフトし，工業部門がより多くの労働力を吸収するようになる。工業部門が持続的に拡大過程を辿り，農業部門の余剰労働力が完全に工業部門に吸収されるまでに至る。しかし，今までの無制限労働供給の段階である資本の不足，労働の豊富状態から雇用する労働量が S 点を超えると，制限された労働供給の段階に入ることになり，賃金は SS' と上昇を辿るようになる。つまり，S 点以前では古典学派の「賃金の生存費説」が適応されるが，S 点を超えると新古典学派の「賃金の限界生産性説」が適応されることになり，すべての生産要因が希少になり，労働供給が非弾力的になる。資本が累積された時に，賃金水準は過去のような「制度的賃金」による不変的な賃金体系ではなくなり，生産拡大は完全に利潤になるのではなく，賃金の上昇によって利潤の一部はそれに支払われることにな

る[2]）。その理由は「制度的賃金」から労働限界生産性の上昇に見合う賃金の上昇がみられたことである。この S 点は「転換点」であり，この点は古典学派の世界と新古典学派の世界の分水嶺である。

（2）ラニス=フェイの転換点モデル

ラニス（G. Ranis）とフェイ（J. H. Fei）が1961年に発表し二重経済発展モデルは，後にはラニス=フェイ・モデル（またはフェイ=ラニス・モデル）と呼ばれていた[3]。このモデルは，ルイスの転換点モデルをより緻密にしたものである。ルイス・モデルは工業部門の拡大過程を描き，農業部門の発展を論じていない。ラニス=フェイ・モデルの特徴は工業部門と農業部門との有機的な関係を明らかにしたことである。

図1-2はラニス=フェイ・モデルである[4]。図1-2(a)は前に述べたルイス・モデルに相当するものである。同図は工業部門であり，縦軸の OP は生産量，横軸の OW は工業部門の労働力を示している。労働限界生産性曲線 df と労働供給曲線 SS' は p 点で交叉し，工業部門の雇用労働量 OG' を決定する。ルイス・モデルでは，労働限界生産性は資本量によって決定され，資本集積の増加は労働限界生産量の増大を牽引する。しかし，ラニス=フェイ・モデルでは，資本累積のほかに，工業部門のイノベーションも，労働限界生産性に影響を与えていたと指摘した。つまり，工業部門の資本ストックが増え，イノベーションの度合いが増えたために，労働限界生産性曲線は右上にシフトすると主張した。資本累積の増加およびイノベーションの進展によって，労働限界生産性曲線は df から $d'f'$ にシフトし，そして，再び $d''f''$ にシフトし，雇用する労働力が増加する。

図1-2(a)の労働供給曲線は2段階によって構成される。前者は水平的に示した Sp' 曲線で，後者は上昇傾向を示した $p'S'$ 曲線であり，両者の接続点の p' 点をラニス=フェイは「食糧不足点」（第1転換点）と呼んだ。ラニス=フェイによると，この時期の農業総生産は変わらないが，労働者の移出によって農業部門では食糧の余剰が発生する。逆に，工業部門では食糧の不足が発生し，農業部門は発生した食糧の余剰を工業部門で販売し，その不足分を補うようになる。「食糧不足点」と呼んだのは，この時点では工業部門において食糧の不

図 1-2 ラニス=フェイ・モデル

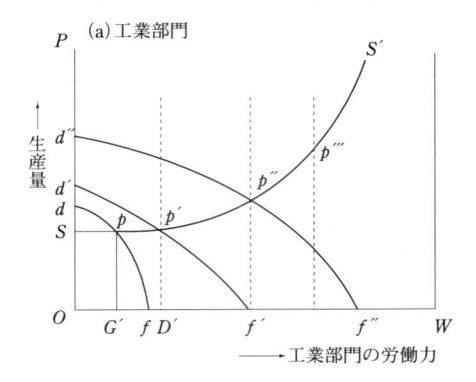

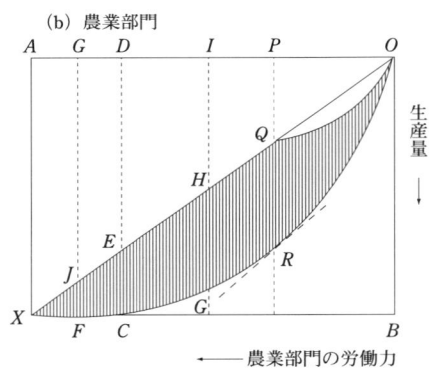

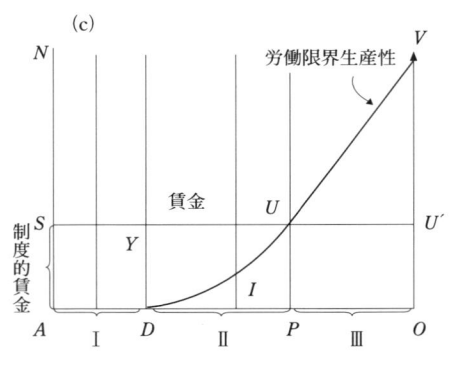

(a) 工業部門

(b) 農業部門

(c)

足が発生したことによるものである。

　ルイスの視点によると，労働供給曲線が水平的から上昇を呈した場合，無制限労働供給段階の終焉を迎え，労働力供給は資本供給と同じように希少要素になり，労働移転過程の終焉を告げるようになる。ラニス＝フェイは基本的にはルイスの考えに沿っていたが，彼らは農業部門の労働生産性が増加し，農工間の労働移転の速度が人口増加の速度を凌駕したことが転換点を通過する条件であると考えていた。この点はラニス＝フェイ・モデルの大きな前進である。ルイスは農業および人口の増加と労働移転との有機的な関係を論じていない。しかし事実上，農業部門の停滞状態や高い人口増加の状態においては，転換点を迎えることはできない。

　図1-2(b)は農業部門を示していた。農業部門の原点は右上の O 点である。縦軸の OB は農業生産量で，右上から右下の方向に移動するほど生産量が大きくなる。横軸の OA は農業部門の労働力で，右から左に移動するほど多くなる（逆に，左から右に移動するほど労働力が減少する）。$ORCX$ は農業部門の総生産量または総生産曲線を示している。$ORCX$ 曲線の部分は農業労働者の投入増加によって，労働限界生産性による収穫逓減の法則を示し，CX の部分の労働限界生産性はゼロである。AD 部分の農業労働力は何の農産物でも生産していないことを意味している。つまり，この部分の労働力を移出しても，総農業生産量に影響を及ぼすことがないことである。ラニス＝フェイはこの農産物の増産に寄与しない労働人口を「過剰労働力」(redundant labor force) と呼んだ。この C 点は「食糧不足点」である。

　仮にある途上国の総人口は OA で，初期において工業部門がなく，すべての労働力は農業部門に雇用され，農業生産物はすべての農業労働人口によって消費された場合，1人当たりの農業労働人口の分け前は AX/OA である。AX は農業生産物で，斜線 OX はその1人当たりの農業所得である。ラニス＝フェイによると，農業部門に過剰労働力が存在すると，その労働限界生産性は平均所得よりも低い（例えば，労働人口の AD 部分の労働限界生産性はゼロで，DP 部分の労働限界生産性はゼロよりも大きいが，平均生産性よりも小さい）。しかし，このような農業労働力に支払われる賃金は平均生産量に等しいことは理にかなっていた。つまり，農業労働力に支払われる賃金がこの所得

水準以下の場合，農業労働力は生存することができない。この生存維持の最低水準は「制度的賃金」と呼ばれていた。これは「市場化」的要因によるものではなく，農村共同体的な相互扶助の慣行や道徳要因によって決定されるものである。過剰労働人口が消失するまで，このような状態が続いていた。この段階の制度的賃金は斜線 OX であり，農業労働人口の平均生産量に等しい。

総生産量曲線の R 点での農業部門の労働限界生産性は，制度的賃金に等しい。R 点を通過する斜線は，OX 線と平行を保っていた。つまり，労働人口 AP の労働限界生産性は，彼らに支払う制度的賃金よりも低いが，制度的賃金を支払うことである。この論議をまとめると，過剰労働者は2つの部分が含まれていた。前者の労働限界生産性がゼロに等しい労働人口は「過剰労働力」（図1-2(b)の AD）である。後者の労働限界生産性がゼロよりも大きいが，制度的賃金よりも低い場合，その労働人口は「偽装失業」(disguised unemployment)（図1-2(b)の DP）と呼ばれた。ラニス=フェイは過剰労働人口を1つの技術の現象として捉え，生産関数によって決定されたとみていた。過剰労働力を経済の概念で，賃金水準によって決定するとみていた。前にも述べたように，ラニス=フェイ・モデルでは，C 点を「食糧不足点」（第1転換点），R 点を「商業化点」（第2転換点）と呼び，2段階の転換点理論としてルイス・モデルとの違いを示していた。つまり，R 点を超えると（OP 部分），労働力は稀少財になり（商品化になり），農業部門の労働人口の賃金が上昇を開始するようになる。OQ の突出分は労働限界生産性に見合う賃金の上昇分を示していた。

図1-2(c)は過剰労働力，偽装失業と制度的賃金の概念をより明らかにしたものである。この図の原点は右下の O 点であり，横軸の OA は農業労働力で，左から右に移動するほど農業労働人口が減少する。縦軸の AN は労働限界生産性の大きさを示していた。$VUDA$ は農業部門の労働限界生産性曲線を意味する。この曲線は図1-2(b)の総生産曲線 $ORCX$ と同じ概念によって構成される。フラットな DA 部分の労働人口の労働限界生産性はゼロであり，「過剰労働力」を意味する。斜線 UD 部分の労働人口の労働限界生産性はゼロよりも大きいが，制度的賃金よりも低く，「偽装失業」である。つまり，工業部門の労働力吸収によって，農業部門の過剰労働力（図1-2(c)では第Ⅰ段階の AD）が減少し，D 点の「食糧不足点」を通過するようになる。続いて，農業

部門の偽装失業（第Ⅱ段階の DP）が減少し，U 点の「商業化点」を通過するようになる。第Ⅰ～Ⅱ段階の AP まで，労働者の賃金は制度的賃金 AS によって決定される。ところが，U 点を超え PO の第Ⅲ段階に入ると，賃金は労働限界生産性に見合うように上昇するようになる。

繰り返し述べることになるが，ラニス=フェイの仮定によると，第Ⅰ段階と第Ⅱ段階の労働力の賃金は市場の要因によって決定されるのではなく，「制度的賃金」AS によって決定される。この期間での制度的賃金は変化がないので，水平的な様相（図1-2(c)の SU）を呈した。D 点を超えると，第Ⅰ段階の労働限界生産性はゼロで，第Ⅱ段階の労働限界生産性はゼロよりも大きく，平均賃金よりも小さくなる。この D 点を通過すると工業部門の食糧が不足になるために，D 点は「食糧不足点」と呼ばれた。第Ⅰ～Ⅱ段階の AP の過剰労働力と偽装失業が工業部門によって吸収された後，いよいよ第Ⅲ段階に移行するようになる。第Ⅲ段階に入ると，農業労働者の賃金は制度的賃金によって決定されるのではなく，むしろ賃金は労働限界生産性によって決定されることになる。図1-2(c)の UV 線の上昇はこの時期の賃金は労働限界生産性によって決定されることを表している。第Ⅲ段階の U 点を通過すると，農業部門は商業化の段階に移行するようになる。それがゆえに，この U 点は「商業化点」と呼ばれた。図1-2(c)の SUV 曲線は工業部門が農業部門に支払う賃金の曲線であり，それぞれ段階で放出した労働力に支払われる賃金水準である。つまり，農業労働限界生産性は $ADUV$ であるが，農業労働力に支払われる賃金は SUV である。支払われる賃金のうち SUV の SU は制度的賃金であり，UV は労働限界生産性に見合う賃金水準である。

（3）クズネッツの逆 U 字型曲線

転換点理論と S. クズネッツ（S. Kuznets）の逆 U 字型曲線の理論とはどんな関係を持つのか。クズネッツは，停滞した途上国の所得分配は比較的に平等で，経済発展とともに所得分配は不平等になり，高度経済発展の段階に入ると再び平等化に至る，と主張する[5]。つまり，クズネッツが指摘した逆 U 字型曲線とは英文字"U"を逆にした山の型であり，経済発展とともに所得格差が谷から山へ，不平等化拡大局面を迎える。いずれは山頂の「最大不平等点」に達

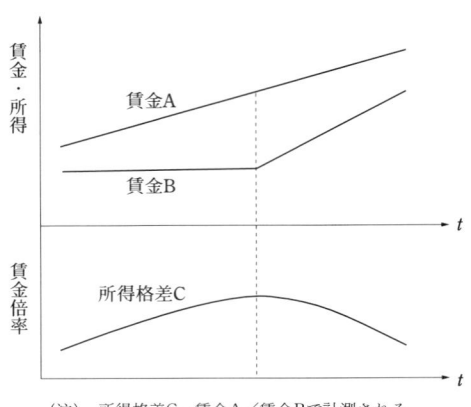

図1-3　クズネッツの逆U字型曲線モデル

（注）　所得格差C＝賃金A／賃金Bで計測される。

し，その後，高度経済発展によって所得格差は山から谷へ，平等化へ収縮する局面を迎えるようになる。言い換えれば，「転換点」の時期と逆U字型曲線の「最大不平等点」を通過する時期とは，タイムラグがあるかもしれないが，共通する「点」があるはずと考えられる。

　図1-3はクズネッツの逆U字型曲線をモデル化したものである。1国に2つの産業があると仮定すると，1つは資本・技術集約型産業の労働者の所得・賃金Aであり，1つは労働集約型産業の労働者の所得・賃金Bである。前者は工業部門の賃金，後者は農業部門の賃金であるとも考えられる。ルイスの概念を持ち込んで説明すると次のことが浮き彫りになる。無制限労働供給の世界では，「無制限」のように供給される労働者は比較的には低学歴労働者，未熟練労働者，低技能労働者など社会での最底辺労働者の賃金であり，この時期は極端な買い手市場であるために，雇用主は生存維持的水準である「制度的賃金」を提示しても「無制限」の応募者が殺到し，必要とする労働者を集めることができる。他方，高学歴労働者，熟練労働者，高技能労働者などは，常に人材が不足であり，雇用主はより多くの賃金を提示しないと必要とする優秀な人材を獲得することができない。そして，この優秀な人材に対しては優遇的な賃上げなどで生活を保証しないと，他社にスカウトされることが考えられる。労

働者の賃金Bは「制度的賃金」を提示するだけで，必要とする労働者を獲得することができるために，それほどの賃上げを必要としない。古典学派の「賃金の生存費説」によって賃金が決定される。

　前者の労働者の賃金Aを「制度的賃金」に設定するとこの分野の人材を獲得することができず，むしろ新古典学派の「賃金の限界生産性説」によって決定される。賃金Aの労働者は限界生産性説という「能力給」によって決定されるために，個々の労働生産性や労働限界生産性を上げ，所得を増やすビヘイビアが働く。したがって，賃金Aの増加の勾配は賃金Bの勾配（一定に近い）よりも高い。両者の所得格差Cは次第に拡大する。経済発展とともに工業社会に移行し，農業部門の余剰労働者はいずれかの時期に，非農業部門（製造業部門とサービス部門）によって吸収され，「無制限労働供給の世界」から「労働供給不足の世界」に移行すると仮定する。つまり，この段階に入ると，賃金Bの所得決定は古典学派の「賃金の生存費説」によるものではなく，新古典学派の「賃金の限界生産性説」に移行するようになった。この段階に入ると，賃金Aの所得増加の勾配は変わらないが，賃金Bの増加勾配はより急斜面に大きく変化する。したがって，賃金Aと賃金Bの所得分配の格差拡大が「最大不平等点」を通過すると，再び所得格差Cの縮小へと大きく変貌するようになる。

　本節に述べた転換点と逆U字型曲線の理論を，第II～III節では台湾をケース・スタディーとして両者の存在を検証する。

II．賃金変化の趨勢

　転換点理論の分析として，労働市場構造の変化を考察する。一国の労働市場構造の変化は，さまざまな労働範疇のうち最も限界的な労働者（最底辺労働者）の賃金変化のなかによく反映される。「最底辺労働者」という経済学での用語があるが，政府の統計データではこの項目がない。最底辺労働者として何を取り上げるかについて，さまざまな議論があるが，農業部門の場合，「土地なし労働者」(landless workers) は限界的な労働者や最底辺労働者に近いものであると考えられる。ここでは農業日雇い労働者を最底辺労働者とみなし，農

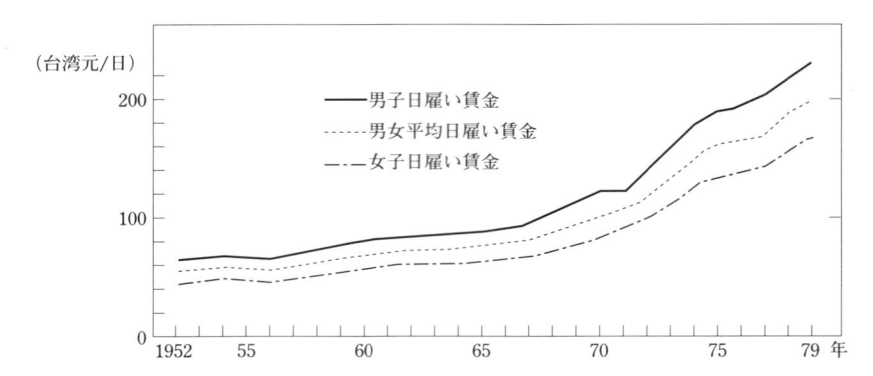

図1-4　農業実質賃金の推移(1952～79年)(3年移動平均，1976年価格)

(台湾元/日)

　　　男子日雇い賃金
　　　男女平均日雇い賃金
　　　女子日雇い賃金

(注) 1) 日雇い実質賃金は消費者物価指数でデフレートした。
　　 2) 女子日雇い賃金は，1975年以前の資料が無いので，まず，1976～79年の平均値を計算し，この期間において女子賃金が男女賃金に占める比重を求め，これにより1952～75年を推計した。
　　 3) 男女平均日雇い賃金は男女賃金を単純平均で計算した。
(出所) 行政院經濟建設委員會人力規劃小組編『中華民國台灣地區農業雇工工資統計（1961～69年）』台北；台灣省政府主計處編『台灣省農民所得所付物價統計月報』各月号；『台灣省物價統計月報』各月号。

業日雇い労働者の賃金でそれを代表させた[6]。

　図1-4は農業日雇い労働者の男女別実質賃金の長期的推移である。ここで扱った実質賃金とは，名目賃金を1976年固定価格の消費者物価指数でデフレートして求めたものである。同図から台湾の農業実質賃金は，1960年代後半から急速な上昇傾向を呈したことがわかる。1960年代後半の時期（1964年，66年，68年，70年）の以前と以後を $\text{Ln}\omega = a + bt$（Lnは自然対数，ωは実質賃金，tは年次）で比較して，b の増加率を求めた。その結果，b の増加率は1964年（0.0321→0.0750）の2.34倍，66年（0.0305→0.0783）の2.567倍，68年（0.0304→0.0781）の2.569倍，70年（0.0334→0.0764）の2.29倍となった。そのうち，1966～68年の増加倍率（勾配）が最も高い。

　上述の如く，古典学派の「賃金の生存費説」によると，実質賃金は「制度的賃金」によって決定される。つまり，雇用主が生存維持水準ぎりぎりの「制度的賃金」を提出し，労働者を募集しても，職を求める失業者が無制限のように殺到する。この時は「無制限労働経済の世界」であるため，「極端な」買い手市場であり，雇用主は「制度的賃金」を上げなくても必要とする労働者の人数

を獲得することができる。

　他方，新古典学派の「賃金の限界生産性説」によると，実質賃金は限界生産性によって決定される。つまり，雇用主が「制度的賃金」を提出し，労働者を募集しても，思い通りに労働者が集まらない。したがって，雇用主は必要人数の労働者を獲得するために，「制度的賃金」よりも高い賃金を提出するようになる。その時，労働力は稀少になり，労働市場構造は「買い手市場」から「売り手市場」に変化するため，賃金は生存維持水準の「制度的賃金」では労働者を確保することができない。「労働供給不足の世界」に移行するために，賃金水準は「労働限界生産性」に決定される。つまり，「賃金の生存費説」の無制限労働供給経済の世界から「賃金の限界生産性説」の労働不足経済の世界への移行があった場合，その移行の時期が本章で論じられた「転換点」（商業化点）である。

　実質賃金と景気変動との間に何らかの関係が存在する。古典学派（賃金の生存費説）の世界では，景気の上昇期には実質賃金は物価の上昇に伴って増加するが，景気の下降期には実質賃金はそれほどの変化がみられない。新古典学派（賃金の限界生産性説）の世界に移行した場合，実質賃金と景気変動との間に大きな変化が生じてくる。この時期の賃金水準は景気変動によって決定されたものではなく，労働者個々の「労働限界生産性」によって生まれてきた付加価値（稼ぎ）によるものである。実質賃金と景気変動とは関係がなく，景気の下降期にも実質賃金は上昇すると考えられる。以上で述べた観点から，賃金と景気変動との関係を考察する。

　図1-5は国民総生産（GNP）の長期的趨勢の変化から景気波動をみたものである。この図の景気循環の波動から景気の山と景気の谷を測った。表1-1は農業日雇い労働者を景気変動の測定年次に合わせて，その時期の年平均増加率を求めたものである。同表の a は農業の日雇い労働者の名目賃金を消費者物価指数（1976年価格）でデフレートしたもので，b は同じく名目賃金を農民購入物価指数でデフレートしたものである。山と谷との間の賃金年平均増加率の測定値から次のことが観察できる。

　(1) 1964年以前の景気下降期（山→谷）の1952〜56年と1964〜66年の賃金の年平均増加率はそれぞれ1.2％と2.5〜3.5％であり，共に低いことがわかる。

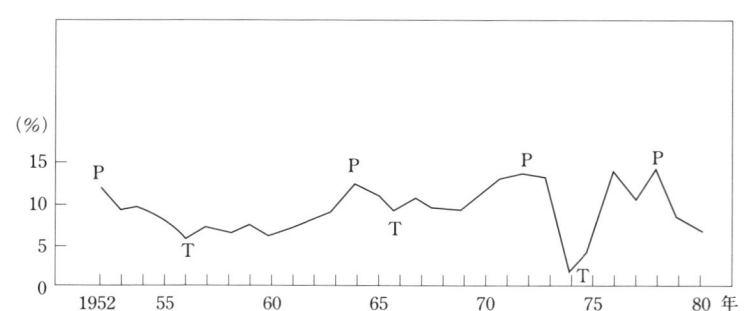

図1-5　GNPの成長率による景気波動（1952～80年）（1976年価格）

(注)　Pは景気波動の山，Tは谷を示す。
(出所)　Council for Economic Planning and Development; Executive Yean, Republic of China, *Taiwan Statistical Data Book 1981* より作成。

表1-1　農業の日雇い実質賃金の年平均増加率（1952～79年）

(単位：％)

	山→谷/谷→山		山→山		谷→谷	
	a	b	a	b	a	b
1952(山)～56(谷)	1.15	—	3.25	—	4.25	—
1956(谷)～64(山)	4.11	—				
1964(山)～66(谷)	3.52	2.51	8.22	8.31	12.55	11.12
1966(谷)～72(山)	9.14	9.75				
1972(山)～74(谷)	14.76	9.60	9.75	9.15	6.72	8.97
1974(谷)～78(山)	5.60	7.49				
1978(山)～79(谷)	9.15	11.48				

(注)　3年移動平均。aは名目賃金を消費者物価指数（1976年価格）でデフレートしたもの，bは名目賃金を農民支払物価指数（1976年価格）でデフレートしたものである。
(出所)　図1-4に同じ。

景気の上昇期（谷→山）の1956～64年の賃金の年平均増加率は4.1％であり，高いことがわかる

（2）1966年以降になると，景気上昇期（谷→山）の1966～72年と1974～78年の賃金の年平均増加率はそれぞれ9.1～9.8％と5.6～7.5％であり，1966年以前の景気上昇期の1956～64年よりも高いことがわかる。

しかも，景気下降期（山→谷）の1972～74年と1978～79年の賃金の年平均増加率はそれぞれ9.6～14.8％と9.2～11.5％であり，1966年以前の1952～56年と

1964～66年の賃金の年平均増加率よりも高い。

　(3) 次に，景気波動の山と山との間の年平均増加率によると，1966年以前の1952～64年は3.3%である。1966年以降になると，1964～72年と1972～78年の年平均増加率はそれぞれ8.2～8.3%と9.2～9.8%になり，前者の2～3倍に達する。

　(4) また，景気波動の谷と谷との間の年平均増加率を観察すると，1966年以前の1956～66年は4.3%である。しかし，1966～74年と1974～79年はそれぞれ11.1～12.6%と6.7～9.0%に増え，1966年以降になると，大きく変化したことがわかる。

　(5) 以上の考察から確定できたことは，景気変動の上昇期と下降期を問わず，1966年以降はそれ以前よりも高い賃金の増加率を示したことがわかる。つまり，労働市場構造の変化が発生したために，「賃金の生存費説」の世界から「賃金の限界生産性説」の世界への移行を示唆するものである。

　農業限界労働者の賃金の変化過程で観察された事実は，製造業部門でも同じようにみられる。製造業部門の「最底辺労働者」を求めるために，あえてこの部門での最低賃金を限界労働者の賃金とみなすことにする。

　繰り返しになるが，無制限労働経済や労働不足経済を問わず，特殊技能を持つ労働者，高学歴労働者などは，常に人材不足のため，経営者はより高い賃金を提示し，このような人材を確保する。これらの人材は無制限労働供給経済の世界でも，彼らの賃金は「労働限界生産性」によって決定され，賃金は常に上昇する。他方，無制限労働供給経済の世界において，未熟練労働者や低学歴労働者の供給源は「無制限」であるために，「賃金の生存費説」よって賃金水準を決定する。

　無制限労働供給経済の世界において，熟練労働者（高学歴労働者）は特に珍重され，常に高い賃金が約束される。他方，未熟練労働者（低学歴労働者）は募集がしやすく，賃金を上昇させる動機が高くない。したがって，無制限労働供給経済の世界では，製造業部門内でも，未熟練労働者（低学歴労働者）と熟練労働者（高学歴労働者）の賃金格差は拡大すると考えられる。しかし，無制限労働供給経済の世界から労働供給不足経済の世界に移行すると，未熟練労働者（低学歴労働者）の供給が不足になり，賃金の上昇（ベースアップ）がなけ

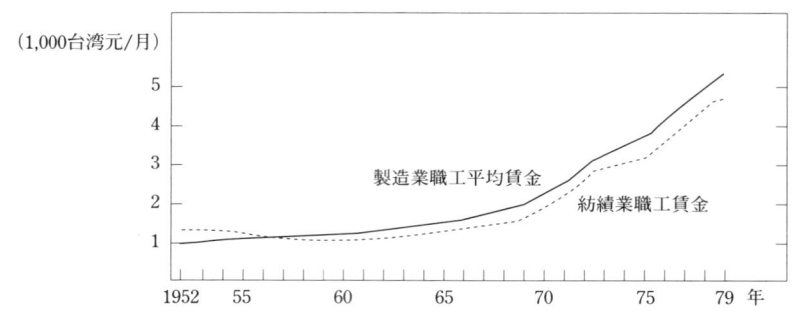

図1-6　製造業の月雇い実質賃金の推移(1952〜79)(3年移動平均, 1976年価格)

(1,000台湾元/月)

製造業職工平均賃金

紡績業職工賃金

1952　55　　60　　65　　70　　75　　79 年

(出所)　經濟設計委員會綜合計劃處編『中華民國台灣地區製造業薪資統計之調整』(1952年第1四半期〜1976年第4四半期), 台北；行政院主計處編『中華民國勞工統計年報』台北, 各年版。

れば，必要とする労働者の人数を確保することができなくなる。その時期になると，限界労働者である未熟練労働者の賃金上昇の幅は，熟練労働者（高学歴労働者）の賃上げ幅を超えるようになる。次ではこの限界労働者である未熟練労働者の賃金の推移を考察する。

　製造業部門の限界労働者または，この部門の最底辺労働者の賃金に関する統計資料の項目は無い。これは経済学または社会学の用語であり，したがって，統計資料の賃金の最も低い業種から選択することにした。統計資料上，アルバイト職員，短期工職員のデータがないため，本章はあえて製造業常勤従業員の分類から選ぶようにする。

　製造業常勤従業員の分類では職員（管理職，技師など）と職工（その他の労働者）に大雑把に分けられる。『工商業センサス』(1976年版)によると，職工の年平均賃金は職員の賃金の57%である[7]。この統計データには女子労働者の賃金という特別な分類がなされていない。全紡績業労働者のうち女子労働者は70%を占めているので，紡績業では女工の割合が高いことがわかる。したがって，紡績業職工の賃金を女子労働者の賃金として見なした。

　図1-6は工業部門における製造業職工の賃金および紡績業職工の賃金の推移である[8]。製造業職工と紡績業職工の実質賃金（月給）の年平均増加率は，1966年以降には8.7〜14.5%であり，1966年以前の3.3〜4.3%の約2〜4倍である。また，山と山との間の年平均増加率は，1966年以前は4.0%であり，

1966年以降になると11.9〜13.9％になった。そして，谷と谷との間の年平均増加率は，1966年以前は4.3％であり，1966年以降になると12.6〜14.9％に達して，約3倍も増加したことがわかる。

　ここまでの分析を整理すると，次のことが明らかになる。第1に，1966年以前の農業労働者および製造業労働者の実質賃金の増加率は景気変動と同様な動きをみせた。景気上昇期は実質賃金の上昇が大きいが，景気下降期の上昇は小さい。第2に，1966年以降になると，実質賃金の変化と景気変動とは無関係であり，景気の下降期でも高い賃金増加率をみせた。1966年以降の実質賃金の年平均増加率は1966年以前の増加率よりも高いことがわかる。このことは，1960年代前半までの台湾経済は古典学派の「賃金の生存費説」が当てはまるが，1960年代の後半からは新古典学派の「賃金の限界生産性説」で説明することができると考えられる。それは，1960年代後半から台湾の労働市場は労働不足基調に入り，実質賃金の急速な上昇はそのことを示唆していることを意味する。

III．転換点の確認

　前節で述べた結果は，台湾経済の「転換点」が1960年代の後半に発生したことを示唆している[9]。この予想を確認するために，農業の労働限界生産性と農業の実質賃金との関係からこの仮説をさらに明らかにしておきたい。

　図1-7は農業生産関数の農業生産弾力性（α）をもとに，農業の労働限界生産性（MPL）を推測し，それと農業の実質賃金（Wr）の相関関係を考察したものである[10]。1953〜67年の農業の実質賃金と労働限界生産性の回帰式は，

$$Wr = 10.716 + 0.216 MPL$$
$$(10.14)\ (1.62) \qquad R^2 = 0.167 \quad F値 = 2.612$$

である。この時期の相関関係（決定係数）は弱く，統計的には有意でない。この時期の実質賃金（Wr）は生存維持的水準（SL）の「制度的賃金」（CIW）によって決定される。これは，古典学派の「賃金の生存費説」を説明する関係式〔$MPL < Wr = CIW$〕が成り立つことを示唆する。つまり，この時期はルイス・タイプの無制限労働供給の段階に位置することを意味する。

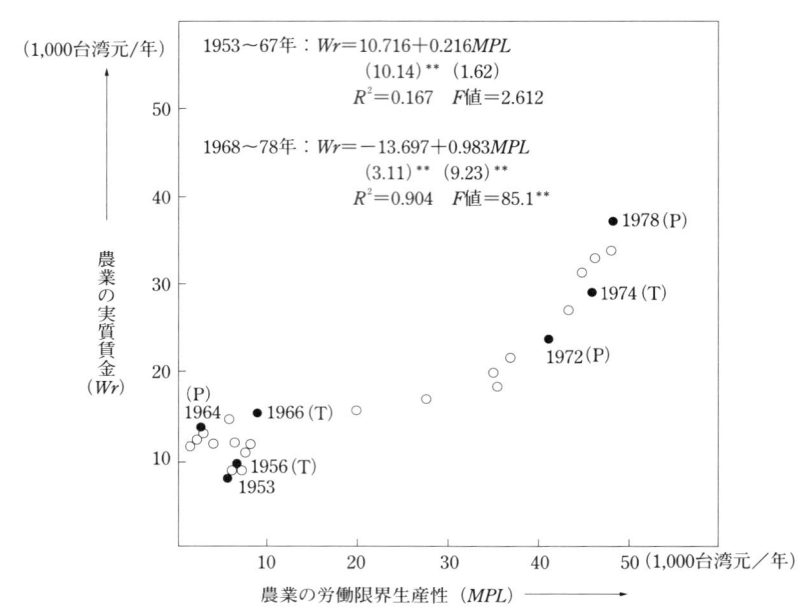

図1-7　農業の労働限界生産性と実質賃金の相関（1953〜78年）

1953〜67年：$Wr = 10.716 + 0.216 MPL$
　　　　　　　(10.14)** 　(1.62)
　　　　　　　$R^2 = 0.167$　$F値 = 2.612$

1968〜78年：$Wr = -13.697 + 0.983 MPL$
　　　　　　　(3.11)** 　(9.23)**
　　　　　　　$R^2 = 0.904$　$F値 = 85.1$**

（縦軸）農業の実質賃金（Wr）（1,000台湾元/年）
（横軸）農業の労働限界生産性（MPL）（1,000台湾元/年）

（出所）台灣省政府農林廳『台灣農家記賬報告』各年版；『台灣農業生産統計』各月版；行政院主計處『中華民國國民所得』各年版。

　続いて，1960年代後半以降（1968〜78年）になると，農業の労働限界生産性と実質賃金の回帰式は，

$$Wr = -13.697 + 0.983 MPL$$
　　　(3.11)　　(9.23)　　　　　　$R^2 = 0.904$　F値$= 85.1$

である。これは強い相関関係があり，統計的に有意である。この時期に農業の実質賃金は制度的賃金から，農業の労働限界生産性によって決定される段階へと変化したことを意味する。つまり，この時期には，新古典学派の「賃金の限界生産性説」で説明する関係式〔$MPL \geqq Wr > CIW$〕が成り立ったことを示唆する。

　製造業の雇用誘発によって，農業から大量の労働力が流出して農業賃金が上昇する。その一方，農業労働者の減少に伴い，農業機械の導入や高収量品種農

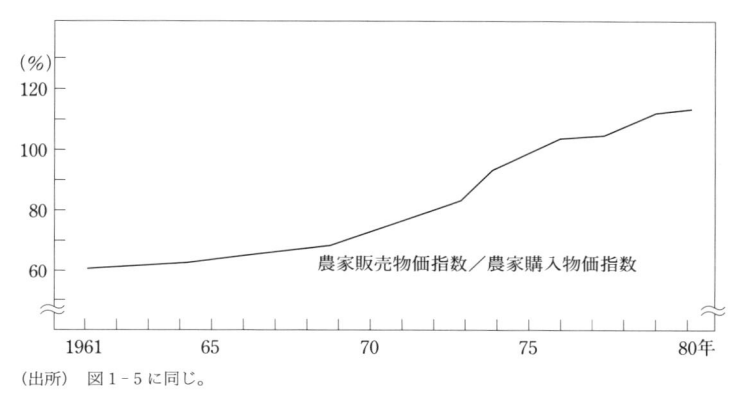

図1-8 農業の交易条件（1961～80年）（3年移動平均，1976年を100とする指数）

農家販売物価指数／農家購入物価指数

（出所）図1-5に同じ。

産物の導入などによって，労働限界生産性は上昇し続けたという事実が，こうした分析結果の背後要因として存在していた。また，従来一貫して実施された6年制義務教育は1968年に9年制義務教育へと延長され，労働力供給が減少したこともその一因であろう。

転換点を通過すると，農家の交易条件は有利化すると考えられる。農家購入物価指数（Pm）は，主として工業部門から作り出す工業消費財や農業投入財などの総合物価指数であり，農家販売物価指数（Px）は，農家が供給する農産物総合物価指数である。図1-8は農家の交易条件の推移である。農家の交易条件とは，農家販売物価指数（Px）を農家購入物価指数（Pm）で割って求めたものである[11]。農家の交易条件の有利化傾向は，農家販売物価指数の上昇または農家購入物価指数の低下による。通常では，前者の場合が多い。図から明らかにされたことは，1960年代後半以降の農家の交易条件は有利化へ向かい，しかもその傾向が定着していることに注目したい。

労働市場の構造は労働需給バランスからも観察できる。図1-9は求人求職者数の推移である。同図からみられるように，1967年以降に有効求人者数は有効求職者数を超え，1970年代に入っても労働供給側の有利化傾向（売り手市場）が定着していることがわかる。男女別有効求人者数および求職者数の分類は1970年から始まったが，この時期にはすでに女子の有効求人者数は同じ女子の有効求職者数を超えている。他方，1972年以降に男子の有効求人者数は男子

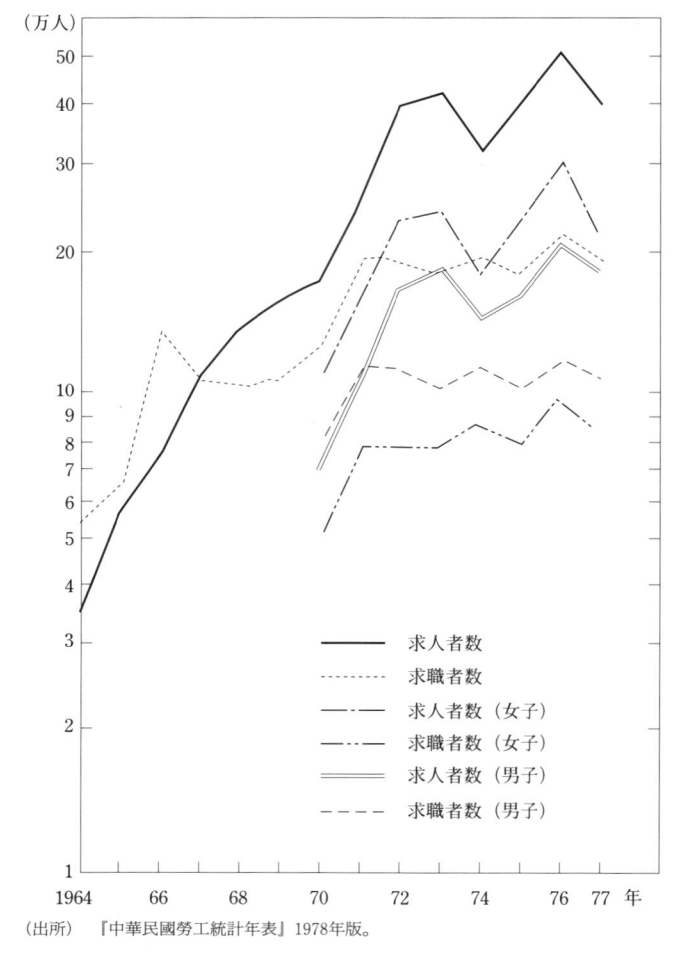

図 1-9　求人・求職者数の推移(1964～77年)

(出所)　『中華民國勞工統計年表』1978年版。

の有効求職者数を凌駕し，それ以降も売り手市場が続いていた。つまり，1967年前後に台湾経済は労働過剰経済から労働不足経済に移行したことになる。3 K（きつい，汚い，危険）など仕事を選ばないならば，全員が職を得ることができるという完全雇用の段階に到達したことを意味する。

IV. 賃金格差と所得分配：逆U字型曲線の検証

労働過剰経済の世界から労働不足経済の世界への移行という帰結は，賃金格差，所得分配格差，農家余剰の格差にどのような影響を与えたのか，続いて考察することにする。

まず，熟練度別賃金格差の分析から始めることにする。労働力を熟練度によって未熟練労働者，半熟練労働者，熟練労働者と技術・事務管理職の4分類に分けて，その相互間の賃金格差を見ることにする[12]。

表1-2は製造業熟練度別の賃金格差である。統計資料としては『工商業センサス』の1966年版，71年版および76年版を使うことにした[13]。1966年版は4分類のうち，労働者と技術・事務管理職の2つの分類しかなく，71年版と76年版は4分類に分けられる。表によると，熟練度が最も高い技術・事務管理職の賃金を100とした場合，他の範疇の労働者は1971年から76年にかけて，未熟練労働者は41％から51％に10ポイントの増加，半熟練労働者は46％から57％に11ポイントも増え，賃金格差が大幅に縮小するようになった。

続いて，企業規模別賃金格差の考察を行うことにする。企業規模別賃金格差の計測に，毎年の統計を入手することができないが，『工商業センサス』の1966年版，71年版および76年版の3時点，それに『1980年職業別賃金調査報告』から1時点の資料を加えることができた[14]。

表1-2　製造業の熟練度別賃金格差（1966，71，76年）

(単位：％)

	1966年	1971年	1976年
未熟練労働者		41	51
半熟練労働者	48	46	57
熟練労働者	(47)	59	70
管理職	100	100	100

(注)　1）場所レベルによる熟練度別賃金。年額。
　　　2）技術・事務管理職の賃金を100とする。
　　　3）1966年の数字は平均値で，カッコ内の数字は支払現金額の比率。48は現金，福祉手当を含む比率。
(出所)　行政院台閩地區工商業普查委員會『中華民國台閩地區工商業普查報告』第3巻，台北，1966年版，1971年版，1976年版。

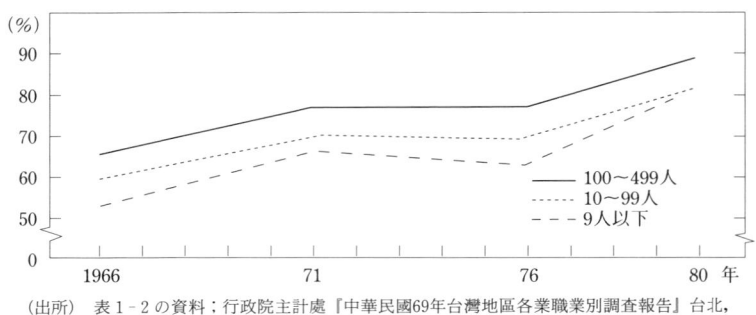

図1-10 製造業規模別賃金格差(1966, 71, 76, 80年)(500人以上規模企業＝100)

― 100～499人
……… 10～99人
――― 9人以下

（出所）表1-2の資料：行政院主計處『中華民國69年台灣地區各業職業別調査報告』台北，1980年，98ページ，378ページ。

　図1-10はそれらの資料で作成した規模別賃金格差である。同図は，500人以上の大規模企業の賃金を100とした場合，500人以下の規模別企業の賃金比を示している。これによると，1966年において9人以下の零細企業と10～99人の中小企業の賃金は，最大規模である500人以上企業の賃金の60％以下であった。それが1980年にその両者は85％以上に増加した。規模が100～499人の企業は，1966年の65％から80年の88％へと，23ポイントも増加したことがわかる。1966年以降の規模別賃金格差は，前に述べた熟練別賃金格差と同じように確実に縮小したことがわかる。ちなみに，日本と韓国の製造業の規模別賃金格差は，それぞれが1960年代初期と70～73年に縮小したのである[15]。

　次に，業種別賃金格差の分析として，最高賃金を最低賃金で割ってその賃金倍率を求めることにする。通常，業種別賃金格差の分析で扱う製造業の最高賃金を支払っている産業はより資本集約的・技術集約的産業である。他方，最低賃金はより労働集約的産業である。それによって，付加価値の大きさが賃金に反映されることは当然であろう。

　前掲の『製造業賃金統計』によると，最高賃金は石油関連賃金で，最低賃金は皮革産業と紡績産業の賃金である。図1-11はこの最高賃金と最低賃金の賃金倍率の推移である。同図によると，賃金倍率は1950年代から拡大の傾向を示し，60年代初期に2～2.5倍まで拡大し，さらに66～67年には3.5倍という賃金格差の「最大不平等点」に達した。停滞期経済における所得分配は比較的平等

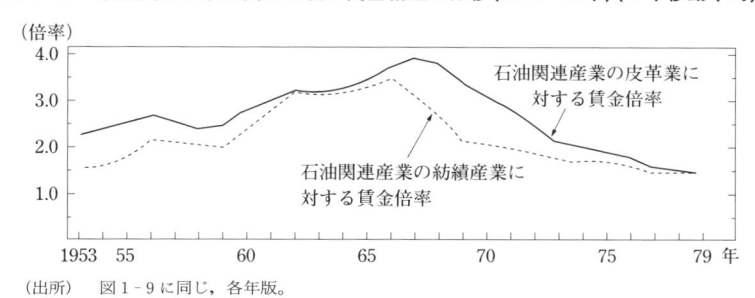

図1-11　最高賃金と最低賃金の職工賃金格差の推移(1953～79年)(3年移動平均)

　　　　　　　　　　　　　　　　　　　　　石油関連産業の皮革業に
　　　　　　　　　　　　　　　　　　　　　対する賃金倍率

　　　　　　　　石油関連産業の紡績産業に
　　　　　　　　対する賃金倍率

(出所)　図1-9に同じ，各年版。

表1-3　公企業と私企業の資本・総生産・付加価値比率（1976年）

(単位：%)

	公企業	私企業		平均
		会社組織	非会社組織	
1企業当たりの資本比率	22,939	204	0.006	100
1企業当たりの総生産比率	11,443	238	12	100
1企業当たりの付加価値比率	15,016	227	11	100
労働生産性比率	210	98	58	100
労働付加価値生産性比率	276	93	52	100
1人当たり賃金比率	150	100	72	100

(出所)　表1-2に同じ，2～3ページ。

であるが，経済発展の開始とともに分配は不平等化に向かう。さらに，高度の経済発展水準にいたっては再び平等化に向かうというS. グズネッツの「逆U字型曲線」の所得分配の趨勢を，この図からも読み取ることができる[16]。逆U字型曲線からみた最大不平等点を超える時点と本章で求めた転換点の時期とは，一致していた。

　続いて，公企業と私企業との間の賃金格差の分析に移ることにする。まず，表1-3は公企業と私企業の資本比率，総生産比率，付加価値比率，労働生産性比率，労働付加価値生産性比率，賃金比率などについて比較したものである。表からわかることは，公企業（国営・公営）はいずれの項目においても私企業（民間企業）のそれよりも高いことがわかる。したがって，公企業の大部分は大企業であり，私企業の多数は零細企業から成り立つ，と考えられる。

　そこで，『台湾1979年統計要覧』の分類から公企業の代表的産業として煙草

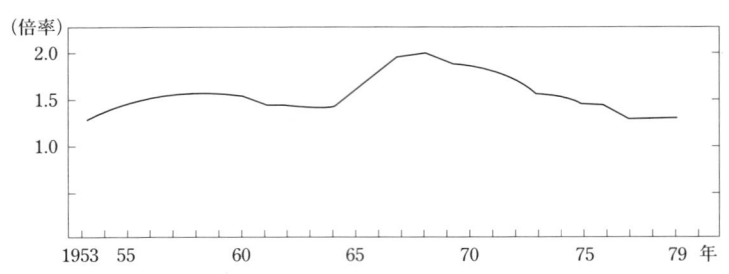

図1-12 製造業公企業・私企業別職工賃金格差の推移（1953～79年）（3年移動平均）

(注) 私企業（皮革業）職工賃金に対する公企業（煙草業）職工賃金の倍率。
(出所) 図1-9に同じ，各年版。

業，私企業の代表的産業として皮革業を選んだ[17]。それは当時の台湾の煙草業は100％公営資本の煙草・酒専売局（菸酒公売局）による独占企業によって構成されていた。『工商業センサス』（1976年版）の分類によれば，煙草業は従業員100人以上の最大規模の企業によって構成されていた。また，皮革業のすべてが民間企業によって構成され，製造業の最低賃金業種である。同じく『工商業センサス』（1976年版）の皮革業の小分類によれば，従業員9人以下の企業のうち，「皮革整製業」は56％，「毛皮・同製造業」は52％，「靴類業」は74％，「その他」は46％を占めていた。私企業の代表として，皮革業を選んだのは同業種が最も限界的な労働者の賃金を反映する伝統的零細産業だからである。

図1-12は公企業と私企業との賃金倍率を賃金格差の推移として示している。1950年代から公企業と私企業との間の賃金格差は拡大し始めていて，1967年前後に最大不平等点に到達したことがわかる。この現象を捉えて，劉進慶教授は台湾の経済構造を「公業と私業の二重構造」として特徴づけた[18]。劉教授は次のように指摘した。公企業は戦前の植民地政府が経営する企業を国民党政府が接収し，国営・公営として再編してそのまま受け続いたものである。他方，私企業は伝統的・土着的な零細企業によって構成されてきたものである。したがって，公企業と私企業との間の賃金格差は必然的に拡大すると力説した。しかし，教授の分析時期は1945～65年であり，当時の状況はまさに無制限労働供給の段階の現象であった。公企業と私企業との間の賃金倍率は1967～68年に「最大不平等点」のピークを超えると，その二重構造は解消へ向かっているの

表 1-4　学歴別所得格差の推移（1964～80年）

(単位：％)

年次	小学教育	中学教育	高校教育	短大・専門教育	大学教育
1964	26	51	68	74	100
1966	25	44	60	75	100
1968	32	54	73	105	100
1970	30	50	69	81	100
1972	37	52	67	80	100
1974	38	47	68	76	100
1976	54	54	68	80	100
1978	54	57	68	81	100
1980	55	58	67	82	100

(注)　大学学歴の所得が100の時の比率。1968年の短大学歴の所得比率が高い。誤植か。
(出所)　行政院主計處『中華民國台湾地區個人所得分配調査報告』台北，各年版。

であった。同図からも，S.クズネッツの「逆U字型曲線」を見出すことができた。

　賃金によって所得が決定されるならば，賃金格差の縮小は当然所得格差の縮小として現れると考えられる。ここでは学歴別，年齢別，男女別年齢別，都市部・郡部・農村別の所得分配，さらに農業部門の農家余剰の格差にどんな分配構造の変化があったかを究明する[19]。

　過剰労働供給の時期における労働供給源の大部分は教育程度が比較的に低い労働人口である。表1-4は大学卒業学歴者の所得を100とした時の学歴別の比率である。1964年には小学卒業学歴者の所得比率は26％であったが，80年には55％まで上昇した。特に，1966年～68年以降の小学卒業者，中学卒業者および高校卒業者の所得上昇が著しく，所得格差の縮小をみることができた。学歴別所得格差の縮小時期は，転換点の時期と一致していることがわかる。

　次に，表1-5は年齢別所得格差の推移である。ここでは45～59歳の中年・熟年層の所得を100とした場合，その他の年齢層の所得を求めたものである。表からは，25歳以下の年齢層，25～44歳の年齢層および平均値が1966年以降に，所得格差の縮小をみることができた。

　さらに，図1-13は男女別年齢別の所得格差である。女子労働力の雇用は景気変動に影響されやすく，労働過剰供給期の男女間の所得格差は拡大しやすいが，労働供給不足期に入るとその格差は縮小すると考えられる。同図は男子の

表1-5　年齢別所得格差の推移（1964～79年）

（単位：％）

年次	平均	25歳以下	25～44歳	45～59歳	60歳以上
1964	80	42	90	100	106
1966	72	36	78	100	77
1968	76	36	87	100	86
1970	78	41	90	100	94
1972	74	39	81	100	88
1974	80	45	89	100	100
1976	86	48	97	100	76
1978	86	50	95	100	74
1979	91	55	99	100	74

（注）　45～59歳年齢層の所得を100とした時の各年齢層の比率。
（出所）　表1-4に同じ。

所得が100のとき，女子の所得比率を示している。1968年以前の年齢別男女間の所得格差は拡大する傾向がみられたが，68年以降は確実に縮小していた。

また，表1-6は地域別所得格差を都市部，郡部，農村部の3つの範疇に分けて表したものである。5大都市の台北市，高雄市，台南市，台中市，基隆市を「都市部」，県クラスの「鎮」および「県轄市」（地方小都市）を「郡部」とし，「郷」（行政村）を「農村部」と呼んだ。都市部の生活水準，教育水準は共に農村部よりも高く，郡部はその両者の間に位置する。同表は都市部の所得が100のとき，郡部および農村部の所得比率を示している。表にみられるように1966年以降，都市部に対する郡部と農村部の所得格差は拡大から縮小の方向へ変化したことがわかる。この事実の背後には，農村労働者人口が流出するとともに，農業の労働生産性および労働限界生産性が上昇したという経緯がある。同時に第Ⅱ節以降に述べたように，農村における農業労働者の不足によって農業賃金も急速に上昇した。このことは，農家の所得にどのような影響を及ぼしたか，引き続いて経営規模別の農家余剰の変化を明らかにしたい。

表1-7は経営規模別の農家余剰格差の推移である[20]。ここで扱った「農業余剰」は，以下の方程式で求めたものである。

$$(農業所得＋農外所得)－(家計支出＋非経常支出)＝農家余剰$$
$$|\longleftarrow 農家総所得 \longrightarrow| \quad |\longleftarrow 農家総支出 \longrightarrow|$$

第1章　転換点と逆U字型曲線

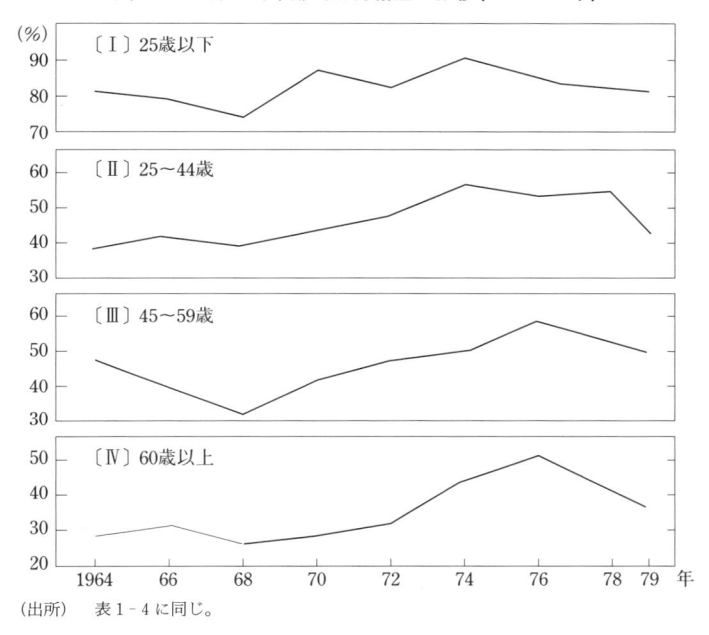

図1-13　男女別年齢別所得格差の推移（1964～79年）

〔Ⅰ〕25歳以下

〔Ⅱ〕25～44歳

〔Ⅲ〕45～59歳

〔Ⅳ〕60歳以上

（出所）　表1-4に同じ。

表1-6　都市部，郡部，農村部別所得格差の推移（1964～79年）

（単位：％）

都市・農村別	1964	1966	1968	1970	1972	1974	1976	1978	1979
農村部	44	35	41	49	45	55	49	64	62
郡部	70	62	66	66	60	70	69	77	75
都市部	100	100	100	100	100	100	100	100	100

（注）　都市部の所得を100とした時の農村部と郡部の比率。個人所得。
（出所）　表1-4に同じ。

　また，「農家余剰比率」とは，経営規模面積が2.0ヘクタール以上農家の農家余剰を100とした場合，その他の経営規模別農家余剰の比率である。表によると，最零細農家（0.5ヘクタール以下）の農家余剰比率は，1960年代後半においてもわずか20％であったが，70年代後半には51％まで上昇した。次に，中小規模農家（0.5～1.5ヘクタール）の農家余剰比率をみると，1960年代にはその比率は次第に低下（格差の拡大）したが，60年代後半からは格差の縮小がみら

表 1-7　経営規模別農家余剰格差の推移（1963～79年）

(単位：%)

経営規模別	1963	1965	1967	1969	1971	1973	1975	1977	1979
0.5ha 以下	13	14	20	19	24	31	24	55	51
0.5～1.0ha	37	27	26	26	30	38	39	52	44
1.0～1.5ha	50	47	37	32	46	47	48	60	53
1.5～2.0ha	54	53	55	57	56	60	56	92	80
2.0ha 以上	100	100	100	100	100	100	100	100	100

(注)　農家余剰＝(農業所得＋農外所得)－(家計支出＋非経常支出)
　　　規模が2 ha以上の農家余剰を100とした時の規模別農家余剰。農家戸数を単位とする。3年移動平均。
　　　1963年の規模単位はhaでなく、「甲」である。1甲＝0.96992ha。
(出所)　台灣省政府農林廳『台灣農家記賬報告』各年版。

れた。1.5～2.0ヘクタールの農家余剰比率は，1960年代の50％台から70年代後半の80～90％へと上昇した[21]。

　台湾の場合，農地面積に限りがあるために，「農業所得」から農家総所得の増加を図るには，自ずから限界が生じてくる。農家総所得の増加に寄与したのは，「農外所得」の増加である。台湾の輸出志向工業化による労働集約的製品の輸出拡大は，農村においても雇用機会を創出し，農家もその恩恵を受けるようになった。つまり，農外所得の機会が大幅に増えたため，兼業型農家の所得比重が大きく増加したことになる[22]。『台湾農家家計調査』(1979年版)によれば，この年の農家総所得のうち「農外所得」に占める比率は，0.5ヘクタール以下の農家では75.1％，0.5～1.0ヘクタールの農家では63.8％，1.0～1.5ヘクタールの農家では54.6％，1.5～2.0ヘクタールの農家では43.2％，2.0ヘクタール以上の農家では36.5％になっている。

　台湾における転換点の通過は，所得分配の変化にどのような帰結をもたらしたかを再検討したい。表1-8は最高位20％の所得階層を100とした時の各所得階層の比重を示したものである。これによると，1964～68年の各所得階層は最高所得階層に対してほぼ平行状態であるが，1968年を境として所得格差は縮小へ移行したことがわかる。その移行期は台湾経済の転換点の時期と一致していると考えられる。次の表1-9は前表の最低所得階層に対する最高所得階層の所得倍率とジニ係数をみたものである。ここからも1968年以降に所得格差は縮小に向かったことがみられる[23]。

表 1 - 8 所得階層別個人所得格差の推移 (1964～79年)

(単位:%)

所得階層別	1964	1966	1968	1970	1972	1974	1976	1978	1979
最低所得階層	19	19	19	22	22	23	24	24	23
低所得階層	31	30	30	34	34	35	36	37	36
中所得階層	40	39	39	44	44	44	47	47	47
中高所得階層	54	53	54	58	57	57	61	61	60
最高所得階層	100	100	100	100	100	100	100	100	100

(注)　各所得階層は総人口数の20%を占めている（5分位層）。
(出所)　台灣省政府主計處『台灣省家庭収支調査報告』各年版；同『台灣省家庭収支調査與個人所得分配研究報告』各年版；台北市政府主計處『台北市家庭収支調査報告』各年版；行政院經濟建設委員會綜合計劃處『社會福祉指標』各年版，台北。

表 1 - 9 ジニ係数の推移 (1964～79年)

	1964	1966	1968	1970	1972	1974	1976	1978	1979
ジニ係数	0.360	0.258	0.362	0.321	0.318	0.319	0.307	0.306	0.312
所得倍率	5.26	5.25	5.28	4.58	4.49	4.47	4.18	4.18	4.34

(注)　所得倍率は表 1 - 8 の最高所得階層を最低所得階層で割って求めたもの。
(出所)　表 1 - 8 に同じ。

おわりに

　本章は A. ルイスの転換点と S. クズネッツの逆 U 字型曲線の理論を検証したものである。そして，工業化が労働市場構造に与えた諸影響，ならびに労働市場構造の変化に伴って生じた賃金格差および所得分配の変化についての考察を主たる目的とした。賃金構造の変化，農業の労働限界生産性と実質賃金との関係，農家の交易条件，賃金格差，経営規模別農家余剰の格差，所得分配の変化パターンを分析した結果，以下の結論を得ることができた。
　(1) 農業日雇い労働者の実質賃金は，景気変動に左右されて，景気の上昇期(1956～64年)には上昇する。他方，下降期（1952～56年および1964～66年）には実質賃金の増加が弱まる。この時期，農業日雇い労働者の実質賃金の増加率変化と景気変動との関係はかなり密接的である。しかし，1960年代後半からの実質賃金の上昇は，景気変動に影響されずに上昇し，1972～74年および1978～79年の景気下降期には，1974～78年の景気の上昇期よりも実質賃金の増加が大き

いことがわかった。同様の傾向は，製造業の実質賃金についても観察できた。このことは，1960年代前半までは古典学派の「賃金の生存費説」が当てはまるが，この年代後半からは新古典学派の「賃金の限界生産性説」で説明しうることを意味する。

(2) 農業の労働限界生産性と実質賃金との相関をみると，1953～67年の両者の相関関係は弱く，統計的には有意でない。この時期は「賃金の生存費説」で説明することができる。そして，1968～78年の両者の相関関係は強く，統計的には有意であり，この時期は「賃金の限界生産性」で説明することができる。つまり，1967年頃を境目に無制限労働供給から制限的労働供給（労働供給不足）の局面への移行が示唆される。

(3) 産業別就業人口の趨勢をみると，第一次産業人口のうち特に農業人口の減少傾向は1969年頃から顕著に表れ，農業人口の減少傾向の結果，1960年代後半に農業の限界生産性は増加した。1960年代後半からは有効求人者数は有効求職者数を超え，70年代に入ってもこの労働不足基調が定着している。

(4) 実質賃金の急速な上昇，賃金増加率と景気変動との関係，農業の労働限界生産性と農業実質賃金との関係，労働市場の需給バランスなどの分析から，台湾経済は1966～68年に転換点を通過したものと思われる。

(5) この事実は，賃金格差にどんな帰結をもたらしたか。熟練程度別，規模別，最高賃金と最低賃金，公企業と私企業との間の賃金格差の変化を考察した結果，これらの諸範疇の賃金格差は1966～68年以降，次第に格差の縮小がわかった。

(6) 経営規模別の農家余剰の格差をみると，1960年代後半に中小規模・零細規模の農家と大規模農家の農家余剰の格差は縮小へと進む動きをみせた。農家の交易条件は，1960年代後半以降さらに農家の有利化傾向が継続していた。

(7) 賃金格差および農家余剰の格差の解消は，所得分配のパターンにも影響を及ぼした。教育程度別，年齢別，男女別年齢別，都市部・郡部・農村部別の所得格差および所得階層別に所得格差を考察した。その結果，1966～68年を境として所得格差はいずれの範疇でみても縮小傾向に向かったことがわかる。クズネッツが指摘した「逆U字型曲線」の経験法則は，台湾の賃金格差から検証することができ，またその「最大不平等点」の時点は転換点の時期とほぼ一

致していることも大きな発見である。

[注]
1) Lewis, W. A., "Economic Development with Unlimited Supply of Labour," *Manchester School of Economic and Social Studies*, 22 (5), 1954, pp.139-191.
2) Lewis, W. A., "Unlimited Labor: Further Notes," *Manchester School of Economic and Social Studies*, 26 (1), 1958.
3) Fei, J. C. H. and G. Ranis, "A Theory of Economic Development," *American Economic Review*, 51, 1961, pp. 533-565.
4) Fei, J. C. H. and G. Ranis, *Development of the Labour Surplus Economy: Theory and Policy*, Homewood, Irwin, 1964.
5) Kuznets, S., "Economic Growth and Income Inequality," *American Economic Review*, Vol.45, No.1, March 1955. この論文は自ら編集した *Economic Growth and Structure: Selected Essays*, Heineman Education Books, London, 1965. に収録した。それに，"Quantitative Aspects of the Economic Growth of Nations: VIII, Distribution of Income by Size," *Economic Development and Cultural Change*, Vol.11, No.2, Part II, Jan. 1963; *Modern Economic Growth, Rate, Structure and Spread*, Yale University Press, 1966, Ch. 4 (塩野谷祐一訳『近代経済成長の分析』上巻，東洋経済新報社，1978年)。
6) 台灣省政府主計處『台灣省農民所得所付物價統計月報』各月号；台灣省政府主計處編『台灣省物價統計月報』各月号；行政院經濟建設委員會人力規劃小組編『中華民國台灣地區農業雇工工資統計，民國50～68年』台北。
7) 行政院台閩地區工商業普查委員會『中華民國台閩地區工商業普查報告』第3巻第1冊，台北。
8) 行政院主計處『中華民國勞工統計年報』各年版，台北；經濟設計委員會綜合計劃處『中華民國台灣地區製造業薪資統計之調整』1952年第1季～1976年第4季，台北。
9) 台湾の転換点について，フェイ=ラニスは1965～66年に通過していると主張しているし，邊裕淵教授は1964～65年説を力説している。Fei, J. C. H. and G. Ranis, "A Model of Growth and Employment in the Open Dualistic: The Cases of Korea and Taiwan," *Journal of Development Studies*, Vol.11, No.2, Jan. 1975; 邊裕淵「台灣經濟發展轉捩點之分析」(台灣銀行

經濟研究室編『台灣銀行季刊』第23巻第 4 期，1972年）。
10) 台灣省政府農林廳編『台灣農家記賬報告』各年版。
11) 台灣省政府主計處，前掲書，各月号。
12) 「半熟練労働者」は統計資料では「雑工」（雑用労働者）として分類されているが，その賃金は熟練労働者と未熟練労働者との間ので，便宜上このように使った。
13) 行政院台閩地區工商業普查委員會『中華民國台閩地區工商業普查報告』第 3 巻，1966年版，1971年版，1976年版。
14) 行政院主計處『中華民國69年台灣地區各業職業薪資統計調查報告』台北。
15) 南亮進『日本経済の転換点：労働の過剰から不足へ』創文社，1970年；渡辺利夫『現代韓国経済分析：開発経済学と現代アジア』勁草書房，1982年，第 4 章。
16) Kuznets, *op. cit.*, 1955.
17) 行政院主計處『中華民國68年統計提要』台北，1979年。
18) 劉進慶『戦後台湾経済分析：1945年から1965年まで』東京大学出版会，1975年，355ページによる。
19) この分析は個人ベースの所得を対象としている。個人所得とは，(1) 報酬（賃金，現金換算の実物補助物資，補助金など），(2) 家庭経営所得，(3) 現金換算の家賃収入，(4) 財産所得（利子，投資収益，地代，権利費など），(5) 贈与（経常移転収入，社会安全保障，社会救助贈与，災害補助，その他の移転収入），(6) その他などが含まれている。
20) 台灣省政府農林廳編，前掲書，各年版。
21) 山田三郎「農業経済」（斎藤一夫編『台湾の農業』下巻，アジア経済研究所，1972年，306〜310ページ）にみられる。
22) 溝口教授は日本の農家行動は典型的な「兼業型」と指摘した。台湾の場合も兼業型になっていることがわかる。溝口敏行「日本・台湾・韓国における農家行動の比較」（『経済研究』第23巻第 3 号，1972年 7 月，235〜245ページ）。
23) 台湾の経験について，Fei, J. C. H., G. Ranis and S. W. Y. Kuo, *Growth with Equity: The Taiwan Case*, Oxford University Press, 1979; それに，Kuo, S. W. Y., *The Taiwan Success Study: Rapid Growth with Improved Distribution in the Republic of China, 1952-1979*, Westview Press, Boulder, Colorado, 1981がみられる。

第2章　日台産業連関分析
―― 産業構造のスカイライン分析と構造変化 ――

はじめに

　本章は日本と台湾の産業連関表を使い，両国の経済発展構造の変化を明らかにするものである。産業連関表は該当年次の産業構造を表すもので，特に貿易と産業構造はどのように変化したのか。つまり，いくつかの年次の産業連関表を分析すると，この国の時系列の動態的変化をみることができる。本章はノーベル経済学賞受賞者 W. W. レオンチェフが考案した産業連関表の生産，需要，輸出入の効果によるスカイライン・マップの手法を使って，分析したものである[1]。本章はまず，スカイライン・マップの作成を説明する（第Ⅰ節）。続いて，台湾と日本の産業連関分析を行い（第Ⅱ～Ⅲ節），最後の節は日台の産業連関分析の比較について考察する。

Ⅰ. スカイライン分析

　基本的に言えば，スカイライン・マップ分析はペティ=クラークの経験法則の結果に類似しているが，スカイライン・マップ分析の対象部門が多いため，より多くの現象をみることができる。
　ある産業は他の産業で生産した財を自産業の生産過程に投入すると同時に，自産業で生産した財を他産業の投入または最終需要のために供給する特質を持っている。このような産業の需要と供給の錯綜関係を，産業連関表によって産業間の投入産出関係として明らかにすることができる[2]。
　スカイライン・マップの作成は，まず，総需要＝総供給＝国内需要＋輸出＝国内生産＋輸入という恒等式が成り立つ条件に基づいて展開する（図2-1）。

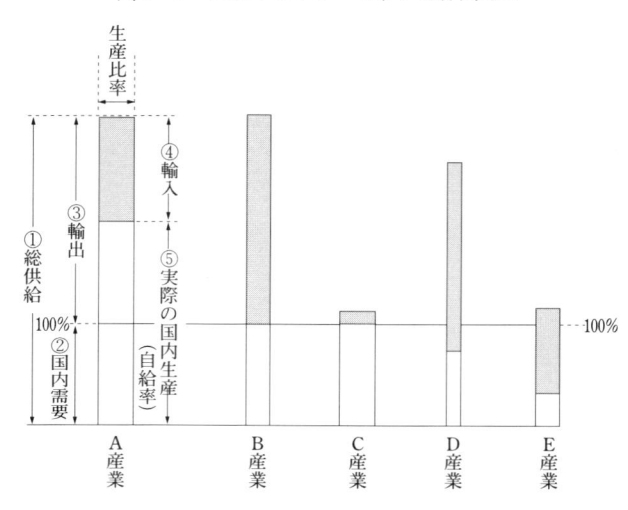

図 2-1　スカイライン・マップの作図方法

（図：A産業、B産業、C産業、D産業、E産業の棒グラフ。縦軸の要素：①総供給、②国内需要、③輸出、④輸入、⑤実際の国内生産（自給率）、横方向：生産比率、基準線100%）

　国内需要を100%として，総供給，国内生産（自給率），輸入と輸出の大きさを示す。総供給は国内需要と輸出によって構成される。したがって，総供給が国内需要の100%を超えた場合，その超えた分は輸出にすることである。同時に，総供給は国内生産（自給率）と輸入によって構成されるので，下方から計った部分（白ヌキ）が自給率で，残った部分（黒アミ）が輸入である。棒グラフの横幅は全産業の総生産を100%にした場合，各産業の生産比率を示している。工業化の進展がはやい産業の横幅全長が相対的に膨張する。逆に，進展が遅い産業の横幅全長が相対的に縮小する。

II．台湾の産業連関分析

　本章で使用する台湾の産業連関表の年次は，1964年表，1971年表，1976年表，1981年表，1986年表，1991年表，1996年表および2002年1月に発行された延長表の1999年表である[3]。この期間における産業連関表の作成は国際経済合作発展委員会（経合会），経済設計委員会（経設会），経済建設委員会（経建会）を経て，現在の行政院主計処が行っている。それに，産業構造の変化に合わせて，

多くの部門に増加がみられる。

　産業連関表は基本的に5年間に1回行う全国大規模の「工商業センサス」の結果を使っていたために、作成された産業連関表の部門は多い[4]。そして、民国70年（1981年），75年（1986年），80年（1991年），85年（1996年），90年（2001年）のように，台湾の「工商業センサス」は民国年の尾数「0」と「5」の年に調査を行うことにしていた。工商業センサスの調査が完成し，調査結果が出てから産業連関表の作成に入るため，出版は調査年よりも4〜5年間も遅れて出ることになる。そのために，この5年の間に延長表という形で発行し，その間を埋めることがある。本章の分析は，一貫して5年間に1回調査の「工商業センサス」に基づいて作成された産業連関表を研究の基礎にするが，最後の1999年表は延長表を使うことにした。

　例えば，1996年表は45部門，160部門と596部門が作成され[5]，1991年表は39部門，150部門と569部門が作成され[6]，1986年表は49部門，99部門と487部門が作成される[7]。そのために，長期間の時系列分析を行う場合，部門の統一という厄介な作業をクリアしないと，比較ができない。それに，複数国（本章は日台の両国）で産業連関比較を行う場合，対象国も同じ部門に調整して対応する必要がある。さらに，表2-1の産業連関表の部門対照一覧表に示されたように，本章は比較上の簡素化のため，29部門に調整し，7分類に分け，スカイライン・マップを作成する[8]。

　産業連関表から描いたスカイライン・マップから各年次の産業構造の輪郭を明らかにすることができる。

（1）1964年の産業連関表

　1960年代前半に台湾は「輸入代替工業化」から「輸出志向工業化」へと政策を転換した[9]。1950年代には製糖，バナナ，米穀など農業・一次産品加工品の輸出によって稼いだ外貨で，国内市場向けの最終消費財の生産を促す輸入代替工業化を推進してきた。しかし，1950年代末に輸入代替生産品の飽和状態を迎え，経済成長が停滞した。1960年代の輸出奨励策により，過去の複式為替制度を単一為替レート制度に変更し，自国通貨の過大評価から実勢レートに調整した。投資奨励条例の制定（1960年），輸出加工区設置管理条例の公布（1965年）

表2-1　産業連関表の部門対照一覧表（台湾）

29部門分類	39部門分類	45部門分類
〔1〕農業・一次産品加工業		
(01) 農業・畜産	01農業・畜産	01農産，02畜産
(02) 林業	02林産	03林産
(03) 水産	03漁業	04漁業
(04) 鉱業	04鉱業	05鉱業
(05) 加工食品	05加工食品	06加工食品
(06) 飲料・タバコ	06飲料，07タバコ	07飲料，08タバコ
〔2〕軽工業関連産業		
(07) 紡績品	08紡績品	09紡績品
(08) 衣服・装飾品	09衣服・装飾品	10衣服・装飾品，11皮革製品
(09) 木材・木製品	10木材・木製品	12木材・木製品
(10) 紙・紙製品・印刷出版	11紙・紙製品・印刷出版	13紙・紙製品・印刷出版
〔3〕化学関連産業		
(11) 化学原料	12化学原料	14化学原料
(12) 人造繊維・合成樹脂	13人造繊維，14合成樹脂，15合成樹脂製品	15人造繊維，16合成樹脂，17合成樹脂製品
(13) 他の化学製品	16他の化学製品	18他の化学製品
(14) 石油精製品	17石油精製品	19石油精製品
〔4〕鉄・非鉄関連産業		
(15) 非金属鉱物製品	18非金属鉱物製品	20非金属鉱物製品
(16) 鉄鋼	19鉄鋼	21鉄鋼
(17) 他の金属・金属製品	20他の金属，21金属製品	22他の金属，23金属製品
〔5〕機械関連産業		
(18) 機械	22機械	24機械
(19) 家電	23家電	25家電
(20) 電子製品	24電子製品	26情報産業製品，27通信製品，28電子部品
(21) 電機・電器	25電機・電器	29電機・電器
(22) 輸送機械	26輸送機械	30輸送機械
(23) 雑製品	27他の製品	31他の製品
〔6〕インフラ関連産業		
(24) 建築業	28建築業	32住宅建築，33公共建築
(25) 電力	29電力	34電力
(26) ガス・水道	30ガス・水道	35ガス，36水道
(27) 運輸・通信・倉庫	31運輸・通信・倉庫	37運輸・通信・倉庫
〔7〕サービス関連産業		
(28) 商業	32商品売買	38商品売買
(29) 他のサービス	33金融保険，34不動産，35飲食業・ホテル，36商工，37公共行政，38教育・医療，39他のサービス	39金融保険，40不動産，41飲食業・ホテル，42商工，43公共行政，44教育・医療，45他のサービス

(注)　1964年，66年，71年，76年，81年，86年版は29部門，1991年版は39部門，1996年，99年版は45部門である。
(出所)　図2-2〜図2-9に同じ。

第2章　日台産業連関分析

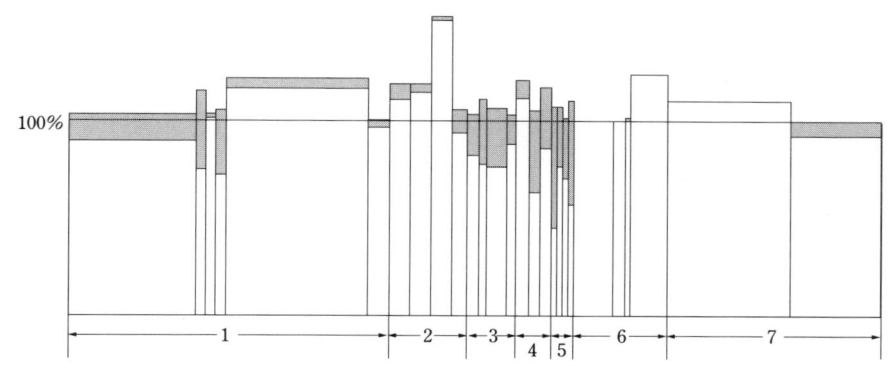

図 2-2　台湾のスカイライン・マップ（1964年）

(注)　産業分類：
〔1〕農業・一次産品加工業：農業・畜産(01)，林業(02)，水産(03)，鉱業(04)，加工食品(05)，飲料・タバコ(06)；〔2〕軽工業関連産業：紡績品(07)，衣服・装飾品(08)，木材・木製品(09)，紙・紙製品・印刷出版(10)；〔3〕化学関連産業：化学原料(11)，人造繊維・合成樹脂(12)，他の化学製品(13)，石油精製品(14)；〔4〕鉄・非鉄関連産業：非金属鉱物製品(15)，鉄鋼(16)，他の金属・金属製品(17)；〔5〕機械関連産業：機械(18)，家電(19)，電子製品(20)，電機・電器(21)，輸送機械(22)，雑製品(23)；〔6〕インフラ関連産業：建築業(24)，電力(25)，ガス・水道(26)，運輸・通信・倉庫(27)；〔7〕サービス関連産業：商業(28)，他のサービス(29)。
(出所)　行政院主計處『中華民國台灣地區29部門産業關聯表』(1964, 66, 71, 76, 81年版)，1986年3月。

に基づいて高雄輸出加工区（1966年），楠梓および台中輸出加工区（1969年）など3つの輸出加工区の設立，外資導入奨励策の制定，国内市場の自由化などを推進してきた。

　図2-2は1964年の産業連関表によって作成したスカイライン・マップである[10]。この時期は輸出志向工業化への政策転換の初期であるが，依然として1950年代の輸入代替工業化期の特徴を持っていた。産業構造における〔1〕農業・一次産品加工業（特に農業・畜産と加工食品）の比重が大きく，製造業の比重が依然として小さい。しかし，製造業のうち紡績品(07)，衣服・装飾品(08)，木材・木製品(09)，非金属鉱物製品(15)など一部の製品は輸出超過になっていた。この時期に輸出志向工業化の徴候をみることができた。

　この時期では第3次経済建設4ヵ年計画（1961〜64年）が実施されてきた。このことは，1950年代の輸入代替工業化から1960年代の輸出志向工業化への転換を示すものである。つまり，輸入代替工業化というのは国内市場の販売を対

表 2-2　経済建設 4 ヵ年計画・長期計画の重点と経済成長率

計画期	期間 (実施期間)	重　点	経済成長率(%) 計画値	経済成長率(%) 実績値	計画機構
第 1 次	1953～56年	①農工生産の増加 ②経済安定の促進 ③国際収支の改善	6.2	8.1	経済安定委員会 1953年 1 月～58年 8 月
第 2 次	1957～60年	①農業生産の増加 ②鉱工業の発展加速 ③輸出の拡大 ④就業機会の増加 ⑤国際収支の改善	7.5	6.9	アメリカ援助運用委員会 1958年 9 月改組～63年 8 月
第 3 次	1961～64年	①経済安定の維持 ②経済成長の加速 ③工業基礎の拡大 ④投資環境の改善	8.0	9.1	国際経済合作発展委員会 1963年 9 月～73年 7 月
第 4 次	1965～68年	①経済近代化の促進 ②経済安定の維持 ③高級工業の発展促進	7.0	9.9	
第 5 次	1969～72年	①物価安定の維持 ②輸出の拡大 ③インフラ建設の拡大 ④産業構造の改善 ⑤農業近代化の促進	7.1	11.7	
第 6 次	1973～76年 (1973～75年)	①工業近代化の加速 ②インフラ建設の拡大 ③人的資源の質的向上 ④輸出の拡大	9.5	6.0[1]	経済設計委員会 1973年 8 月～77年11月
第 7 次	1976～81年 (1976～78年) (1979～81年)[2]	①省エネの向上 ②産業構造の改善 ③人的育成の加速 ④経済社会の均衡発展 ⑤十大建設の完成	7.5 8.5	12.6 7.0	経済建設委員会 1977年12月以降
第 8 次	1982～85年	①適度の物価安定 ②持続的経済成長 ③産業発展の調和 ④就業機会の増加 ⑤所得分配の合理化 ⑥地域建設の均衡化 ⑦社会生活の調和	8.0	7.4	

表 2-2 つづき

計画期	期間 (実施期間)	重　点	経済成長率(%)		計画機構
			計画値	実績値	
第 9 次	1986～89年	①貿易自由化の推進 ②公共投資の拡大 ③財政・金融体制の健全化 ④サービス業の近代化加速 ⑤重点技術の積極的発展 ⑥環境汚染防止の加速	6.5	10.2	経済建設委員会 1977年12月以降
第10次	1990～93年 (1990年)	基本政策： ①公共支出の拡大 ②法規の健全化と経済自由化 政策目標： ①投資環境の改善 ②交通建設の推進 ③環境保護の強化 ④社会福祉の推進	7.0	5.5[3]	
国家建設 6ヵ年計 画	1991～96年 (1991～93年) (1994～96年)	総目標： ①経済社会秩序の再建 ②全国的均衡発展の追求 政策目標： ①国民所得の向上 ②産業潜在力の育成 ③地域建設の均衡化 ④生活の質的向上	7.0[4] 6.2[5]	6.5[4] 5.8[5]	
世紀に跨 る国家建 設計画	1997～2006年	総目標： ①近代化国家の建設 ②国家競争力の向上 ③国民生活の質的増進 ④持続的発展の促進 発展戦略： ○「アジア太平洋オペレーションセンター計画」を長期的発展の出発点とする	6.7	―	

(注)　1) 第6次経済建設4ヵ年計画は石油危機の影響を受け，計画変更。
　　　2) 第7次経済建設4ヵ年計画は修正計画。
　　　3) 第10次経済建設4ヵ年計画は，1991年に国家建設6ヵ年計画に変更のため，1990年に実績値。
　　　4) 国家建設6ヵ年計画の前3ヵ年と後3ヵ年の計画値と実効値。
　　　5) 注4に同じ。
(出所)　董安琪「經濟設計與台灣的經濟奇蹟」『台灣經濟決策研討會』中央研究院經濟研究所主催，1998年を基礎に筆者が加筆したものである。

象とする「内向き型」工業化から，輸出志向工業化という海外市場の販売を対象とする「外向き型」工業化へと180度の転換を意味する。第3次経済建設4ヵ年計画の重点は経済安定の維持，経済成長の加速，工業基礎の拡大，投資環境の改善であった[11]。投資奨励条例の制定・実施によって，輸出拡大のために，この4ヵ年計画の年平均成長率（計画値）8.0%に対し，実績値は9.1%に達することができた（表2-2）。

（2）1971年の産業連関表

図2-3は1971年の産業連関表によるスカイライン・マップである[12]。1971年表からは輸出志向工業化の特徴と成果をみることができる。〔2〕軽工業関連産業，〔3〕化学関連産業，〔4〕鉄・非鉄関連産業，〔5〕機械関連産業では"膨張"的な発展をみせ，逆に〔1〕農業・一次産品加工業は急速な"縮小"傾向をみせた。〔2〕軽工業関連産業の紡績品(07)，衣服・装飾品(08)，木材・木製品(09)，〔3〕化学関連産業の人造繊維・合成樹脂(12)，〔4〕鉄・非鉄関連産業の非金属鉱物製品(15)，〔5〕機械関連産業の家電(19)，電子製品(20)および雑製品(23)は輸出超過の傾向を示している。

他方，最終財の生産に使われる原材料，中間財および機械設備の輸入も急速に増加している。〔3〕化学関連産業の化学原料(11)，他の化学製品(13)，石油精製製品(14)，〔4〕鉄・非鉄関連産業の鉄鋼(16)，他の金属・金属製品(17)，〔5〕機械関連産業の機械(18)，電機・電器(21)，輸送機械(22)は輸入超過であることがわかる。

輸出志向工業化の持つ比較優位性となるものは豊富で安い賃金の労働力であり，労働集約型製品の輸出によって極めて強い競争力を持つようになった。前に述べた高雄輸出加工区，楠梓輸出加工区および台中輸出加工区の設置によって，外資の導入と同時に輸出が拡大した。輸出志向工業化は労働集約型産業の製品を輸出の主力にしたため，輸出の拡大は同時に強い労働吸収力という特徴を持つ。それによって，1967年に有効求人者数が有効求職者数を凌駕するようになり，求職者は職業を問わなかったら全員が職を手に入れることができたこと（完全雇用）を意味する。それに，台湾の経済が1966〜68年に労働過剰経済から労働不足経済へと，A.ルイスの「転換点」を通過するようになった[13]。

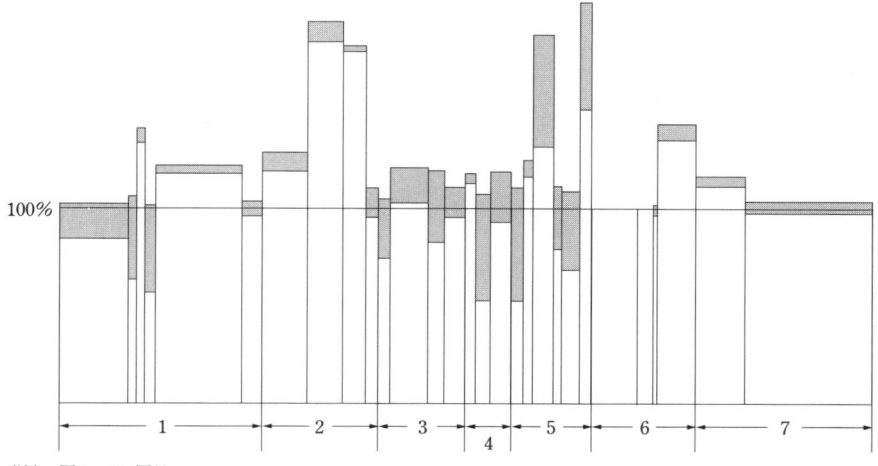

図 2-3　台湾のスカイライン・マップ（1971年）

(注)　図 2-2 に同じ。
(出所)　図 2-2 に同じ。

そのために，1970年に投資奨励条例の第1回の修正があった。1960年に投資奨励条例の制定時，労働集約型産業や資本集約型産業を問わず，投資に無差別的な奨励対象としていた。しかし，労働過剰経済の解除によって，1970年の投資奨励条例は労働集約型産業の優遇措置を縮小し，資本集約型・技術集約型産業が奨励対象になった。そして，第4次経済建設4ヵ年計画（1965～68年）の重点は経済近代化の促進，経済安定の維持，高級工業の発展促進であった。それに続く第5次経済建設4ヵ年計画（1969～72年）の重点は物価安定の維持，輸出の拡大，インフラ建設の拡大，産業構造の改善と農業近代化の促進であった。ちなみに，第4次経済建設4ヵ年計画の年平均成長率（計画値）7.0％に対し，実績値9.9％に達した。それに，第5次経済建設4ヵ年計画の年平均成長率（計画値）7.1％に対し，実績値は11.7％を記録した。

（3）1976年の産業連関表

1970年代に入り，1973年からは十大建設，1978年からは十二項目建設，1985年からは十四項目建設，1991年からは国家建設6ヵ年計画が相次いで実施され

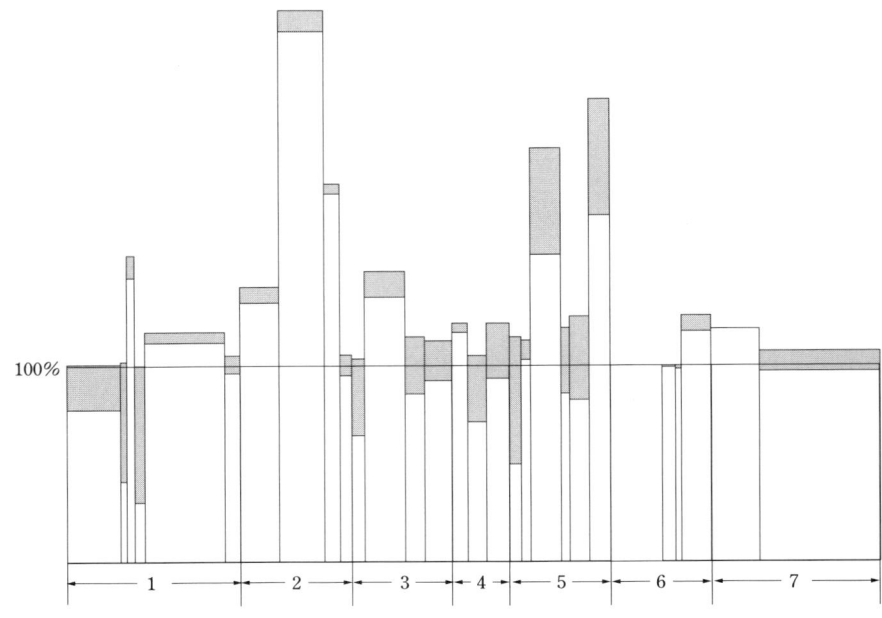

図 2-4　台湾のスカイライン・マップ（1976年）

(注)　図 2-2 に同じ。
(出所)　図 2-2 に同じ。

た。他方，1973年の第1次石油危機および1979年の第2次石油危機が相次いで発生し，世界規模の不況を引き起こし，エネルギー価格の高騰による国際秩序の再編が余儀なくされた。その影響は1976年表，1981年表，1986年表からみることができる。

　図2-4は1976年の産業連関表によるスカイライン・マップである[14]。製造業の〔2〕軽工業関連産業，〔3〕重化学工業分野の化学関連産業，〔4〕鉄・非鉄関連産業，〔5〕機械関連産業の横幅では"膨張"的な傾向をみることができる。〔1〕農業・一次産品加工業は一段の"縮小"定着をみせた。1976年表は1971年表と比較すると，基本的な輪郭図は類似しているといえるが，特に目立つのは，輸出志向工業化の成果がより大きく発揮することができたことである。衣服・装飾品(08)，雑製品(23)，電子製品(20)，木材・木製品(09)，水産(03)，人造繊維・合成樹脂(12)，紡績品(07)，加工食品(05)，運輸・通信・

倉庫(27)，商業(28)などの棒グラフが高く"聳える"ようになった。

　第6次経済建設4ヵ年計画（1973～76年）の重点は工業近代化の加速，インフラ建設の拡大，人的資源の質的向上，輸出の拡大に置いていた。前に述べたように，この時期に第1次石油危機による世界規模の不況による外需の減少を十大建設という国家プロジェクト建設という内需によって補ったと言える。通常，このような大型建設を実施すると，インフレなど経済の発展に悪い影響を及ぼす恐れがあった。蓋を開けると，この十大建設は不況を助ける救世主になった。つまり，ケインズ経済学によると，不況による失業時に公共投資の拡大など財政政策を積極的に行い，それが不況退治の処方箋であると指摘されてきた。十大建設がタイミングよくこの時期に実施されたため，第6次経済建設4ヵ年計画の年平均成長率（計画値）は9.5％であったが，この計画は石油危機の打撃および十大建設の実施によって当初の計画から大きく乖離したために，1975年で中止されたにもかかわらず，6.0％に達することができた。続いて，第7次経済建設4ヵ年計画（1976～81年）の重点は省エネの向上，産業構造の改善，人的育成の加速，経済社会の均衡発展，十大建設の完成であった。この計画の前半（1976～78年）と後半（1979～81年）の年平均成長率（計画値）はそれぞれ7.5％と8.5％であり，その実績値は12.6％と7.0％を記録した。この計画の前半は十大建設を完成し，後半はそれに続く十二項目建設の実施である。

（4）1981年の産業連関表

　前にも述べたように，1973年の十大建設に続いて1978年からの十二項目建設が実施され，重化学工業化（第2次輸入代替工業化）がより充実な成果をあげることができた。それに，1979年末の第2次石油危機による不況から次第に回復をみせるようになった。前に述べた投資奨励条例は1981年に第2回の修正があった。この修正によって，資本・技術集約型産業が戦略産業として位置づけられ戦略産業に対する優遇措置が拡大されるようになった。それに，2回の石油危機による重化学工業化へのダメージおよび環境悪化問題が深刻化した。したがって，台湾政府は1979年に「科学工業園区設置及び管理条例」を公布し，1980年に「台湾版シリコンバレー」として新竹科学工業園区を開設するようになった。

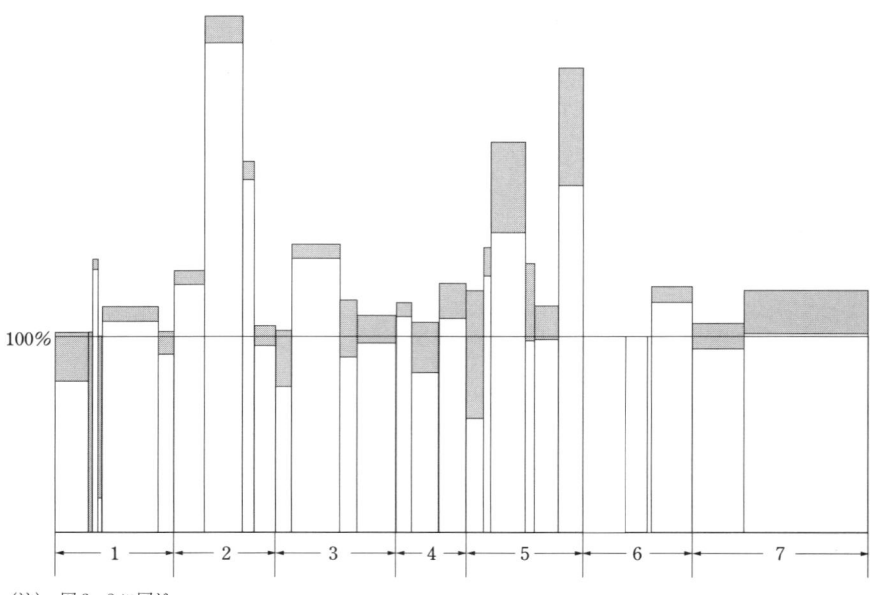

図 2-5　台湾のスカイライン・マップ（1981年）

100%

1　2　3　4　5　6　7

(注)　図 2-2 に同じ。
(出所)　図 2-2 に同じ。

　図 2-5 は1981年の産業連関表によるスカイライン・マップである[15]。1981年のスカイライン・マップは1976年のマップと比べると，基本的な輪郭図は類似している。〔1〕農業・一次産品加工業は再び"縮小"傾向をみせ，〔3〕重化学関連分野の化学関連産業，〔4〕鉄・非鉄関連産業，〔5〕機械関連産業および〔6〕インフラ関連産業，〔7〕サービス関連産業の横幅は"膨張"的な傾向を示した。それは，〔3〕化学関連産業の人造繊維・合成樹脂(12)，石油精製製品(14)，〔4〕鉄・非鉄関連産業の鉄鋼(16)，〔5〕機械関連産業の機械(18)，電子製品(20)，輸送機械(22)，雑製品(23)，〔6〕インフラ関連産業の電力(25)，輸送・通信・倉庫(27)，と〔7〕サービス関連産業の商業(28)などである。
　第 8 次経済建設 4 ヵ年計画（1982～85年）の重点は適度の物価安定，持続的経済成長，産業発展の調和，就業機会の増加，所得分配の合理化，地域建設の

第2章　日台産業連関分析

図2-6　台湾のスカイライン・マップ（1986年）

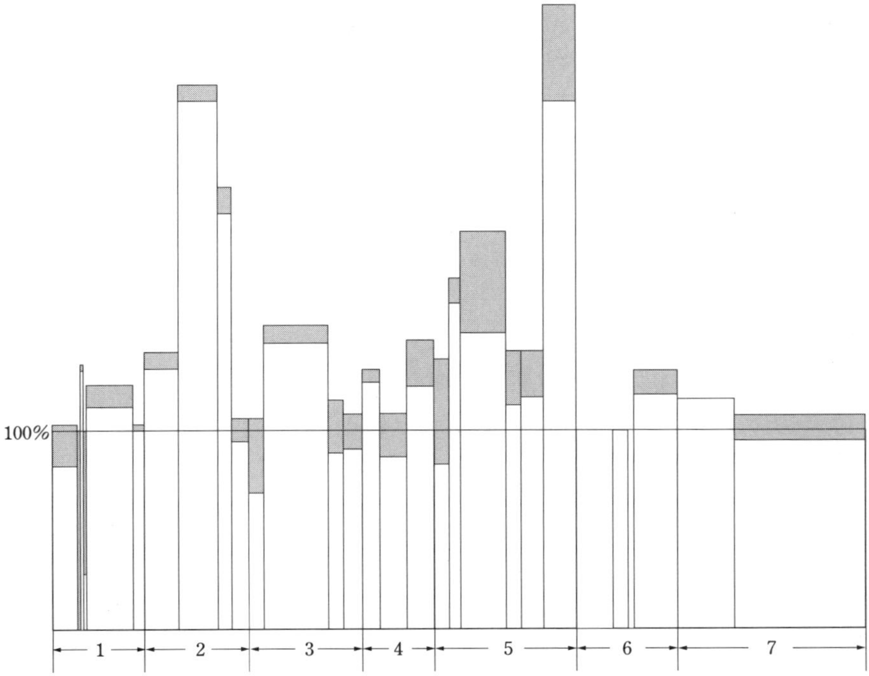

(注)　図2-2に同じ。
(出所)　行政院主計處『中華民國75年台灣地區産業關聯表編製報告』(1986年版)，1991年2月。

均衡化，社会生活の調和であった。この時期の年平均成長率（計画値）8.0%に対し，実績値は7.4%であった。

(5) 1986年の産業連関表

　産業連関表の1971年表，1976年表，1981年表，1986年表によるスカイライン・マップの輪郭は比較的に類似していたが，そのうち特に1986年の輪郭の棒グラフが最も"聳えていた"。図2-6は1986年の産業連関表によるスカイライン・マップである[16]。棒グラフの高さからみると，雑製品(23)，衣服・装飾品(08)，木材・木製品(09)，電子製品(20)，家電(19)，人造繊維・合成樹脂

(12)などがより高く"聳えていた"。これらは輸出競争力に比較優位を持つ製品に成長するようになった。

それに，製品の国内生産額の増加により，製品の輸出特化傾向が顕著に表れ，輸出超過に転換するようになった。機械関連産業の電機・電器(21)，輸送機械(22)は輸入超過から輸出超過に転換するようになった。この時期から台湾のパソコン，パソコン周辺機器，半導体など情報関連産業は次第に台湾の輸出の主役に躍進するようになった。

第9次経済建設4ヵ年計画（1986〜89年）の重点は貿易自由化の推進，公共投資の拡大，財政・金融体制の健全化，サービス業の近代化加速，重点技術の積極的発展，環境汚染防止などであった。この第9次経済建設4ヵ年計画の年平均成長率（計画値）6.5%に対し，実績値は10.2%を記録した。

(6) 1991年の産業連関表

1987年頃から台湾元高・米ドル安の傾向が定着し，台湾の産業構造には大きな変化を引き起こすようになった。労働力の不足，賃金の相対的な上昇などは，労働集約型産業の輸出競争力を次第に低下せしめるようになった。海外直接投資を通じて生産基地の東南アジア（南向政策），中国大陸（西向政策）への移転が推進されるようになった[17]。それに，1960年から実施されてきた投資奨励条例は，それ以降の1965年（第1回修正），1970年（第2回修正）と約5年おきに修正が進められてきた。この投資奨励条例は1991年に廃止され，替わりに同年に産業高度化促進条例が施行されるようになった。その結果，1991年表は1986年表と比べると大きな変化をみることができた。

図2-7は1991年の産業連関表によるスカイライン・マップである[18]。この時期の最大の特徴は，〔1〕農業・一次産品加工業，労働集約型産業の〔2〕軽工業関連産業および一部の〔3〕化学関連産業の"縮小"傾向が一段と呈したことがあげられる。換わりに大きな躍進を遂げたのは〔6〕インフラ関連産業と〔7〕サービス関連産業である。自国通貨の大幅な引き上げは，労働集約型製品の輸出競争力の低下を引き起こすようになり，海外直接投資により産業構造の再編が余儀なくされた。

1986年表の場合，雑製品(23)と衣服・装飾品(08)は長い棒グラフをみせたが，

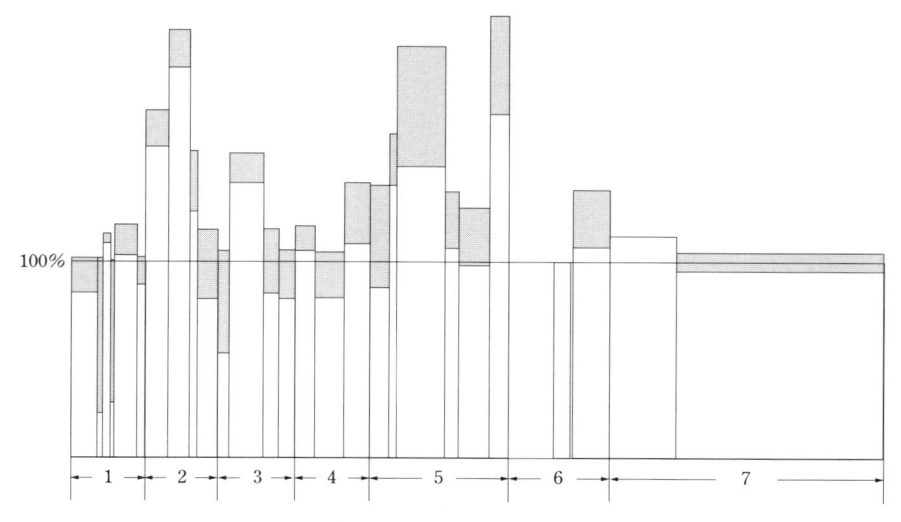

図 2-7　台湾のスカイライン・マップ（1991年）

(注)　図 2-2 に同じ，39部門を29部門に書き換えしたものである。
(出所)　行政院主計處『中華民國80年台灣地區産業關聯表編製報告』(1991年版)，1995年2月。

1991年表になると，この2つの製品の横幅縮小と棒グラフの低減が目立つ。その理由は労働集約型製品に属するもので，台湾元高・米ドル安による輸出競争力の低下，それに，海外直接投資による生産基地の移転が影響を及ぼしたものと考えられる。

　第10次経済建設4ヵ年計画（1990～93年）の基本政策重点は公共支出の拡大，法規の健全化と経済の自由化であった。そして，発展の重点は投資環境の改善，交通建設の推進，環境保護の強化，社会福祉の増進であった。第10次経済建設4ヵ年計画の年平均成長率（計画値）は7.0％であり，この計画は1年間の実施で国家建設6ヵ年計画に変更したため，1990年の実績値は5.5％であった。

(7) 1996年と1999年の産業連関表

　図2-8と図2-9は1996年と1999年の産業連関表によるスカイライン・マップであり，1999年は延長表である[19]。この時期になると，〔1〕農業・一次産品加工業は"縮小"傾向が一段と進むようになった。この産業は輸入超過に転

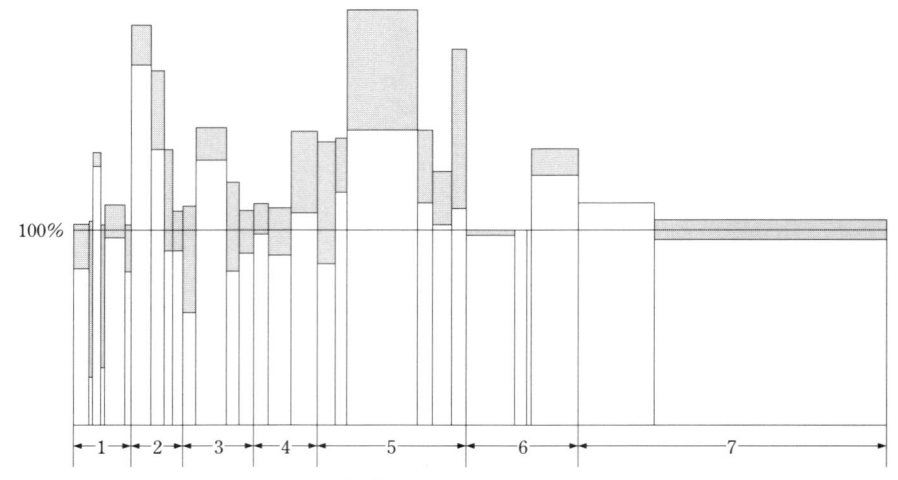

図2-8　台湾のスカイライン・マップ（1996年）

(注)　図2-2に同じ，45部門を29部門に書き換えしたものである。
(出所)　行政院主計處『中華民國85年台灣地區産業關聯表編製報告』(1996年版)，2000年1月。

落しているが，輸出超過の状態で棒グラフが伸びているのが水産(03)である。台湾のウナギやエビ（ブラックタイガー）など養殖技術の確立による輸出拡大の成果であると考えられる。

〔2〕軽工業関連産業も変化をみせるようになった。1987年頃から台湾通貨の引き上げ（台湾元高・米ドル安）による台湾の輸出競争力が一段と低下するようになった。特に目立つのは労働集約型産業である。したがって，台湾企業の対東南アジア・中国への投資が推進されるようになった。海外直接投資の動向も台湾の産業構造に大きく変化を促すようになった。紡績品(07)と衣服・装飾品(08)は依然としては輸出超過である。1991年表（以前も含む）の棒グラフでは衣服・装飾品(08)は紡績品(07)よりも高いが，1996年表以降（1999年表も含む）になると両者の逆転がみられる。つまり，台湾元高以降，労働集約型産業である衣服・装飾品(08)の輸出競争力が低下し，そのため，海外直接投資を通じて生産基地の対外移転が展開され，衣服・装飾品(08)の国内生産シェアが減少するようになった。他方，海外直接投資による現地生産のため機械設備，原材料・中間財である紡績品(07)の輸出が大幅に増えるようになった。1996年

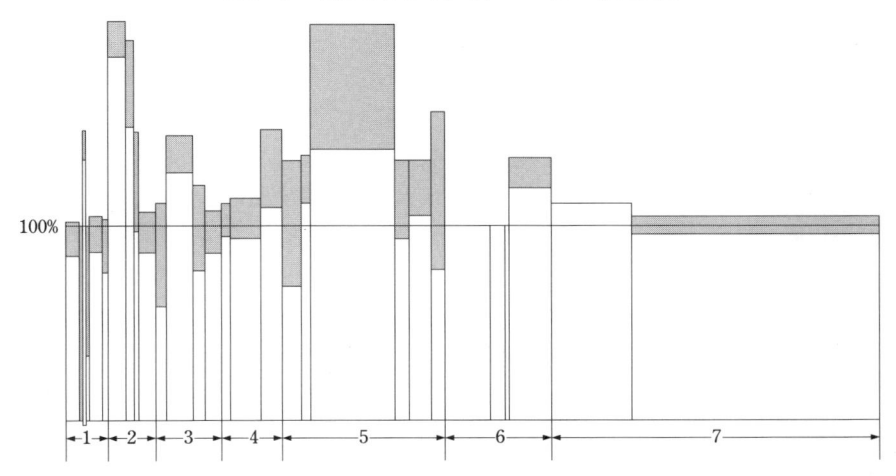

図 2-9　台湾のスカイライン・マップ（1999年）

（注）　図 2-2 に同じ，45部門を29部門に書き換えしたものである。
（出所）　行政院主計處『中華民國88年台灣地區産業關聯表編製報告』（1999年版），2002年1月。

表に示した紡績品（07）が衣服・装飾品（08）を凌駕した現象はこの事実を示しているものであると考えられる。

〔3〕化学関連産業の人造繊維・合成樹脂（12）と〔4〕鉄・非鉄関連産業の他の金属・金属製品（17）は依然として輸出超過傾向が継続していた。〔5〕機械関連産業の電子製品（20）はかつてみられないほど，勢いよく"膨張"し続けていた。言うまでもなく，主としてはパソコン，パソコン周辺機器，半導体，液晶などであり，台湾の経済発展を牽引する花形産業である。この時期に台湾の情報産業は世界の第3位に上昇したことを意味する[20]。

台湾の産業連関表をみると，1987年の台湾元高・米ドル安の影響を受け，海外直接投資による生産基地の対外移転が推進された。それによる伝統的な〔2〕軽工業関連産業などの"縮小"を「産業の空洞化」として捉える論調があるが，それは一面の見方に過ぎない。着眼点を〔5〕機械関連産業の電子製品（20）であるパソコン，パソコン周辺機器，半導体の成長・発展に移ると，この「産業の高度化」傾向が着実に進んでいることがわかる。

そのほかに，1996年表の〔5〕機械関連産業の家電（19），電機・電器（21），

輸送機械(22)，雑製品(23)は輸出超過であるが，1999年表では電機・電器(21)，雑製品(23)が輸入超過に逆転した。

製造業の発展による派生需要の拡大により，〔7〕サービス関連産業は持続的に"膨張"していた。近年の経済の自由化・国際化の推進とWTO加盟による関税の引き下げ，サービス産業の規制緩和により外資系金融・証券，保険企業が持続的に台湾に参入するようになった。運輸・通信・倉庫(27)と商業(28)は輸出超過を保っている。1970年代以降，特に80年代以降の他のサービス(29)が急速な成長をみせた。産業連関表の45部門によると，それは金融・保険，不動産，飲食・ホテル業，商工サービス，公共行政サービス，教育・医療，他のサービスが含まれている（45部門のコード・ナンバーの39～45）。

国家建設6ヵ年計画（1991～96年）の総目標は経済社会の再建，全面的均衡発展の追求であった。そして，政策目標は国民所得の向上，産業潜在力の育成，地域建設の均衡化，生活の質的向上であった。この計画の前半（1991～93年）と後半（1994～96年）の年平均成長率（目標値）はそれぞれ7.0%と6.2%であり，その実績値はそれぞれ6.5%と5.8%であった。それに続く「世紀に跨る国家建設計画」（1997～2006年）の総目標は近代化国家の建設，国家競争力の向上，国民生活の質的増進，持続発展の促進であった。その発展戦略はアジア太平洋オペレーションセンター計画を長期的発展の出発点とすることである。この時期の年平均成長率（目標値）は6.7%である。現在，台湾政府は「挑戦2008：国家発展重点計画2002～2007」を次の挑戦の目標にしている[21]。そして，「両兆双星」構想を推進の目標にしている。「両兆」とは，半導体と液晶（LCD）などディスプレイ産業をそれぞれ1兆台湾元（約4兆円で合計8兆円）の産業に育てることを意味する。「双星」とは，デジタルコンテンツとバイオテクノロジーを将来の台湾経済成長の牽引車として，それぞれ1兆台湾元に育てるという，目標を示している。その成果は期待できそうと考えられる。

III. 日本の産業連関分析

台湾の産業連関表によるスカイライン・マップ分析に続いて，日本の分析に移ることにする。当然のことに，日本の産業連関表の作成は日本の実情を反映

するために制定され，日台の国際比較を行うために調整が必要である。特に本章は台湾の29部門の産業連関表を基準にしているために，それに合わせて調整が必要になる。表2-3の産業連関表の部門対照一覧表は，それに合わせて調整のために作成したものである。つまり，以下の分析対象の1975年表と1980年表は83部門から調整したものである[22]。そして，1985年表，1990年表と1995年表は92部門，1999年表は延長表であり，100部門から調整したものである[23]。

(1) 1975年と1980年の産業連関表

1975年の日本のスカイライン・マップを考察すると，明らかに台湾のパターンとは異なっていた（図2-10）。台湾のスカイライン・マップの起伏は大きいが，日本の方がより緩やかで，起伏が小さいことがわかる。

1999年の台湾と日本の1975年のスカイライン・マップを比較すると，〔1〕農業・一次産品加工業の場合，日本の自給率のすべてが100％以下の輸入超過の状態に対し，台湾の同分類の水産(03)は輸出超過である。その原因は，台湾のウナギやエビ（ブラックタイガー）の養殖ならびに輸出によるものであると考えられる。特に，鉱業(04)の入超が大きいことに注目したい。日本の1975年表には，1973年に勃発した第1次石油危機の影響が尾を引いていることを意味する。

〔2〕軽工業関連産業の分野では，日本の紡績品(07)の自給率は100％を超えた出超であることがわかる[24]。他方，同分類の台湾の紡績品(07)と衣服・装飾品(08)は出超であり，しかもこれらの棒グラフは高く"聳えていて"，強い輸出特化を保っていた。

〔3〕化学関連産業の分野では，日本の化学原料(11)，人造繊維・合成樹脂(12)と他の化学製品(13)は出超である。それに対し，台湾の同分類の中において，僅かに人造繊維・合成樹脂(12)のみが出超である。この分野において，台湾では台湾プラスチックグループ（台湾塑膠＝FPG）や奇美實業公司など有力企業による貢献によるものであると考えられる。

〔4〕鉄・非鉄関連産業の分野での非金属鉱物製品(15)，鉄鋼(16)，他の金属・金属製品(17)のいずれも日本は出超を保っていた。この分野において，台湾では他の金属・金属製品(17)のみが出超であった。

表 2 − 3 産業連関表の部門対照一覧表（日本）

29部門分類	83部門分類	92部門分類	100部門分類
[1] 農業・一次産品加工業			
(01) 農業・畜産	01耕種農業, 02畜産・養蚕, 03農業サービス	01耕種農業, 02畜産・養蚕, 03農業サービス	01耕種農業, 02畜産・養蚕, 03農業サービス
(02) 林業	04林業	04林業	04林業
(03) 水産	05漁業	05漁業	05漁業
(04) 鉱業	06金属鉱物, 07非金属鉱物, 08石炭, 09原油・ガス	06金属鉱物, 07非金属鉱物, 08石炭, 09原油・ガス	06金属鉱物, 07非金属鉱物, 08石炭, 09原油・ガス
(05) 加工食品	10食料品	10食料品	10食料品
(06) 飲料品・タバコ	11飲料, 12飼料, 13タバコ	11飲料, 12飼料, 13タバコ	11飲料, 12飼料, 13タバコ
[2] 軽工業関連産業			
(07) 紡績品	14繊維工業製品	14繊維工業製品	14繊維工業製品
(08) 衣服・装飾品	15衣服類, 31皮革製品	15衣服類, 32皮革製品	15衣服類, 32皮革製品
(09) 木材・木製品	16製材・木製品, 17家具	16製材・木製品, 17家具	16製材・木製品, 17家具
(10) 紙・紙製品・印刷出版	18パルプ, 19紙加工品, 20出版・印刷	18パルプ, 19紙加工品, 20出版・印刷	18パルプ, 19紙加工品, 20出版・印刷
[3] 化学関連産業			
(11) 化学原料	22無機化学製品, 23有機化学製品	22無機化学製品, 23有機化学製品, 24有機化学製品	22無機化学製品, 23石油化学製品, 24有機化学製品
(12) 人造繊維・合成樹脂	24合成樹脂, 25化学繊維, 29プラスチック製品	24合成樹脂, 25化学繊維, 30プラスチック製品	25合成樹脂, 26化学繊維, 31プラスチック製品
(13) 他の化学製品	21化学肥料, 26化学最終製品, 30ゴム製品	21化学肥料, 26医薬品, 27化学最終製品, 31ゴム製品	21化学肥料, 27医薬品, 28化学最終製品, 32ゴム製品
(14) 石油精製製品	27石油製品, 28石炭製品	28石油製品, 29石炭製品	29石油製品, 30石炭製品
[4] 鉄・非鉄金属関連産品			
(15) 非金属鉱物製品	32ガラス, 33セメント, 34陶磁器, 35窯業・土石製品	33ガラス, 34セメント, 35陶磁器, 36窯業・土石製品	34ガラス, 35セメント, 36陶磁器, 37窯業・土石製品
(16) 鉄鋼	36銑鉄・粗鋼, 37鋼材, 38他の鉄鋼製品	37銑鉄・粗鋼, 38鋼材, 39鋳鍛造, 他の鉄鋼製品	38銑鉄・粗鋼, 39鋼材, 40鋳鍛造, 41他の鉄鋼製品
(17) 他の金属・金属製品	39非鉄, 40非鉄加工, 41建築用金属, 42他の金属	40非鉄, 41非鉄加工, 42建築用金属, 43他の金属	42非鉄, 43非鉄加工, 44建築用金属, 45他の金属

第2章 日台産業連関分析

表2-3 つづき

29部門分類	83部門分類	92部門分類	100部門分類
[5] 機械関連産業			
(18) 機械	43一般機械, 44特殊機械, 45他の機械	44一般機械, 45特殊機械, 46他の機械	46一般機械, 47特殊機械, 48他の機械
(19) 家電	47民生用電機	48民生用電機	47民生用電子機器, 48民生用電気機器
(20) 電子製品	48電子・通信機器	49電子・通信機器	52計算機, 53通信機械, 54電子装置, 55計器・器具, 56半導体素子, 57電子部品
(21) 電機・電器	46事務用機器, 49重電, 50他の電機・電器	47事務用機器, 50重電, 51他の電機・電器	49事務用機器, 58重電, 59他の電機・電器
(22) 輸送機械	51自動車, 52船舶, 53他の輸送機械	52自動車, 53船舶, 54他の輸送機械	60乗用車, 61トラック・バス, 62二輪自動車, 63自動車部品, 64船舶, 65他の輸送機械
(23) 雑製品	54精密機械, 55他の工業製品	55精密機械, 56他の工業製品	66精密機械, 67他の工業製品
[6] インフラ関連産業			
(24) 建築業	56建築, 57建設補修, 58土木建設	57建築, 58建設補修, 59土木建設	68建築, 69建設補修, 70公共事業, 58土木建設
(25) 電力	59電力	60電力	72電力
(26) ガス・水道	60ガス, 61水道, 62廃棄物処理	61ガス, 62水道, 63廃棄物処理	73ガス, 74水道, 75廃棄物処理
(27) 運輸・通信・倉庫	67鉄道, 68道路輸送, 70水運, 71航空輸送, 72倉庫, 73輸送サービス, 74通信, 75放送	68鉄道, 69道路輸送, 71水運, 72航空輸送, 73貨物運送サービス, 75輸送サービス, 76通信, 77放送	80鉄道, 81道路輸送, 82水運, 83航空輸送, 84倉庫, 物運送, 85倉庫, 86輸送サービス, 87通信, 88放送
[7] サービス関連産業			
(28) 商業	63商業	64商業	76商業
(29) 他のサービス	64金融・保険, 65不動産, 66住宅賃, 76公務, 77教育, 78研究, 80公共サービス, 81対事業所サービス, 82対個人サービス, 83事務用品, 84分類不明	65金融・保険, 66不動産, 67住宅賃, 78公務, 79教育, 80研究, 81医療, 82社会保障, 83公共サービス, 84広告, 85調査・情報, 86機械修理, 87対事業所サービス, 88娯楽サービス, 89食店, 90宿泊所, 91対個人サービス, 92事務用品, 93分類不明	77金融・保険, 78不動産, 79住宅賃, 89公務, 90教育, 91研究, 92医療, 93公共サービス, 94広告, 95調査・情報, 96物品賃貸, 97修理, 98対事業所サービス, 99対個人サービス, 100その他

(注) 29部門は表2-1の台湾の産業連関表分類による。1975年, 80年版は83部門, 1985年, 90年, 95年版は92部門, 1999年版は100部門の産業連関表による。
(出所) 図2-10〜2-15。

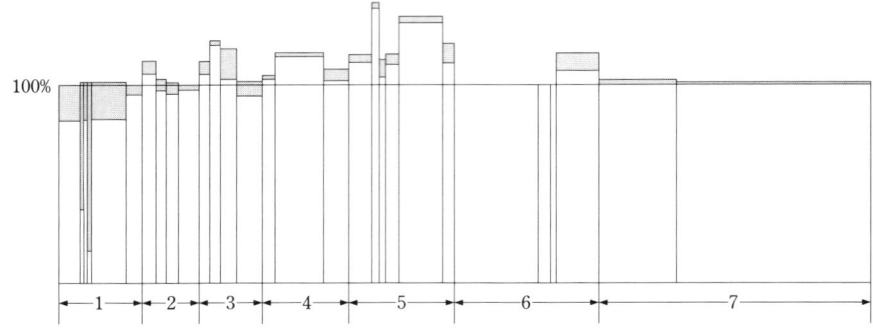

図2-10 日本のスカイライン・マップ（1975年）

(注) 表2-3に同じ，83部門を29部門に書き換えしたものである。
(出所) 総務省『昭和50-55-60年接続産業連関表』（1975-1980-1985年版），計数編(2)，1999年4月。

　それに加えて，〔5〕機械関連産業の機械(18)，家電(19)，電子製品(20)，電機・電器(21)，輸送機械(22)，雑製品(23)のいずれも日本は出超を維持していた。この分野では日立，三菱，東芝，松下，ソニーなど日本を代表する企業が多く存在していることによる貢献であることがわかる。他方，同分類では台湾の家電(19)，電子製品(20)，輸送機械(22)は出超をキープしていた。特に，台湾の電子製品(20)の横幅（全産業に占める同製品の比重）が最も大きい。つまり，この分野においては，近年台湾を代表するパソコン，パソコン周辺機器，半導体など情報産業が着実に成長していることを意味している。この分野では台湾積体電路製造（TSMC），聯華電子（UMC）など半導体製造企業がファウンドリー（受託生産）ビジネスを確立したことや，エイサー（宏碁），広達電脳などOEM（委託加工生産）やODM（委託設計・生産）によるビジネスとして成功した多くの事例が観察される。
　〔6〕インフラ関連産業と〔7〕サービス関連産業について，日本の運輸・通信・倉庫(27)は出超，台湾の運輸・通信・倉庫(27)と商業(28)は出超を保っていた。
　日台のスカイライン・マップからみると，製造業部門のうち，日本の多くの資本・技術集約型産業製品に出超を記録し，技術的に強い競争力が観察される。スカイライン・マップからは台湾の労働集約型産業（衣服・装飾品(08)と紡績

第2章　日台産業連関分析　　　　　　　　　　　57

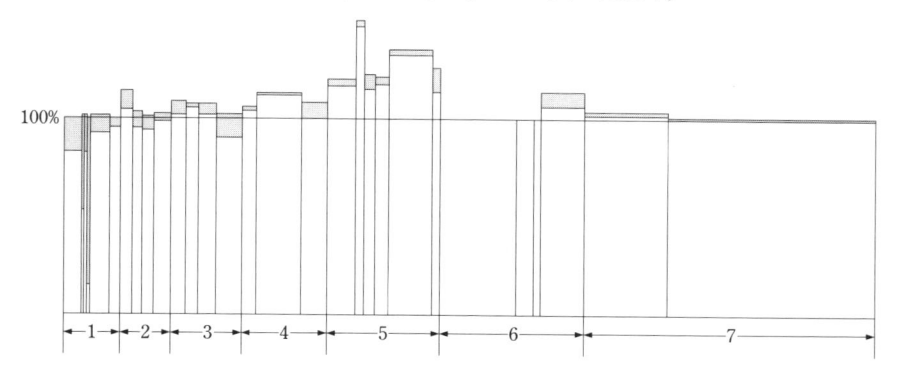

図2-11　日本のスカイライン・マップ（1980年）

(注)　表2-3に同じ，83部門を29部門に書き換えしたものである。
(出所)　図2-10に同じ。

品(07)）および化学関連産業（人造繊維・合成樹脂(12)），機械関連産業（電子製品(20)）などに顕著な比較優位性を示している。

　1973年の第1次石油危機の影響による世界規模の不況を受けて，前の1975年のスカイライン・マップに悪い影響を及ぼした。そして，1979年の第2次石油危機の影響を受けて，図2-11の1980年のスカイライン・マップにも悪い影響を受けるようになった。事実上，1975年と1980年のスカイライン・マップは類似していたことがわかる。

　この時期に，田中内閣の「経済社会計画」（計画期間・1973～77年度，目標実質成長率9.4％，実績実質成長率3.5％），三木内閣の「昭和50年代前期経済計画」（同・1976～80年度，同6％強，4.5％），大平内閣の「新経済社会7ヵ年計画」（同・1979～85年度，同5.7％前後，3.9％），中曽根内閣の「1980年代経済社会の展望と指針」（同・1983～90年度，同4％程度，4.5％）とめざましい速度で政権が交代するようになった（表2-4）[25]。

(2) 1985年の産業連関表

　図2-12は1985年のスカイライン・マップである[26]。この年のプラザ合意以降の円高・米ドル安傾向は日本の輸出競争力の低下を招いた。円高による外需

表 2-4　戦後日本の経済計画の推移

計画名	選定年月	策定時内閣	計画期間年度	目標実質成長率（％）	実績実質成長率（％）
経済自立5ヵ年計画	1955年12月	鳩山内閣	1956～60	5.0	8.8
新長期経済計画	1957年12月	岸　内閣	1958～62	6.5	9.7
国民所得倍増計画	1960年12月	池田内閣	1961～70	7.2	10.0
中期経済計画	1965年1月	佐藤内閣	1964～68	8.1	10.1
経済社会発展計画	1967年3月	同	1967～71	8.2	9.8
新経済社会発展計画	1970年5月	同	1970～75	10.6	5.1
経済社会基本計画	1973年2月	田中内閣	1973～77	9.4	3.5
昭和50年代前期経済計画	1976年5月	三木内閣	1976～80	6.0強	4.5
新経済社会7ヵ年計画	1979年8月	大平内閣	1979～85	5.7前後	3.9
1980年代経済社会の展望と指針	1983年8月	中曽根内閣	1983～90	4.0程度	4.5
経済運営5ヵ年計画	1988年5月	竹下内閣	1988～92	3.75程度	4.0
生活大国5ヵ年計画	1992年6月	宮沢内閣	1992～96	3.5	1.8
構造改革のための経済社会計画	1995年11月	村山内閣	1995～2000	3.0	―
経済社会のあるべき姿と経済	1999年7月	小渕内閣	2000～10	2.0	―

（出所）　三橋規宏・内田茂男・池田吉紀『ゼミナール日本経済入門』日本経済新聞社，2001年，99ページ。

　の減少を内需によって補うようになった。それに，日本の海外直接投資が本格的に展開するようになった。基本的には，1975年と1980年のスカイライン・マップに類似していた。しかし，円高による影響によって，これから「伸びる産業と沈む産業」など異なった変化を表すようになった。それは，〔5〕機械関連産業と〔7〕サービス関連産業の横幅が一段と"膨張的"成長を遂げ，機械関連産業の各製品の棒グラフはより出超の傾向（高く成長）を呈していた。また，サービス関連産業はそれ以降の横幅も"膨張"し続けることを示していて，特に，他のサービス(29)の内訳は金融保険，不動産，飲食業・ホテル，商工，公共行政，教育・医療，他のサービスなどが含まれていて，それ以降のサービス産業は持続的に成長することを意味する。

　この時期，内閣は前に述べた中曽根内閣の「1980年代経済社会の展望と指針」（計画期間・1983～90年度）から竹下内閣の「経済運営5ヵ年計画」（同・1988～92年度，目標実質成長率3.75％程度，実績実質成長率4.0％）へと政権交代がそれを進めてきた。

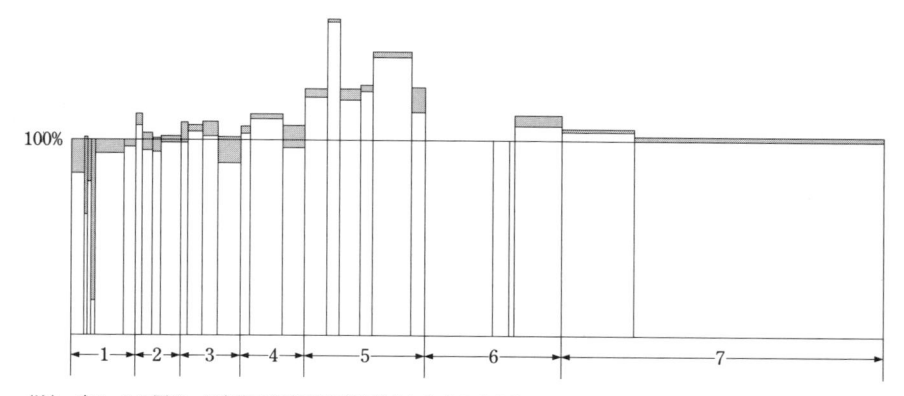

図2-12　日本のスカイライン・マップ（1985年）

(注)　表2-3に同じ，92部門を29部門に書き換えしたものである。
(出所)　総務省『昭和60-平成2-7年接続産業連関表』（1985-1990-1995年版），計数編(2)，2000年7月。

（3）1990年の産業連関表

　図2-13は1990年のスカイライン・マップである[27]。1990年表は1985年表と比べると，棒グラフの"縮み"傾向が感じられる。恐らくそれは1985年のプラザ合意以降の円高・ドル安の影響を受け，輸出競争力の低下を招いたことの反映であると考えられる。円高以降，日本の企業が採用した対策としては，海外直接投資である。海外直接投資のために，いままでの製品の輸出が大幅に減少し，その替わりに部品や機械設備の輸出拡大による変化であると考えられる。そのほかに加えて説明したのが，円高により製品の輸出が困難になり，外需の替わりに内需の拡大に変化をみせるようになったことである。それが1985年以降から1992年初めにかけて，日本のバブル経済を牽引したことになった。この時期に株価や不動産の価格を一気に約3倍に引き上げることになった。

　この時期の内閣は竹下内閣から宮沢内閣の「生活大国5ヵ年計画」（計画期間・1992～96年度，目標実質成長率3.5％，実績実質成長率1.8％）に政権の移行をみることができた。

（4）1995年と1999年の産業連関表

　図2-14と図2-15は1995年と1999年のスカイライン・マップである[28]。こ

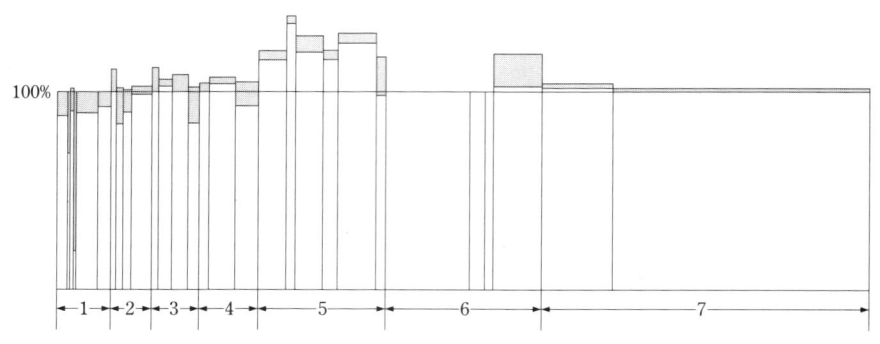

図 2-13　日本のスカイライン・マップ（1990年）

（注）　表 2-3 に同じ，92部門を29部門に書き換えしたものである。
（出所）　図 2-12に同じ。

図 2-14　日本のスカイライン・マップ（1995年）

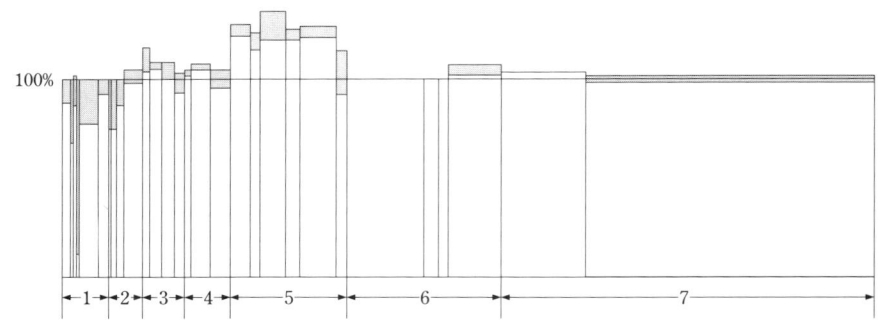

（注）　表 2-3 に同じ，92部門を29部門に書き換えしたものである。
（出所）　図 2-12に同じ。

の1999年表は延長表である。事実上，あるいはそれ以降に続く日本の10年にわたる平成不況のせいか，この2つの表は類似している。この輪郭図で特に目立つのは〔7〕サービス関連産業の横幅の"膨脹"である。その他の製品はそれほど大きな変化がなかった。この時期になると，バブル経済に崩壊傾向を呈するようになった。住専，北海道拓銀，山一證券などが次々と倒産するようになった。しかし，世間は楽観的な見方を持ち，わずか5～7年間で景気が回復すると信じていたが，「失われた10年」と言われたように，景気の「足踏み状態」

第2章 日台産業連関分析　　61

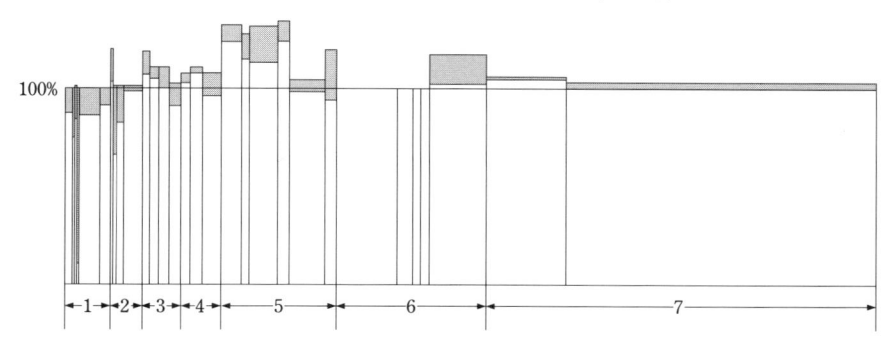

図2-15　日本のスカイライン・マップ（1999年）

(注)　表2-3に同じ，100部門を29部門に書き換えしたものである。
(出所)　経済産業省経済産業政策局調査統計部編『平成11年産業連関表（延長表）』(1999年版)，2002年3月。

や「緩やかな景気回復」が長引いていた。他方，政府は大型財政導入で景気の回復を図ったが，大きな成果を収めることができず，逆に国債の残高累積を招いた。

　この時期は村山内閣の「構造改革のための経済社会計画」（計画期間・1996〜2000年度，目標実質成長率3.0%）から小渕内閣の「経済社会のあるべき姿と経済新生の政策方針」（同・2000〜2010年度，目標実質成長率2.0%）に移行し，後には森内閣から現在の小泉内閣に移るようになった。

おわりに

　繰り返し述べることになるが，日本と台湾の産業連関表によるスカイライン・マップを総体的にみると，次の特徴がみられる。まず，日本は台湾のスカイライン・マップと比較すると，最大の違いは，高く聳える棒グラフが見当たらないことである。それに，日本の産業構造がより成熟していて，より平準化された輪郭図がみられた。恐らくそれは日本の経済構造が高度経済成長から安定経済成長への移行を意味するものと考えられる。
　そして，日本の産業構造がより"総括的"であり，台湾の方がより"強い産業と弱い産業"がより顕著に現れていることを意味することであろう。特に日

本の場合，製造業の分野はより"自己完結的"であり，ほとんどの製品は自国で製造することができる。ところが，台湾の場合，パソコン，パソコン周辺機器や半導体の一部は世界でも大きなシェアを占めていて，これらは台湾の製品が世界の国際分業の一環として成長したことを意味する。1999年9月21日の台湾中部（集集）大地震の影響を受け，新竹科学工業園区は震源地からは遠く離れていたため直接的に建築物などの被害はなかったが，屋内の精密機器などに被害があった。その機器の調整・修復のため，製品・部品の出荷に2週間〜1ヵ月の遅れが生じ，それが世界のパソコンや半導体などの価格高騰を招いた。台湾の製品は国際分業の一環として大きく組み込まれていることを意味する。2000年から台湾の企業の対中投資が一層進められてきた。中国が「世界の工場」になりつつあり，失業率の上昇，「産業の空洞化」の危惧が言われていた現在，台湾は「挑戦2008：国家重点計画2002〜2007」を次のステップの目標にし，「両兆双星」構想の目標に向かって邁進する。この構造転換の成果は期待することができる。

［注］

1) Leontief, W. W., *Input-Output Economics*, Oxford University Press, 1966（新飯田宏訳『産業連関分析』岩波書店，1969年）; Leontief, W. W., *The Structure of American Economy, 1919-1939, An Empirical Application of Equilibrium Analysis*, International Arts and Sciences Press, 1941（山田勇・家本秀太郎訳『アメリカ経済の構造』東洋経済新報社，1959年）。

2) 尾崎巌教授が計測したアメリカ，西ドイツとEC，梶原弘和教授が計測した日本とアジアのスカイライン・マップ分析を参考にして作成したものである。尾崎巌「日本の産業構造」（（産業構造セミナー No.17）『地域開発ニュース』第105号，東京電力株式会社，1977年1月）; 梶原弘和『アジアの発展戦略』東洋経済新報社，1995年，第2章。そのほかに，台湾のスカイライン・マップ分析は，朝元照雄「台湾経済の産業連関分析：工業化と産業構造の変化」（『産業経営研究所報』第29号，九州産業大学産業経営研究所，1997年）; 朝元照雄「経済発展と構造転換」（施昭雄・朝元照雄編『台湾経済論』勁草書房，1999年，第2章）と高中公男『外国貿易と経済発展』勁草書房，2000年。

3) 行政院主計處『中華民國台灣地區29部門産業聯關表』(1964，66，69，71，76，81年版)，台北，1986年3月；行政院主計處『中華民國75年台灣地區産業聯關表編製報告』(1986年版)，台北，1991年2月；行政院主計處『中華民國80年台灣地區産業聯關表編製報告』(1991年版)，台北，1995年2月；行政院主計處『中華民國85年台灣地區産業聯關表編製報告』(1996年版)，台北，2000年2月；行政院主計處『中華民國88年台灣地區産業聯關表編製報告』(1999年版)，台北，2002年2月。
4) 具体的には，行政院主計處『中華民國75年台閩地區工商業普査報告』(1986年版)，台北，1988年；行政院主計處『中華民國80年台閩地區工商及服務業普査報告』(1991年版)，台北，1993年のように，1986年版以前は「工商業センサス」になっているが，1991年版以降は「工商・サービス業センサス」に調査の範囲を拡大した。
5) 行政院主計處『中華民國85年台灣地區産業聯關表』(1996年版，160部門，596部門)，台北，2000年，2冊；行政院主計處，前掲書 (1996年版，45部門)，2000年。
6) 行政院主計處『中華民國80年台灣地區産業聯關表』(1991年版，150部門，569部門)，台北，1995年，2冊；行政院主計處，前掲書 (1991年版，39部門)，台北，1995年。
7) 行政院主計處『中華民國75年台灣地區産業聯關表』(1986年版，99部門，487部門)，台北，1990年，2冊；行政院主計處，前掲書 (1986年版，49部門)，台北，1990年。
8) 注3に示されているように，行政院主計處『中華民國台灣地區29部門産業聯關表』(1964，66，69，71，76，81年版)，台北，1986年および1986年版は29部門を使用している。それに合わせるために，1991年版の39部門，1996年の45部門，1999年版の45部門を29部門に調整することにした。
9) 朝元照雄『現代台湾経済分析』勁草書房，1996年，第2章。
10) 1964年表のデータのうち，家電(19)，電子製品(20)および電機・電器(21)の3部門は合計値として掲載されている。つまり，この年は29部門ではなく，27部門である。行政院主計處，前掲書 (1964，66，69，71，76，81年版)，台北，1986年3月。
11) 本書の第4章を参照。董安琪「經濟設計與台灣的經濟奇蹟」(『台灣經濟決策研討會』中央研究院經濟研究所，台北，1998年)。
12) 行政院主計處，前掲書 (1964，66，69，71，76，81年版)，1986年。
13) 本書の第1章に詳しい。

14) 行政院主計處，前掲書（1964，66，69，71，76，81年版），1986年。
15) 行政院主計處，前掲書（1964，66，69，71，76，81年版），1986年。
16) 行政院主計處，前掲書（1986年版），台北，1991年。
17) 朝元照雄，前掲書，1996年，第7〜8章。
18) 行政院主計處，前掲書（1991年版），台北，1995年2月。
19) 行政院主計處，前掲書（1996年版，45部門），2000年；行政院主計處，前掲書（1999年版，延長表，45部門），2002年。
20) 朝元照雄，前掲書，1996年，第5章。
21) 『挑戰2008：國家發展重點計畫2002〜2007』行政院認可，台北，2002年5月31日；『挑戰2008：國家發展重點計畫全體研討會／會議資料』行政院經濟建設委員會，台北，2002年7月18〜19日。および，劉進慶・朝元照雄編『台湾の産業政策』勁草書房，2003年，第1章，第3章を参照されたい。
22) 総務省『昭和50-55-60年接続産業連関表』（1975-1980-1985年版），計数編（2），1990年4月。
23) 総務省『昭和60-平成2-7年接続産業連関表』（1985-1990-1995年版），計数編（2），2000年7月；経済産業省経済産業政策局調査統計部編『平成11年産業連関表（延長表）』（1999年版），2002年3月。
24) 総務省，前掲書（1975-1980-1985年版），1990年。
25) 三橋規宏・内田茂男・池田吉紀『ゼミナール日本経済入門』日本経済新聞社，2001年，99ページ，表3-1。
26) 総務省，前掲書（1985-1990-1995年版），2000年。
27) 総務省，前掲書（1985-1990-1995年版），2000年。
28) 総務省，前掲書（1985-1990-1995年版），2000年；経済産業省経済産業政策局調査統計部編，前掲書（1999年版，延長表），2002年。

第3章 産業の国際競争力分析
——欧米・日本・アジア NIEs・中国・東南アジア——

はじめに

　いわゆる「南北問題」である中心と周辺との分極的な二重構造の構図は，後発国における工業基盤の拡大と工業製品の輸出強化によって，その格差が次第に縮小しつつある。

　先発国のインダストリアリズムの波及を受け，後発国の工業化が開始された。先発国企業との技術・資本提携，外国借款により，後発国は生産能力を速いテンポで体内に蓄積し，それによって後発国の工業成長率が次第に高まった。つまり，後発国の工業成長率の上昇，工業生産能力の蓄積，工業製品の輸出拡大により国際競争力が強化され，「工業生産能力の世界的再配置過程」を進めてきたことである[1]。そして，これらの後発国の輸出を通じて先発諸国との「競合関係」を繰り返し展開すると同時に，後発国は輸入を通じて先発諸国との「補完関係」をつくり出している。つまり，後発国は先発国のインダストリアリズムの波及を受け，資本，設備機器類，経営とマーケティング・ノウハウなどを吸収しながら工業化を推進していくのが歴史的な法則である。後発国の「拡大循環メカニズム」の拡大によって，先進国対途上国という二重構造が次第に崩壊しつつある。それによって，後発国経済は世界の経済貿易との間に次第に強い連関関係を持つようになった。こうした開発途上国の国際競争力はどのようなものであるのか，これが本章の視点の1つである。

　もう1つの視点は，世界銀行の『東アジアの奇跡』などを代表とする書物は東アジア経済の発展パフォーマンスを絶賛し，東アジアを世界経済の成長センターとして位置づけている[2]。これは前記の「追い上げ論」から世界の経済成長を牽引する「機関車」の役割へと成長したことを意味する。そして他方，ポ

ール・クルーグマン教授（当時，マサチューセッツ工科大学）の論文「まぼろしのアジア経済」では，アジアの奇跡などは神話に過ぎないという否定的な見解があった[3]。つまり，アジアの経済成長については楽観的な見方と疑問的な見方に分かれている。その決定的な判断基準はこれら国々の国際競争力の内実をどう考えるかにかかっているようである[4]。

　以上の課題に答えるために，本章は次のように展開する。まず，民生用電子機器，家庭用電気機器，通信機器と事務用機器など製品の対世界輸出シェアを分析する。そして，欧米先進国，日本，アジアNIEs，中国と東南アジアの民生用電子機器，家庭用電気機器，通信機器と事務用機器など製品の国際競争力の構造様態を究明する。そして，これら国々の国際競争力の実力を明らかにし，競争力構造を類型化することを試みる（第Ⅰ節と第Ⅱ節）。続いて，第Ⅲ節は1人当たりGNPとその製品の貿易特化係数との間にどのような関係を持つかを観察する。最後に，各国の国際競争力比較を通して，上記の課題に答えたい。

Ⅰ．国際競争力の構造様態(1)：民生用電子機器と家庭用電気機器

　一国の産業技術水準を代表するのは機械製品の技術水準であると考えられる。本節では欧米先進国，日本，アジアNIEs，中国，東南アジアの対象国・地域に分けて，製造業を製品レベルまで下げて国際競争力の構造パターンを分析する。

　ここでの競争力の概念は基本的にはプロダクト・サイクル理論によるものである[5]。分析の手法としては競争力指数，すなわちバラッサ（B. Balassa）教授の顕示比較優位指数（＝RCA指数，Revealed Comparative Advantage）を使い，計測したものである[6]。RCA指数の計算式は以下のように示される。

　　RCA指数 $= (E_h^i/E_h) \div (W^i/W)$

そのうち，(E_h^i/E_h) は h 国の i 商品の輸出シェアであり，(W^i/W) は世界全体の i 商品の輸出シェアである。そのために，h 国の i 商品の輸出シェアが世界の i 商品の輸出シェアと等しい場合，RCA指数が1になる。h 国の i 商品の輸出シェアが世界の i 商品の輸出シェアよりも大きい場合，RCA指数

は1よりも大きくなり,比較優位である。逆に,h 国の i 商品の輸出シェアが世界の i 商品の輸出シェアよりも小さい場合,RCA 指数は1よりも小さくなり,比較劣位である。したがって,RCA 指数分析は1を基準として,その基準からどれだけ乖離しているかを考察する。そのことによって,その国の特定された製品が世界のなかでどの水準に達しているかをみることができる。製品の RCA 指数分析をグラフ化の重層的追跡過程の観察によって理解することを試み,同一製品の国際比較を行う。

以下,民生用電子機器,家庭用電気機器,通信機器と事務用機器の順序に分けて分析を進める[7]。

(1) 民生用電子機器

まず,民生用電子機器の対世界輸出シェアを観察する。

ここでの民生用電子機器とは,ラジオ受信機,カラーテレビ,VTR,ビデオ一体型カメラ,VD プレーヤ,ラジカセ,カーステレオ,カーラジオ,ステレオ,テープレコーダ,CD ラジカセ,ヘッドホンステレオなどを指すものである。図3-1はその民生用電子機器(合計値)の対世界輸出シェアである。1980年代において民生用電子機器の最大の輸出シェアを誇っていたのは日本であり,その後は低下がみられたが,90年代前半になっても80%以上を占めていた。この期間において,中国と東南アジアのマレーシア,タイ,インドネシアとフィリピンの対世界輸出シェアは着実に増加していた。アジア NIEs の香港,シンガポールと韓国の対世界輸出シェアも増えていた。台湾の民生用電子機器の対世界輸出シェアは1987年まで増加していたが,1987年の台湾元高・ドル安の影響を受け,それ以降の輸出シェアは減少がみられた。欧米先進国のその民生用電子機器のその輸出シェアは1980年代までは増加の傾向があったが,90年代に入ってからは減少がみられた。

以下は,民生用電子機器からいくつかの製品を選んで観察する。

①ラジオ受信機

ラジオ受信機の輸出額(1994年)の順位は香港,マレーシア,中国,日本,アメリカ,台湾,韓国などの順になっていた(表3-1)。ラジオ受信機の高級

図3-1　民生用電子機器の対世界輸出シェアの推移（1983～94年）

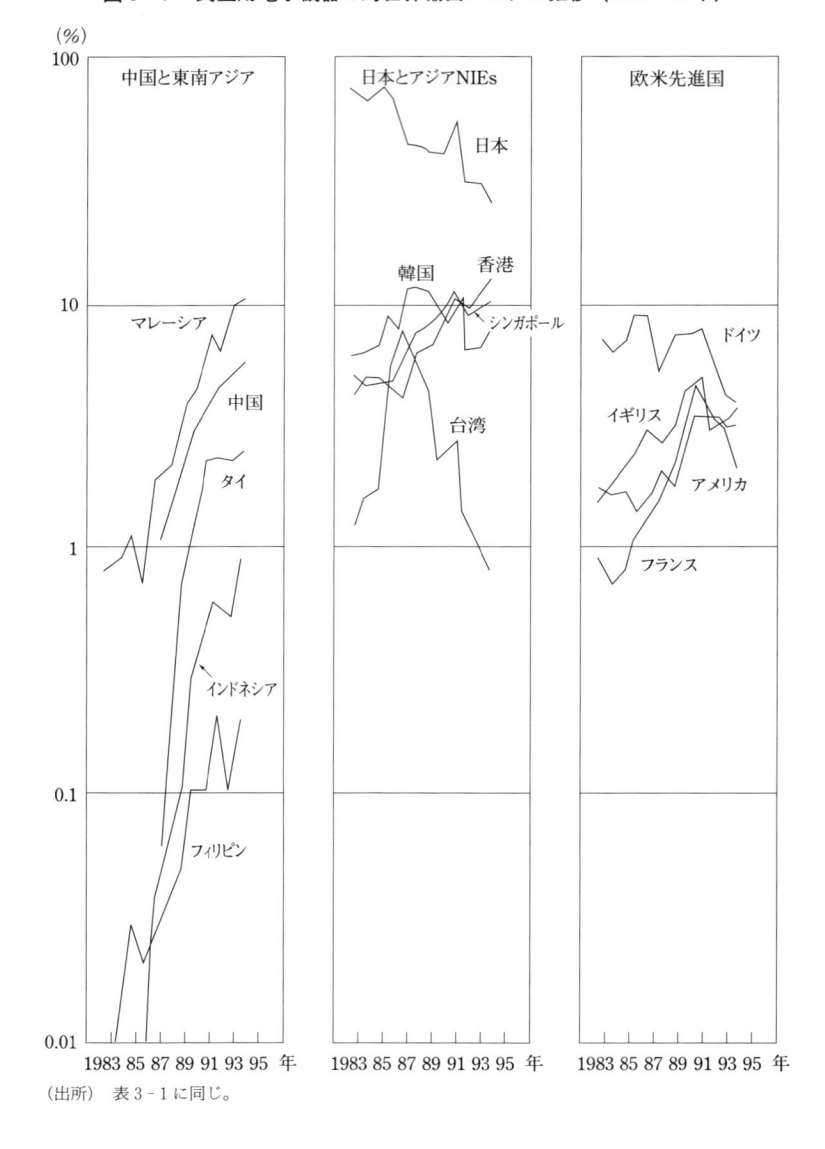

(出所)　表3-1に同じ。

品はあるが，その普及型は安価な労働集約的製品であり，同時に成熟した製品であることは理解できる。そのために，この製品の輸出の上位にアジアNIEs，東南アジア，中国と日米先進国があった。この事実はラジオ受信機のRCA指数分析にも反映している。まず，表3-2と図3-2でみられるように，中国と東南アジアのうちラジオ受信機のRCA指数（1994年）が基準値の1を超えたのはマレーシア，中国とインドネシアである。1980年代に日本とアジアNIEsのRCA指数について，香港と台湾のラジオ受信機のRCA指数は基準値の1以上を保っていた。しかし，80年代の後半に日本，90年代に韓国は基準値の1以下に転落していた。一方，欧米先進国のそのRCA指数は1以下の劣位に位置していた。つまり，中国と東南アジア，日本とアジアNIEs，欧米先進国におけるラジオ受信機のRCA指数による重層的追跡過程からは，プロダクト・サイクル理論の生成―成長―成熟―衰退の軌跡を観察することができる。ちなみに，ラジオ受信機のRCA指数（1994年）の順位はマレーシア(13.51)，香港(6.44)，中国(4.33)，インドネシア(1.64)，台湾(1.11)の順になっていた（表3-2）。

②カラーテレビ

続いて，カラーテレビの輸出競争力の分析を行うことにする。ラジオ受信機とテレビはある意味においては競争的な関係を持ち，同時に補完的な関係をも持っている。経済発展とともに所得が増加し，家庭内の耐久消費財もラジオ受信機の保有からテレビの保有へとシフトする。テレビの国内需要の増加によって，それを輸入や国内生産の増加で賄う。そして，国内生産の増加とともに輸出も増加するだろう。

経済発展により所得水準が向上し，消費者の需要は白黒テレビからカラーテレビへとシフトする。同じように，白黒テレビとカラーテレビは競争財とともに補完財の関係を持つが，長期間において消費市場のいずれも白黒テレビの需要は低下し，カラーテレビの需要は上昇するであろう。カラーテレビの輸出額（1994年）の順位は日本，シンガポール，韓国，マレーシア，香港，イギリスなどとなっていた。

中国と東南アジアのカラーテレビのRCA指数をみると，1987年以降にほと

表 3-1　製品の輸出額(1994年)

(単位：1,000米ドル)

製品名	欧米先進国				日本	アジア NIEs		
	アメリカ	ドイツ	フランス	イギリス		韓国	台湾	香港
ラジオ受信機	85,739	31,105	21,292	12,234	102,425	43,682	58,242	548,676
白黒テレビ*1	13,000	9,359	1,563	5,969	12,207	246,817	391,579	112,960
カラーテレビ	656,925	859,051	642,171	1,019,478	1,822,015	1,617,526	160,430	1,406,189
VTR	223,082	607,533	213,472	380,020	3,462,621	1,450,267	63,217	379,120
扇風機	34,866	47,784	13,692	16,023	988	2,952	377,550	553,357
エアコン	41,477	5,605	10,940	13,888	383,747	223,011	45,259	110,896
電気冷蔵庫	633,217	392,687	23,464	36,147	112,122	362,324	6,631	24,892
電気洗濯機	282,741	587,802	274,472	29,458	149,004	137,069	2,663	10,876
電気掃除機	234,875	234,087	121,922	124,823	56,833	26,632	29,666	132,790
アイロン	11,562	92,084	125,936	5,235	31,093	3,038	7,982	122,654
ヘアードライヤー	6,654	44,389	9,883	5,668	4,013	4,377	600	—
電気かみそり	12,058	254,024	4,630	7,661	59,476	4,027	2,785	49,371
電話機	241,434	222,291	110,644	167,438	437,929	178,301	67,839	600,619
ファクシミリ	194,268	39,744	231,587	51,856	2,022,274	253,517	128,040	63,995*2
電卓	53,382	22,052	8,480	8,943	95,827	58	111,908	478,336
電動電子タイプライター	84,181	59,897	7,671	59,865	287	21,093	167,925	14,762
複写機	357,107	490,534	408,166	270,491	3,009,285	82,532	15,916	503,396
コンピュータ*1	5,184,000	1,628,949	941,828	619,927	2,589,067	939,904	1,226,268	512,262
コンピュータ周辺機器*1	5,466,296	996,060	1,110,263	2,078,784	16,466,372	853,556	3,265,403	313,509

製品名	アジア NIEs	中国	東南アジア				世界
	シンガポール		フィリピン	タイ	マレーシア	インドネシア	
ラジオ受信機	32,500	295,146	766*3	1,136	466,593	36,863	2,443,868
白黒テレビ*1	14,340	—	479	1,365	1,243	1,242	902,536
カラーテレビ	1,644,134	468,512	7,079*3	880,701	1,580,887	174,996	17,370,576
VTR	1,475,257	21,728	2,441*3	493,523	1,195,776	—	10,273,259
扇風機	9,859	461,891	143*3	100,603	4,592	18,003	1,732,975
エアコン	227,344	23,434	187*3	244,225	673,091	1,650	2,136,281
電気冷蔵庫	24,919	38,908	5,346*3	155,199	2,219	12,417	3,404,441
電気洗濯機	28,474	24,958	13,402*3	17,733	1,263	—	3,104,119
電気掃除機	42,997	69,154	98*3	525	28,857	—	1,606,229
アイロン	141,507	82,251	19*3	898	38,288	125	906,902
ヘアードライヤー	14,371	101,313	50*3	26,369	339	—	334,042
電気かみそり	5,247	23,771	—	4,252	3,623	3,437	775,007
電話機	345,888	805,944	61,462*3	165,978	605,306	44,735	4,957,972
ファクシミリ	145,048	43,793	—	111	60,759	2,586	3,340,672
電卓	261,054	260,210	—	205,172	109,794	11,489	1,744,894
電動電子タイプライター	90,162	10,957	—	81	550	14,910	755,807
複写機	109,452	163,328	—	164,048	2,431	—	7,495,883
コンピュータ*1	422,381	—	18,967	1,557	20,378	251	20,868,987
コンピュータ周辺機器*1	3,087,835	—	18,945	10,110	4,200	382	36,548,695

(注) *1：1988年，*2：1991年，*3：1993年。
　　　日本機械輸出組合の資料の白黒テレビ，カラーテレビ，コンピュータ，コンピュータ周辺機器のデータは1988年までで，それ以降は掲載されていない。
(出所) 本章の注7を参照。

第3章 産業の国際競争力分析

表3-2 製品輸出競争力のRCA指数（1994年）

製品名	欧米先進国				日本	アジアNIEs		
	アメリカ	ドイツ	フランス	イギリス		韓国	台湾	香港
ラジオ受信機	0.30	0.13	0.16	0.11	0.46	0.81	1.11	6.44
白黒テレビ[*1]	0.12	0.09	0.03	0.12	0.14	12.15	19.34	5.34
カラーテレビ	0.32	0.50	0.68	1.25	1.15	4.21	0.43	2.32
VTR	0.18	0.60	0.38	0.79	3.69	6.39	0.29	1.06
扇風機	0.17	0.28	0.15	0.20	0.01	0.08	10.19	9.16
エアコン	0.16	0.03	0.09	0.14	1.97	4.72	0.99	1.49
電気冷蔵庫	1.58	1.17	0.13	0.23	0.36	4.81	0.09	0.21
電気洗濯機	0.77	1.93	1.63	0.20	0.53	2.00	0.04	0.10
電気掃除機	1.24	1.48	1.40	1.65	0.39	0.75	0.86	2.37
アイロン	0.11	1.03	2.56	0.12	0.38	0.15	0.41	3.88
ヘアードライヤー	0.17	1.35	0.54	0.36	0.13	0.59	0.08	-
電気かみそり	0.13	3.34	0.11	0.21	0.84	0.24	0.17	1.83
電話機	0.41	0.46	0.41	0.72	0.97	1.63	0.64	3.48
ファクシミリ	0.49	0.12	1.28	0.33	6.62	3.43	1.79	0.72[*2]
電卓	0.26	0.13	0.09	0.11	0.60	0.00	3.00	7.87
電動電子タイプライター	0.94	0.81	0.19	1.69	0.004	1.26	10.39	0.56
複写機	0.40	0.67	1.00	0.77	4.39	0.50	0.10	1.93
コンピュータ[*1]	2.10	0.72	0.79	0.59	1.35	2.14	2.76	1.10
コンピュータ周辺機器[*1]	1.32	0.25	0.54	1.12	4.91	1.11	4.19	0.38

| 製品名 | アジアNIEs | 中国 | 東南アジア | | | | 世界 |
	シンガポール		フィリピン	タイ	マレーシア	インドネシア	
ラジオ受信機	0.60	4.33	0.09[*3]	0.04	13.51	13.51	1.64
白黒テレビ[*1]	1.09	-	0.20	0.26	0.18	0.18	0.19
カラーテレビ	4.25	0.97	0.17[*3]	4.87	6.73	6.73	1.09
VTR	6.44	0.08	0.09[*3]	4.61	8.61	8.61	4.31[*3]
扇風機	0.26	9.56	0.03[*3]	5.57	0.20	0.20	1.13
エアコン	4.77	0.40	0.03[*3]	10.97	23.29	23.29	0.08
電気冷蔵庫	0.33	0.41	0.59[*3]	4.38	0.05	0.05	0.40
電気洗濯機	0.41	0.29	1.62[*3]	0.55	0.03	0.03	-
電気掃除機	1.20	1.54	0.02[*3]	0.03	1.33	1.33	-
アイロン	7.00	3.25	0.01[*3]	0.10	3.12	3.12	0.01
ヘアードライヤー	1.93	10.88	0.06[*3]	7.58	0.07	0.07	0.01[*3]
電気かみそり	0.30	1.10	-	0.53	0.54	0.54	0.48
電話機	3.13	5.83	6.52[*3]	3.21	9.03	9.03	0.98
ファクシミリ	1.95	0.47	-	0.003	1.34	1.34	0.98
電卓	6.71	5.35	-	11.28	4.65	4.65	0.71
電動電子タイプライター	6.35	0.52	-	0.01	0.05	0.05	2.14
複写機	0.66	0.78	-	2.10	0.02	0.02	-
コンピュータ[*1]	1.51	-	0.36	0.01	0.13	0.13	0.002
コンピュータ周辺機器[*1]	6.29	-	0.21	0.05	0.02	0.02	0.001

(注) *1：1988年，*2：1991年，*3：1993年，表3-1に同じ。
(出所) 表3-1に同じ。

図3-2　ラジオ受信機輸出競争力の RCA 指数分析（1983～94年）

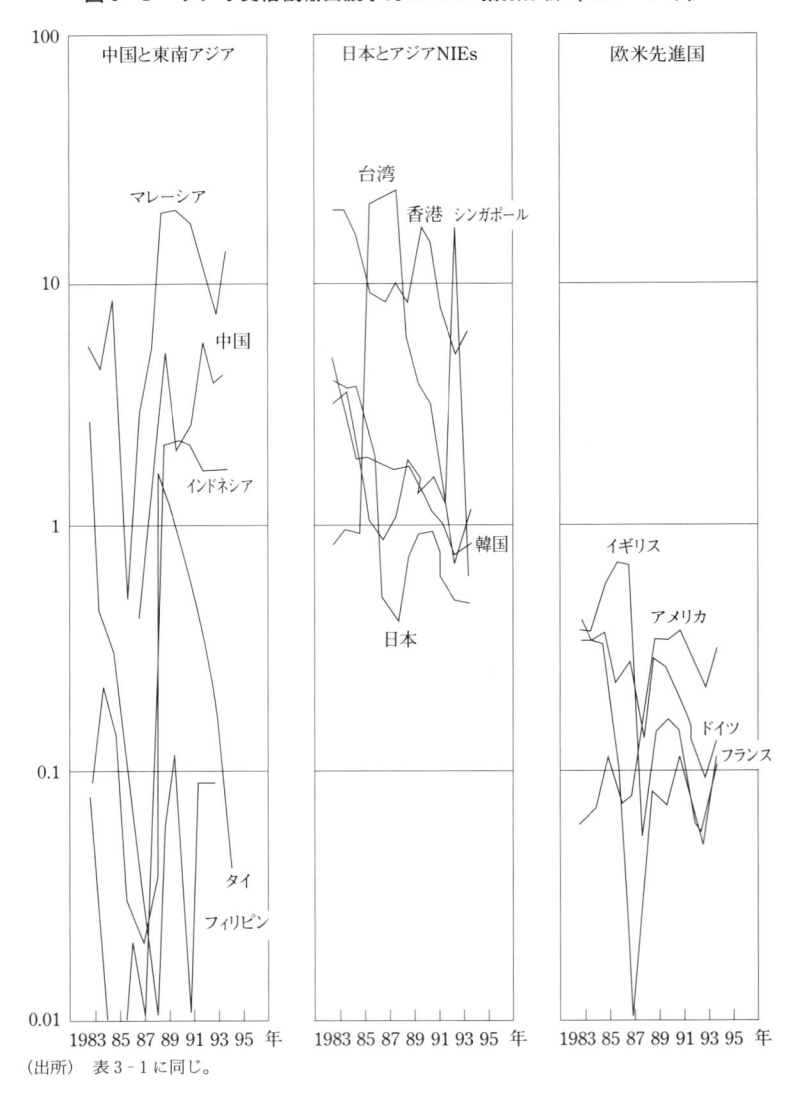

（出所）　表3-1に同じ。

んどの国のそれは急速な上昇を示している（図3-3）。特に、マレーシア、タイとインドネシアのRCA指数は基準値の1を超え、比較優位の傾向を示している。1985年のプラザ合意以降の円高・ドル安の影響を受け、付加価値の低い製品は海外投資を通じて国内生産から海外生産へと生産基地のシフトが実施された。1985年以降日本のカラーテレビのRCA指数は低下しているが、辛うじて基準値の1以上を保っていた。アジアNIEsのシンガポール、韓国と香港のカラーテレビのRCA指数は比較優位の傾向を保っていたが、低下傾向がみられた。その一方、87年のルーブル合意以降、台湾元の元高・ドル安傾向を受けて、それ以降の台湾におけるカラーテレビのRCA指数は基準値の1以下の比較劣位に転落した。1994年時点における欧米先進国におけるカラーテレビのRCA指数のうちフランスを除いて、他の国は比較劣位の傾向をみせた。カラーテレビのRCA指数（1994年）のうち基準値1以上の比較優位の国はマレーシア(6.73)、タイ(4.87)、シンガポール(4.25)、韓国(4.21)、香港(2.32)、イギリス(1.25)、日本(1.15)、インドネシア(1.09)などになっていた。

テレビの重層的追跡過程において、カラーテレビはプロダクト・サイクル理論の生成―成長―成熟―衰退の軌跡をより鮮明に表していた。

(2) 家庭用電気機器

次に家庭用電気機器の対世界輸出シェアをみる。

ここでの家庭用電気機器とは扇風機、エアコン、電気冷蔵庫、電気洗濯機、衣類乾燥機、電気掃除機、フリーザー、皿洗い機、電子レンジ、トースター、コーヒーメーカー、電気釜、アイロン、電気かみそり、ヘアードライヤーなどを指すものである。図3-4はその家庭用電気機器（合計値）の対世界輸出シェアである。

1985年、日本の家庭用電気機器の対世界輸出シェアは最大の27.4％であった。しかし、この年のプラザ合意を境に円高・ドル安傾向が定着し、それ以降の輸出シェアは次第に低下した。中国と東南アジアのマレーシア、タイ、インドネシアの対世界輸出シェアは高まってきた。1983～94年のアジアNIEsにおける家庭用電気機器のその輸出シェアについて、香港とシンガポールは増加、韓国は微増、台湾は減少がみられた。他方、欧米先進国の家庭用電気機器の対世界

図3-3　カラーテレビ輸出競争力のRCA指数分析（1983～94年）

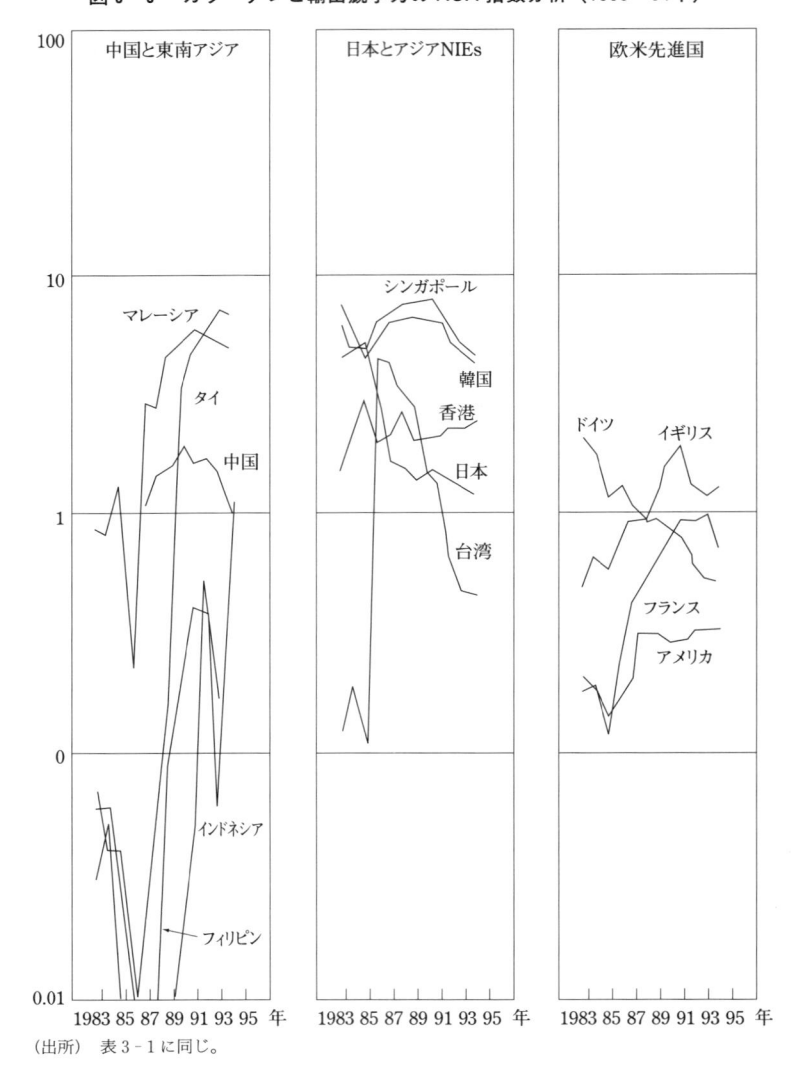

中国と東南アジア　　日本とアジアNIEs　　欧米先進国

中国と東南アジア: マレーシア、タイ、中国、インドネシア、フィリピン

日本とアジアNIEs: シンガポール、韓国、香港、日本、台湾

欧米先進国: ドイツ、イギリス、フランス、アメリカ

(出所)　表3-1に同じ。

第3章 産業の国際競争力分析   75

図3-4 家庭用電気機器の対世界輸出シェアの推移（1983～94年）

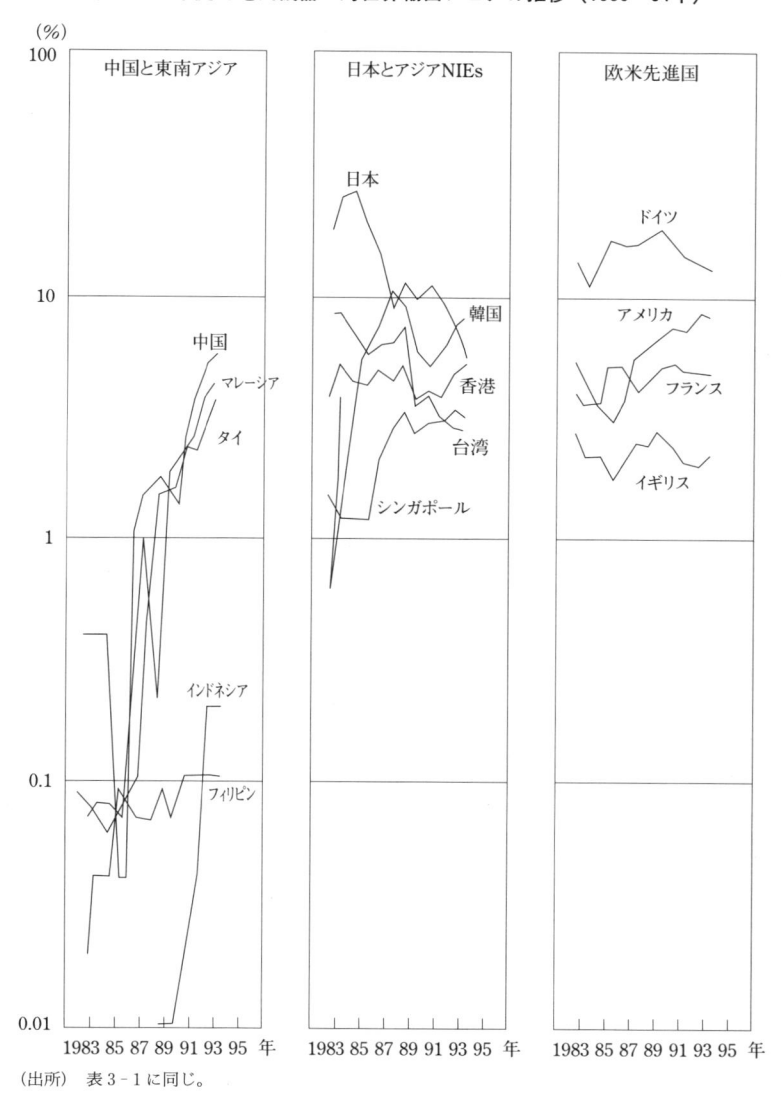

(出所) 表3-1に同じ。

輸出シェアについて，ドイツの輸出シェアは依然として高いシェアを占め，アメリカの輸出シェアは増加，フランスの輸出シェアは微増，イギリスのそれはほぼ一定を示している。

以下は，家庭用電気機器からいくつかの製品を代表として分析する。

①扇風機

次は扇風機を観察する。扇風機は家庭用電気機器のなかでも最も伝統的で成熟された製品の1つであろう。したがって，開発途上国の工業化の開始時，国産化のアイテムの1つとして選択されやすい製品でもある。

扇風機の輸出額（1994年）の順位は香港，中国，台湾，タイになっている。図3-5でみられるように，中国，タイ，インドネシアの扇風機のRCA指数は急速に増加していた。特に，タイとインドネシアのそれは比較劣位から比較優位に転換していた。一方，日本の扇風機のRCA指数は比較優位から比較劣位に逆転した。アジアNIEsの台湾と香港の扇風機のRCA指数は比較優位を保っているが，韓国とシンガポールの扇風機のRCA指数は急速に低減していた。1980年代後半まで台湾と香港の扇風機の生産額と輸出額は世界の1位と2位を占めていた。1985年以降プラザ合意以降の円高・ドル安，87年のルーブル合意以降の台湾元高・ドル安，それに89年からアジアNIEsの対米輸出特恵（GSP）の廃止などの影響を受けて，日本とアジアNIEsの海外直接投資が積極的に推進されてきた[8]。その海外直接投資の投資先が中国と東南アジアである。その結果，日本とアジアNIEsの扇風機のRCA指数低下と中国・東南アジアのそのRCA指数の上昇が観察される。欧米先進国の扇風機のRCA指数は比較劣位に位置している。

この重層的追跡過程からはプロダクト・サイクル理論のパターンが鮮明に看取することができる。扇風機のRCA指数（1994年）の順位は台湾(10.19)，中国(9.56)，香港(9.16)，タイ（5.57）などになっていた。

②エアコン

エアコンと扇風機は競争財と同時に補完財でもある。経済発展により所得水準が上昇し，それにつれて消費水準も上昇する。それによって，家庭内におけ

第3章 産業の国際競争力分析

図3-5 扇風機輸出競争力のRCA指数分析（1983～94年）

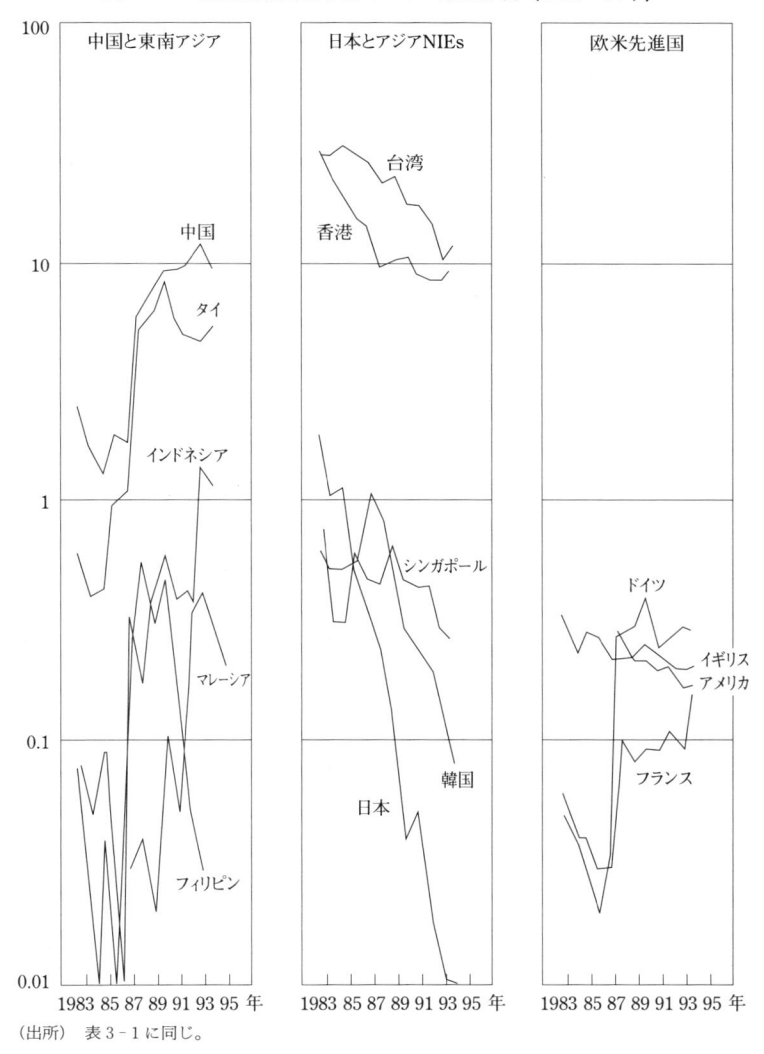

(出所) 表3-1に同じ。

る扇風機の保有（普及率）の増加からエアコンの保有（普及率）の増加への移行の動きが観察される。

エアコンの輸出額（1994年）の順位はマレーシア，日本，タイ，シンガポール，韓国となっていた。図3-6から観察されるように，マレーシアとタイのエアコンのRCA指数は急速に上昇していて，比較優位を保っている。上下の変動があるが日本とアジアNIEsのエアコンのRCA指数（1994年）は基準値の1以上で比較優位を保っている（台湾のそれは0.99でわずかであるが，基準値の1を割っている）。他方，欧米先進国のエアコンのRCA指数は低下傾向で，比較劣位を示している。

エアコンの重層的追跡過程は扇風機のそれと同じようにプロダクト・サイクル理論のパターンを表している。エアコンのRCA指数（1994年）の順位はマレーシア(23.29)，タイ(10.97)，シンガポール(4.77)，韓国(4.72)，日本(1.97)の順になっている。

③電気冷蔵庫

国別や時代別によって「三種の神器」は変化するが，そのうち，神器の1つの座を電気冷蔵庫が長期間にわたり占めていた。経済発展により所得水準の増加によって耐久消費財の需要が増える。その時に家庭内で増える家電のアイテムの1つが電気冷蔵庫であろう。

1994年の電気冷蔵庫輸出額の順位はアメリカ，ドイツ，韓国，タイ，日本などの順になっていた。図3-7からみられるように，タイの電気冷蔵庫のRCA指数は基準値の1以上で比較優位を保っていた。フィリピンを除いて他の東南アジアにおける電気冷蔵庫のRCA指数は増加傾向を示している。日本とアジアNIEsにおける電気冷蔵庫のRCA指数のうち，韓国は上昇，日本，香港，シンガポールと台湾は停滞または低下の動向を示していた。アメリカの電気冷蔵庫のRCA指数は上昇，他の欧米諸国のそのRCA指数は停滞または低下を示していた。ちなみに，電気冷蔵庫のRCA指数（1994年）の順位は韓国(4.81)，タイ(4.38)，アメリカ(1.58)，ドイツ(1.17)などの順になっていた。

第3章　産業の国際競争力分析　　　　　　　　　　　79

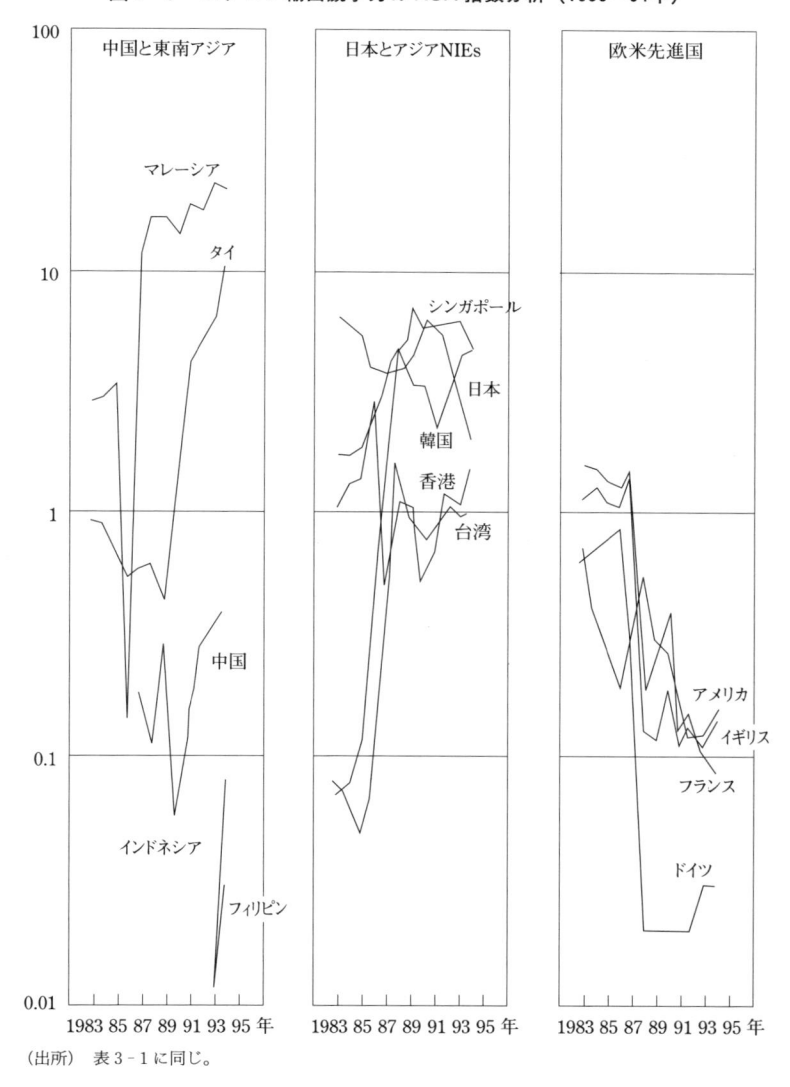

図3-6　エアコン輸出競争力のRCA指数分析（1983～94年）

中国と東南アジア：マレーシア、タイ、中国、インドネシア、フィリピン

日本とアジアNIEs：シンガポール、日本、韓国、香港、台湾

欧米先進国：アメリカ、イギリス、フランス、ドイツ

（出所）　表3-1に同じ。

図 3-7　電気冷蔵庫輸出競争力の RCA 指数分析（1983〜94年）

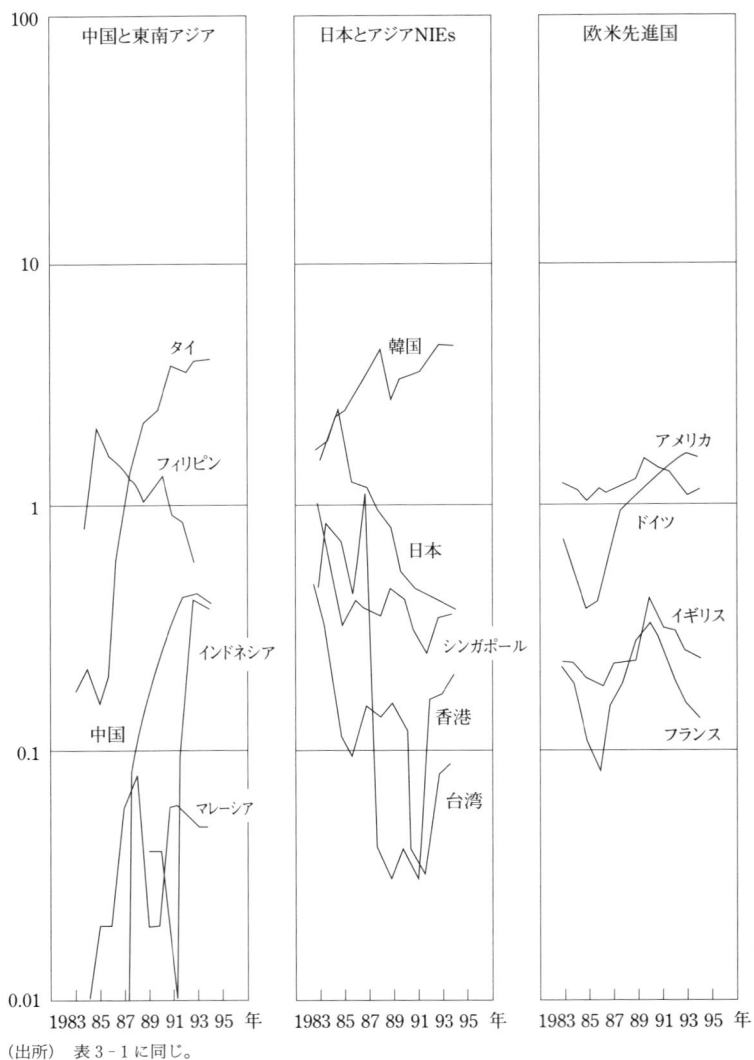

中国と東南アジア　　　　日本とアジアNIEs　　　　欧米先進国

タイ / フィリピン / インドネシア / 中国 / マレーシア

韓国 / 日本 / シンガポール / 香港 / 台湾

アメリカ / ドイツ / イギリス / フランス

（出所）　表 3-1 に同じ。

④電気洗濯機

　経済水準が豊かになると，家庭内の耐久消費財も増え続ける。特に女性の社会進出に伴って，電気洗濯機もそのなかの重要なアイテムになりつつある。「三種の神器」は国別と時代別によって変化するが，恐らく電気洗濯機はそのなかの1つのアイテムとして長い間その座を占めるだろう。

　電気洗濯機の輸出額の順位はドイツ，アメリカ，フランス，日本，韓国などになっている。図3-8からみられるように，フィリピンの電気洗濯機のRCA指数は基準値の1以上の比較優位を保っていた。タイと中国のそれは比較劣位であるが，基準値の1に接近している。韓国の電気洗濯機のRCA指数は基準値の1以上の比較優位，日本のそれは比較優位から比較劣位に逆転，他のアジアNIEsは比較劣位に位置していた。ドイツとフランスの電気洗濯機のRCA指数は基準値の1以上の比較優位，アメリカとイギリスのそれは比較劣位に位置していた。

　電気洗濯機のRCA指数（1994年）の順位は韓国(2.00)，ドイツ(1.93)，フランス(1.63)などの順になっていた。

II．国際競争力の構造様態(2)：通信機器と事務用機器

　続いて，本節は通信機器と事務用機器のRCA指数分析を行う。

（1）通信機器

　まず，通信機器の対世界輸出シェアをみる。ここでの通信機器とは電話機，コードレス電話，自動車携帯電話，ファクシミリ，ページャーなど5品目によって構成される。図3-9はその通信機器（合計値）の対世界輸出シェアの推移である。

　1987年の日本における通信機器の対世界輸出シェアは60％以上を占め，その後は低下傾向を示していたが，94年の時点でも30％以上のシェアを占めていた。この観察期間において，中国と東南アジアの通信機器の対世界輸出シェアは増加傾向を示していた。アジアNIEsの香港，台湾と韓国の通信機器の対世界輸出シェアは減少，シンガポールのシェアは増加傾向がみられた。そして，アメ

図 3-8　電気洗濯機輸出競争力の RCA 指数分析（1983～94年）

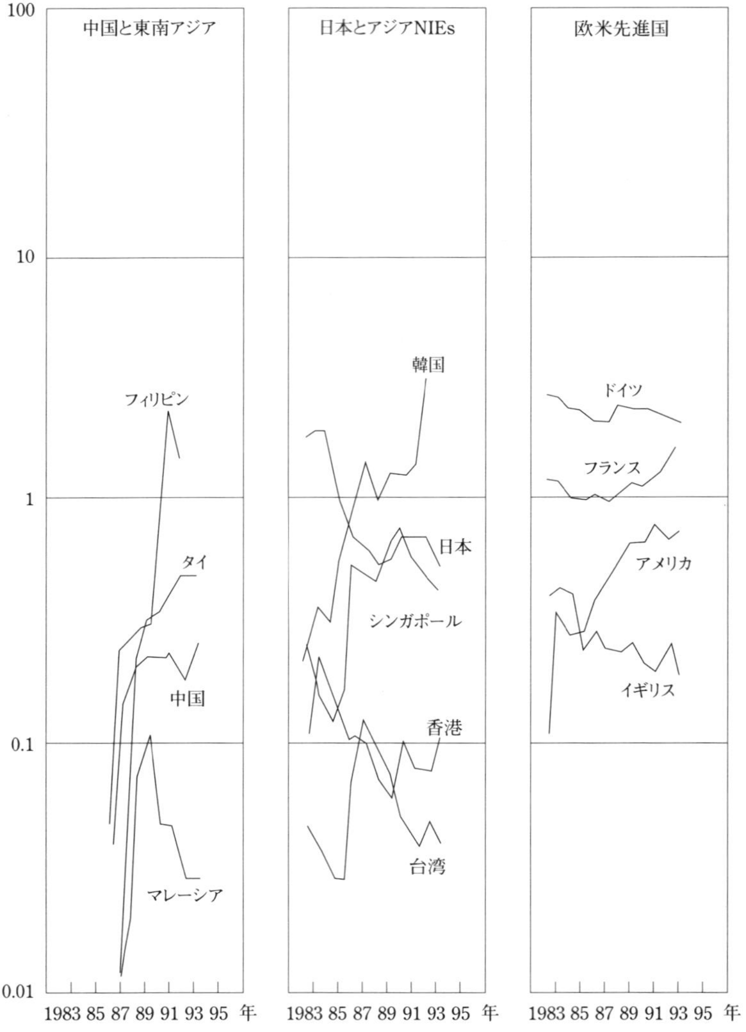

中国と東南アジア： フィリピン、タイ、中国、マレーシア

日本とアジアNIEs： 韓国、日本、シンガポール、香港、台湾

欧米先進国： ドイツ、フランス、アメリカ、イギリス

(出所)　表 3-1 に同じ。

第3章　産業の国際競争力分析　　　　　　　　　　　　　　　　　　　83

図3-9　通信機器の対世界輸出の推移（1983～94年）

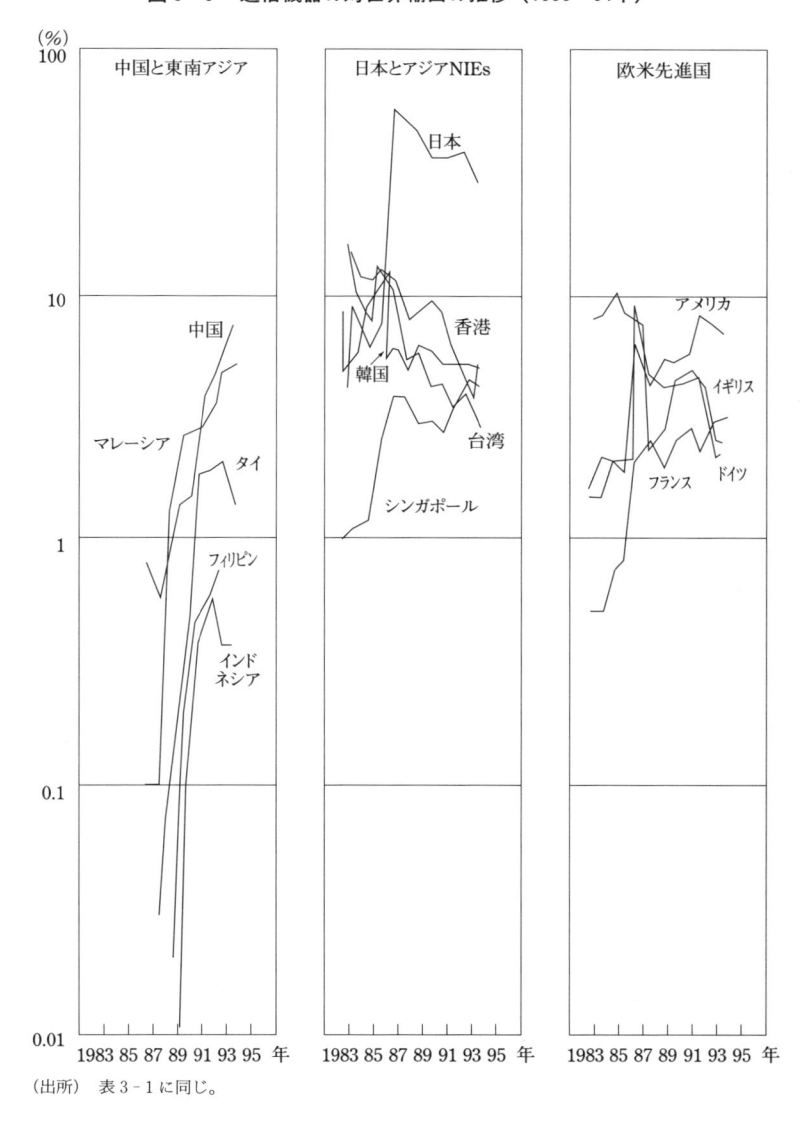

(出所)　表3-1に同じ。

リカとフランスの対世界輸出シェアは増加,ドイツの輸出シェアは増加後に低下,イギリスの輸出シェアは低下傾向がみられた。アジアNIEs(1994年)の通信機器の対世界輸出シェアはいずれも2～4％台に位置していた。同年の欧米先進国における通信機器の対世界輸出シェアをみると,アメリカは7％台,フランスは3％台,イギリスとドイツはいずれも2％台を占めていた。

通信機器によるRCA指数の重層的追跡過程の軌跡からもプロダクト・サイクル理論を検証することができた。以下において通信機器から代表として輸出額の大きい電話機を観察することにする。

①電話機

経済発展により所得水準が上昇すると,家庭の消費水準が上昇する。電話機は日常生活において不可欠で必要なアイテムになっている。1994年の電話機の輸出額の順位は中国,香港,マレーシア,日本,シンガポール,アメリカとドイツなどの順になっていた。これを反映して,電話機のRCA指数からも同じような傾向を読み取ることができる。

図3-10は電話機輸出競争力のRCA指数の推移を示していた。同図からマレーシア,タイ,フィリピンと中国の電話機のRCA指数が急速に上昇していて,それが基準値の1を超え比較優位であることがわかる。インドネシアのその指数は1993年までは比較優位であったが,1994年はわずかであるが基準値の1を割った。一方,アジアNIEsの香港,シンガポールと韓国の電話機のRCA指数は基準値の1を超えていたが次第に低下傾向,台湾と日本の電話機のRCA指数は急速な低下がみられた。中国と東南アジアにおける電話機のRCA指数の上昇とアジアNIEsのRCA指数の低下,両グループに対照的な傾向が示されていた。それは日本とアジアNIEsは海外直接投資を通じて,生産基地を中国と東南アジアにシフトし,前者における電話機のRCA指数の低下と後者のそれの上昇を意味している。欧米先進国における電話機のRCA指数の低下(いずれも基準値の1以下)はそれらの国においてこの製品は成熟産業から衰退産業への移行を示していると考えられる。ちなみに,電話機のRCA指数(1994年)の順位はマレーシア(9.03),フィリピン(6.52),中国(5.83),香港(3.48),タイ(3.21),シンガポール(3.13)などになっていた。

第3章 産業の国際競争力分析

図3-10 電話機輸出競争力のRCA指数分析（1983〜94年）

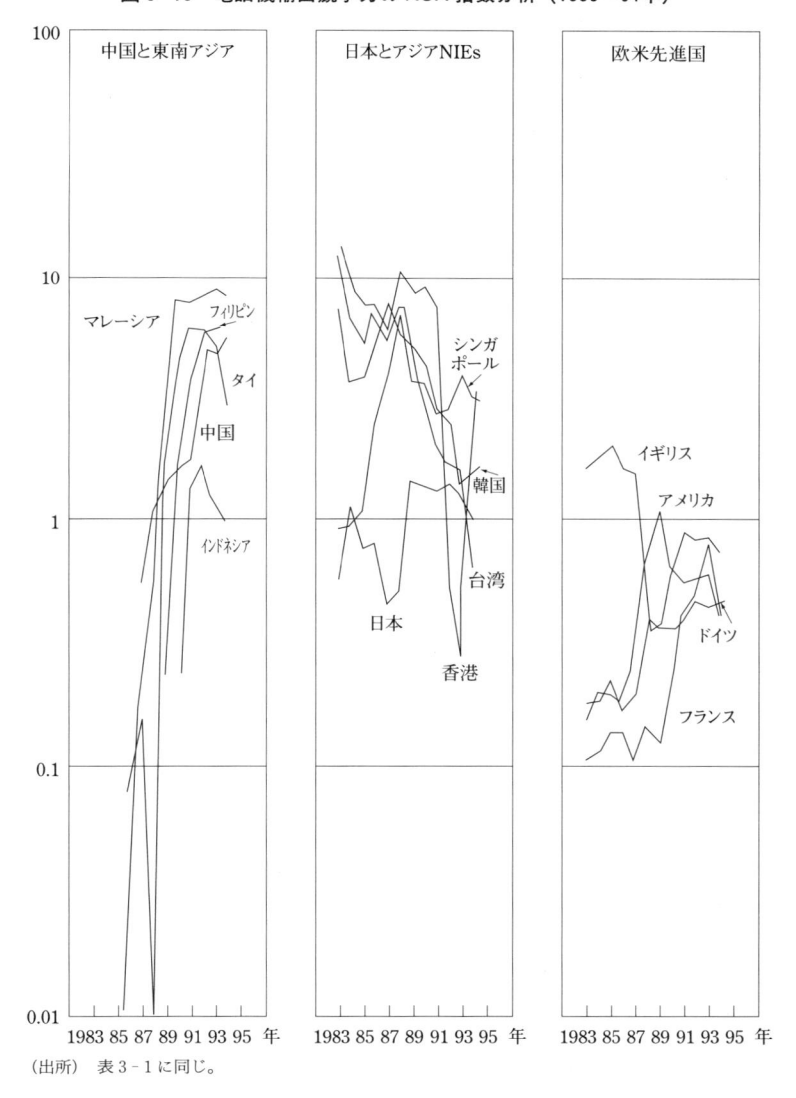

(出所) 表3-1に同じ。

（2）事務用機器

　続いて，事務用機器の対世界輸出シェアをみることにする。ここでの事務用機器とは電卓，電動電子タイプライター，複写機，金銭登録機，コンピュータ，コンピュータ周辺機器（プリンターなどを含む）などによって構成される。図3-11はその事務用機器（合計値）の対世界輸出シェアの推移である。

　1983年の日本における事務用機器の対世界輸出シェアは27％以上を占め，89年に56％以上になり，94年時点でも45％以上の大きなシェアを占めていた。この観察期間において，中国と東南アジアのタイ，マレーシア，インドネシアの事務用機器の対世界輸出シェアは増加傾向を示していた。アジアNIEsのシンガポールと香港の事務用機器の対世界輸出シェアは減少，その後は増加がみられたが，台湾と韓国の事務用機器の対世界輸出シェアは減少の後，わずかな回復の傾向を示した。したがって，1994年のその対世界輸出シェアをみると，シンガポールと香港のシェアは5～9％台，台湾と韓国のシェアは1％台に位置していた。1994年の欧米先進国における事務用機器の対世界輸出シェアをみると，アメリカは12％台，ドイツは3％台，イギリスとフランスは2％台と2％弱であることがわかる。事務用機器によるRCA指数の重層的追跡過程の軌跡からもプロダクト・サイクル理論を検証することができる。

　以下は事務用機器を代表として輸出額の大きい電卓，コンピュータ，コンピュータ周辺機器を観察することにする。

①電卓

　引き続いて，事務用機器を構成する1つのアイテムとして電卓を観察する。大量生産によってICの価格が安くなり，同時に電卓の単価も低下する。その恩恵を受けて電卓の価格は比較的に経済的で，普及率の高い大衆消費の製品になっていた。そのために，先進国とアジアNIEsの企業が海外進出の際に，海外直接投資のアイテムになりやすい製品の1つでもある。電卓の輸出額（1994年）の順位は香港，シンガポール，中国，タイ，台湾，マレーシア，日本などになっていた。

　図3-12の電卓輸出競争力におけるRCA指数の推移によると，タイ，中国とマレーシアの電卓のRCA指数は速いテンポで上昇し，わずか数年間で比較

第3章　産業の国際競争力分析

図3-11　事務用機器の対世界輸出シェアの推移（1983～94年）

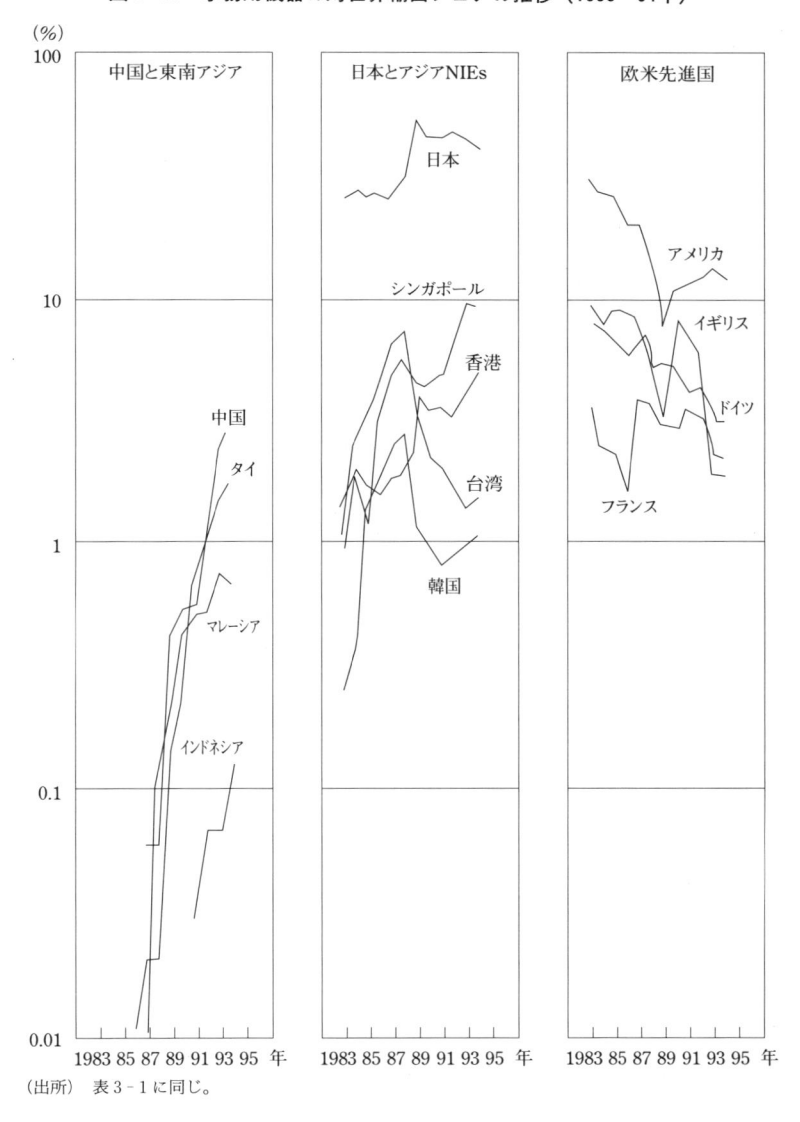

中国と東南アジア：中国、タイ、マレーシア、インドネシア

日本とアジアNIEs：日本、シンガポール、香港、台湾、韓国

欧米先進国：アメリカ、イギリス、ドイツ、フランス

（出所）　表3-1に同じ。

図 3-12 電卓輸出競争力の RCA 指数分析（1983～94年）

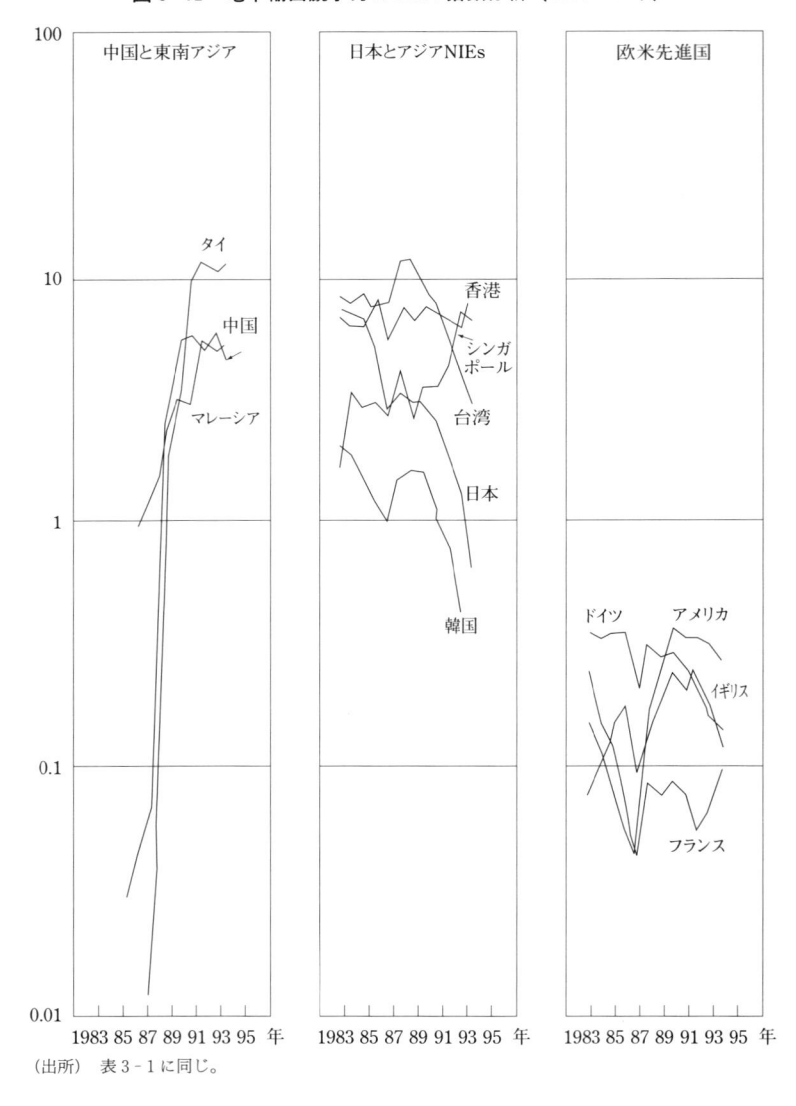

中国と東南アジア / 日本とアジアNIEs / 欧米先進国

（出所） 表 3-1 に同じ。

劣位から比較優位に転換した。韓国と日本を除いて，他のアジアNIEsのRCA指数は基準値1以上の比較優位を保っていた。シンガポールの電卓のRCA指数は上昇，香港のその指数はほぼ一定，台湾，日本，韓国のその指数は低下をみせた。欧米先進国の電卓のRCA指数は基準値1以下であり，比較劣位になっていた。

電卓のRCA指数（1994年）順位はタイ(11.28)，香港(7.87)，シンガポール(6.71)，中国(5.35)，マレーシア(4.65)，台湾(3.00)などになっていた。

②コンピュータ

次にコンピュータを観察する。コンピュータ輸出額（1988年）の順位はアメリカ，日本，ドイツ，台湾になっていた。コンピュータは重要なハイテク産業の1つであるが，分析用資料の出所源である日本機械組合編集の資料には1988年以降のデータを掲載していない（したがって，それ以降のデータが入手できないため，残念である）[9]。

図3-13のコンピュータのRCA指数推移によると，東南アジアのフィリピンは比較劣位であるが，次第に基準値の1に接近している。日本とアジアNIEsのコンピュータのRCA指数は基準値の1を超え，比較優位に位置していた。そのうち，台湾，韓国とシンガポールのRCA指数は速いテンポで上昇していたことがわかる。1993年の情報産業の規模によると，台湾は世界の第6位，94年にアメリカ，日本，ドイツに続いて第4位に浮上した。そして，95年にドイツを抜いて台湾の情報産業の規模が世界の第3位になった。アジアNIEsがハイテク産業においても「情報産業中進国」への躍進が注目されるようになった[10]。他方，欧米先進国において，アメリカのコンピュータのRCA指数は比較優位を保っていたが，他の欧米先進国のRCA指数はいずれも比較劣位に位置していた。

コンピュータのRCA指数による重層的追跡過程の軌跡からもプロダクト・サイクル理論の成長―成熟―衰退の形態を観察することができる。ちなみに，コンピュータのRCA指数（1988年）の順位は台湾(2.76)，韓国(2.14)，アメリカ(2.10)，シンガポール(1.51)，日本(1.35)，香港(1.10)などになっていた。この分野においてもアジアNIEsと日米の輸出競争力の強さを観察することが

図3-13 コンピュータ輸出競争力のRCA指数分析（1983〜88年）

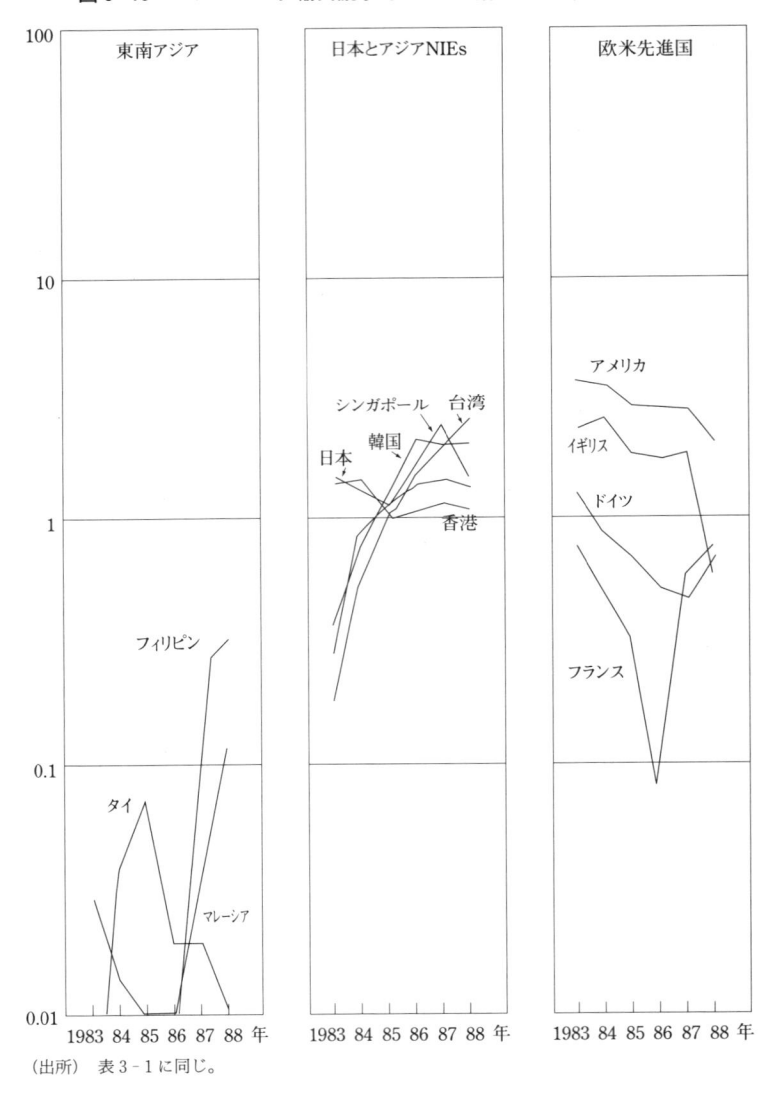

（出所） 表3-1に同じ。

できた。

③コンピュータ周辺機器

コンピュータ周辺機器を観察すると図3-13に近いような結果を得ることができる。ここでのコンピュータ周辺機器とはプリンター，ディスプレイ，ディスクドライブの3品目の合計値を指すものである。その輸出額（1988年）は日本，アメリカ，台湾，シンガポール，フランス，ドイツなどの順位になっている。

図3-14はコンピュータ周辺機器のRCA指数による重層的追跡過程の軌跡を示している。そのうち，東南アジアのフィリピンのRCA指数は比較劣位であるが，上昇の気配をみせた。日本とアジアNIEsのシンガポール，台湾と韓国のコンピュータ周辺機器のRCA指数は比較優位を保っていて，しかも上昇の傾向を示していた。他方，アメリカとイギリスを除いて，欧米先進国は比較劣位に位置している。アメリカのコンピュータ周辺機器のRCA指数は比較優位を保っているが，低下の傾向を示している。

コンピュータ周辺機器のRCA指数による重層的追跡過程の軌跡からもプロダクト・サイクル理論を検証することができる。コンピュータ周辺機器のRCA指数（1988年）の順位はシンガポール(6.29)，日本(4.91)，台湾(4.19)などの順になっていた。

III. 製品の国際競争力の重層構造

第I，II節の分析を通じてRCA指数分析による製品の重層的追跡過程の軌跡からはプロダクト・サイクル理論の存在を検証することができた。

前掲図3-1から図3-14により次のことが観察される。1980年代前半までアジアNIEsは比較的安い賃金をもって労働集約的製品の輸出に励んだ。つまり，この時期までは労働集約的製品の輸出には国際競争力を持っていた。しかし，1985年プラザ合意以降の円高・ドル安および1987年のルーブル合意以降の台湾元高・韓国ウォン高・ドル安によって，日本およびアジアNIEsの労働集約的製品の輸出競争力は次第に低下した。日本とアジアNIEsは海外直接投資によ

図3-14 コンピュータ周辺機器輸出競争力のRCA指数分析（1983〜88年）

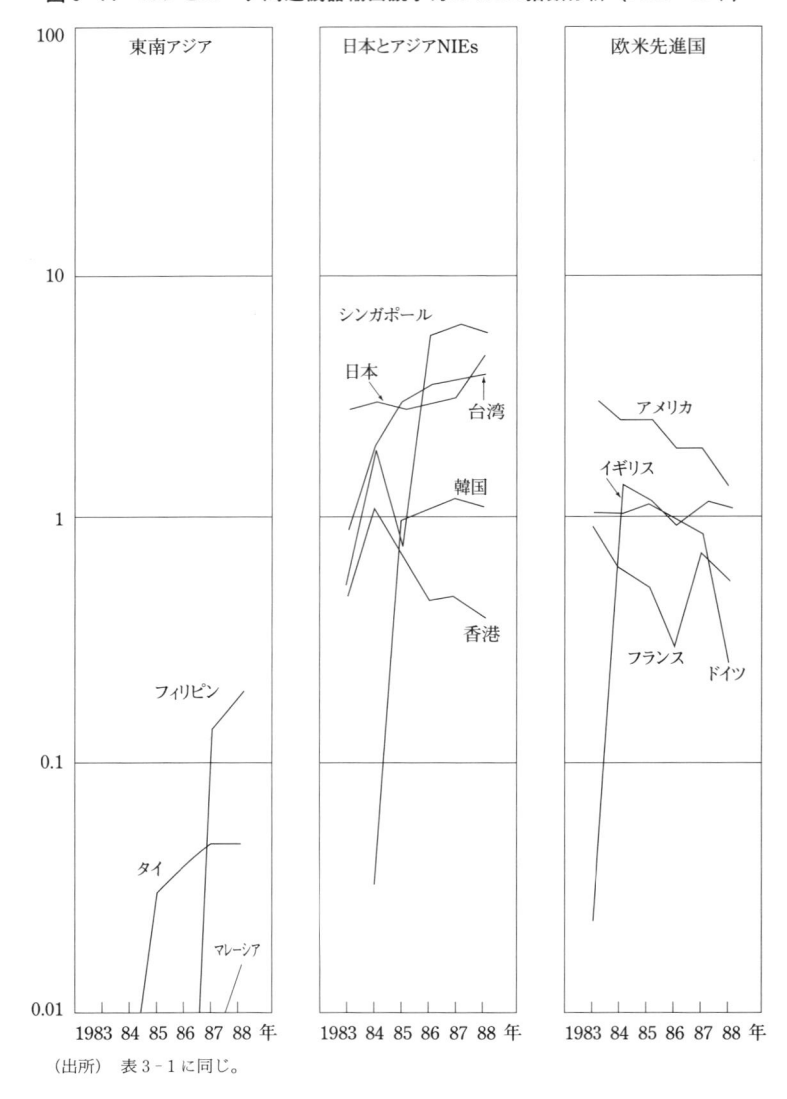

（出所） 表3-1に同じ。

って生産基地を東南アジアや中国へのシフトが観察されるようになった。それによって1980年代後半以降,東南アジアと中国の労働集約的製品の国際競争力が急速に伸びた。この期間,日本とアジア NIEs では産業の高度化および産業の深化が推進されてきた。このように,日本とアジア NIEs には労働集約財から資本・技術集約財への移行がみられるようになった。例えば,1987年以降の台湾と香港の多くの扇風機製造企業は中国の広東,福建など華南経済圏および東南アジア諸国に生産基地を移転するようになった。前掲図3-5にみられるようにアジア NIEs の香港と台湾における扇風機の RCA 指数の低下と中国・東南アジア諸国のその指数の上昇はそれを反映したものである。

アジア NIEs の労働集約的製品は国際競争市場においては東南アジアや中国による追跡を受け,国際競争力の低下をみせた。その一方,アジア NIEs の資本・技術集約的製品は着実に競争力をつけ欧米先進国へ追跡を始めた。前節からも東南アジアのタイ,マレーシア,フィリピンおよび中国の労働集約的製品における国際競争力の上昇が検証された。また,東南アジアおよび中国の一部の資本・技術集約的製品の国際競争力が端緒的に変化したことも観察される。日本とアジア NIEs の資本・技術集約的製品のコンピュータとコンピュータ周辺機器の RCA 指数(図3-13と図3-14)は急速な上昇傾向を示している。同図からアジア NIEs は,労働集約的製品の生産と輸出を重点とした時期から資本・技術集約的製品の生産と輸出を重点とした時期へとシフトしたことを意味する。

この期間,日本における労働集約的製品の国際競争力の低下と資本・技術集約的製品への高度化により国際競争力の上昇,欧米先進国の労働集約的製品および一部の資本・技術集約的製品の国際競争力の低下と,高度化が達成された資本・技術集約的製品の強い国際競争力の維持が観察される。

経済発展により1人当たり GNP の上昇は民生用電子機器,家庭用電気機器,通信機器と事務用機器の輸出競争力にはどんな変化がみられるか,以下はそれを考察することにする。

図3-15は1人当たり GNP 水準と民生用電子機器の貿易特化係数である。貿易特化係数とは,該当国の i 商品の純輸出額を該当国の i 商品の貿易合計値で割ったものであり,$(E_i - M_i)/(E_i + M_i)$ で示される。この場合,輸出を E_i,

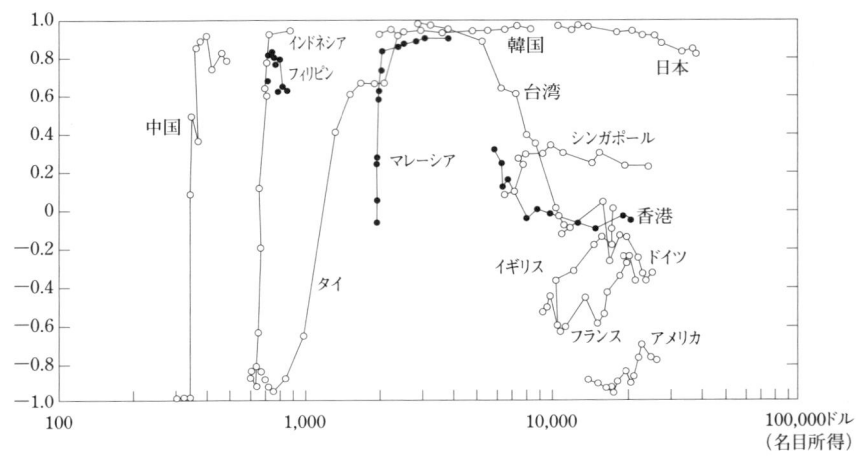

図3-15　1人当たりGNP水準と民生用電子機器の貿易特化係数（1983〜94年）

横軸ラベル：100, 1,000, 10,000, 100,000ドル（名目所得）

プロット上のラベル：中国, インドネシア, フィリピン, タイ, マレーシア, 韓国, 台湾, 日本, シンガポール, 香港, イギリス, ドイツ, フランス, アメリカ

（出所）　表3-1に同じ。

輸入をM_iとすると，純輸出は$(E_i - M_i)$になる。すなわち，純輸出がプラスの場合，該当国のi商品は輸出特化（輸出超過）であり，逆に純輸出がマイナスの場合，該当国のi商品は輸入特化（輸入超過）である。つまり，ある国で特定財（i商品）の生産が行われていない段階では，この財は輸入によって国内需要を満たすが，この場合の貿易特化係数の数値はマイナス1である。i商品の国内生産が始まり輸入代替が推進され，輸入された商品が国内生産に代替される。この時期の貿易特化係数の数値はマイナス1からゼロに向かい，輸出額が輸入額を超えた時点でこの特化係数の数値はプラスになる。さらに，この商品の国内需要が国内生産に完全に満たされ，輸出が大きく増加して輸入がゼロになった時点で，この特化係数はプラス1になる。

　同図の横軸は1人当たりGNPで，縦軸はこの民生用電子機器の貿易特化係数である。図によると，中国と東南アジアの民生用電子機器の貿易特化係数は急速なテンポでマイナスからプラスに移行し，貿易特化係数0.6以上の数値を示している。日本と韓国の民生用電子機器の貿易特化係数は0.8以上，依然として強い輸出競争力を保っていた。対照的に，アジアNIEsの香港，シンガポールと台湾の民生用電子機器の貿易特化係数は，成長―成熟―衰退の傾向が現

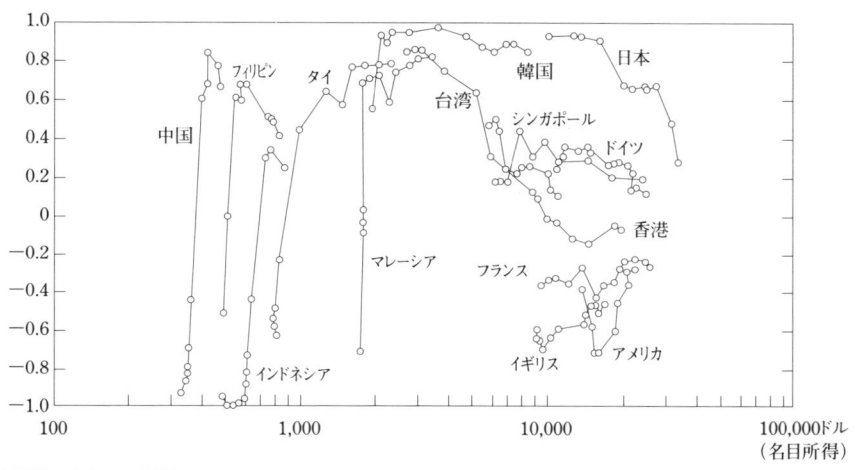

図3-16　1人当たりGNP水準と家庭用電気機器の貿易特化係数（1983～94年）

（出所）　表3-1に同じ。

れていた。欧米先進国のアメリカ，フランス，イギリスとドイツの民生用電子機器の貿易特化係数はマイナスで，輸出競争力が衰退期に入っていた。

　同図の全体像から民生用電子機器の貿易特化係数は，上に凸型（逆U字型）曲線になっていて，プロダクト・サイクル理論の存在を検証することができた。

　次に，図3-16の1人当たりGNP水準と家庭用電気機器の貿易特化係数を考察する。この図も同じようなことが観察される。中国と東南アジアの家庭用電気機器の貿易特化係数はマイナスからプラスに急速に上昇，日本とアジアNIEsのその貿易特化係数は次第に低下傾向がみられた。そのうち，日本，韓国，台湾，シンガポールの家庭用電気機器の貿易特化係数はプラス（輸出特化），香港の貿易特化係数はマイナスであった。ドイツの家庭用電気機器の貿易特化係数はプラスで，欧米先進国のアメリカ，フランスとイギリスの貿易特化係数はマイナスであるが，一部の国の貿易特化係数は上昇の傾向がみられた。同図からも凸型曲線タイプのプロダクト・サイクル理論の存在を検証することができた。

　続いて，図3-17の1人当たりGNP水準と通信機器の貿易特化係数をみる。この図から中国，インドネシア，フィリピン，タイとマレーシアの通信機器の

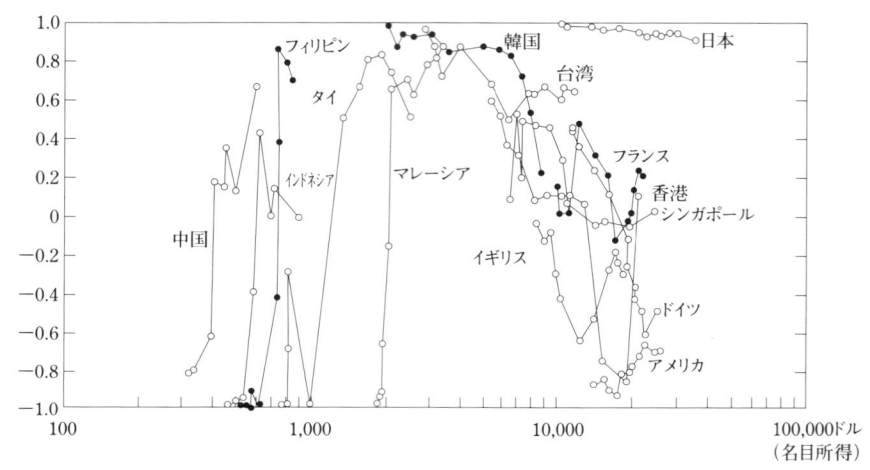

図3-17 1人当たりGNP水準と通信機器機器の貿易特化係数（1983～94年）

(出所) 表3-1に同じ。

貿易特化係数は速い速度で上昇していることがわかる。中国と東南アジアの通信機器の貿易特化係数はいずれもプラスであり，特にマレーシア，タイ，フィリピンと中国の貿易特化係数は0.4以上の高い数値を記録した。

韓国，香港とシンガポールの通信機器の貿易特化係数は低下傾向，日本と台湾の貿易特化係数はわずかな減少がみられたが，いずれも輸出特化を保っていた。フランスの通信機器の貿易特化係数はプラス，アメリカ，ドイツとイギリスの貿易特化係数はマイナスを示した。同図からもプロダクト・サイクル理論で指摘された凸型曲線タイプの存在を検証することができた。

同じ現象を図3-18の1人当たりGNP水準と事務用機器の貿易特化係数からみることができる。中国，インドネシア，マレーシアとタイの事務用機器の貿易特化係数は早いテンポでマイナスの輸入超過からプラスの輸出超過に転換した。アジアNIEsの事務用機器の貿易特化係数は上昇した後に低下傾向がみられるが，台湾，香港，シンガポールの貿易特化係数はプラス（輸出超過）で，韓国の貿易特化係数はマイナス（輸入超過）である。日本の貿易特化係数はプラスで高い数値を保っていて，分析対象国のなかでも強い輸出競争力を維持していた。欧米先進国の事務用機器の貿易特化係数は低下傾向を示していて，い

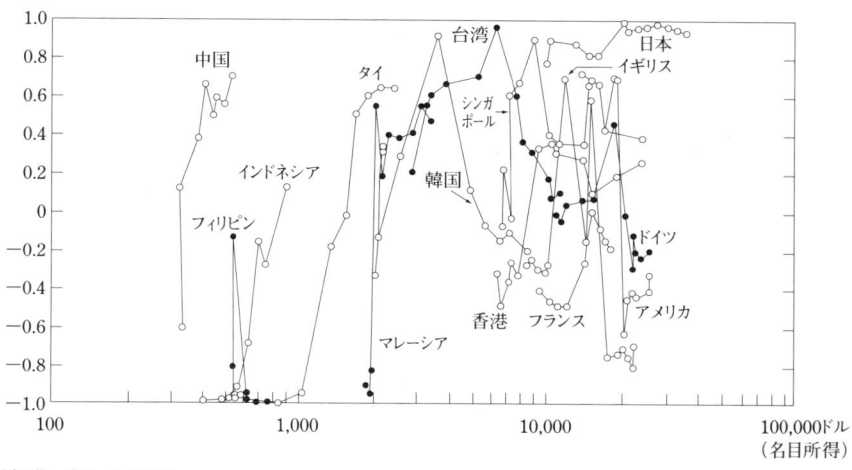

図3-18　1人当たりGNP水準と事務用機器機器の貿易特化係数（1983～94年）

（出所）　表3-1に同じ。

ずれも輸入超過である。同図からもプロダクト・サイクル理論の存在を観察することができた。

おわりに

　世界銀行の『東アジアの奇跡』は90年代の東アジアの見事な成長パフォーマンスを絶賛している。しかし，97年7月から始まったアジア通貨金融危機は，ポール・クルーグマン教授の論文「まぼろしのアジア経済」での指摘がにわかに当たっているようである。これについては，他にも多くの反論があった[11]。本章では楽観論や悲観論の主張よりもその国自体が輸出競争力ないし国際競争力を持っているか否かによると指摘してきた。本論の主張をまとめると以下のようである。
　（1）　B. バラッサ教授の顕示比較優位指数（RCA指数）を使って計測した競争力指数によると，製品の重層的追跡過程の軌跡からはプロダクト・サイクル理論の存在を検証することができた。
　1980年代前半まで，アジアNIEsは労働集約的製品の輸出に競争力を持って

いた。しかし，1985年のプラザ合意以降の円高・ドル安および87年のルーブル合意以降の台湾元高と韓国ウォン高・ドル安傾向の定着によって，日本とアジア NIEs の企業の海外直接投資が積極的に推進されるようになった。つまり，日本とアジア NIEs の企業は海外投資によって，付加価値の低い労働集約的製品の生産基地を東南アジアや中国にシフトしたことにより，80年代以降の東南アジアと中国の国際競争力が増強された。他方，日本とアジア NIEs の企業は付加価値の高い資本・技術集約的製品への移行がみられた。それは，日本とアジア NIEs の産業の深化および産業の高度化への推進を意味するものである。事実上，日本とアジア NIEs の資本・技術集約的製品のコンピュータとコンピュータ周辺機器などの RCA 指数の上昇傾向と労働集約的製品における扇風機などの RCA 指数の下落傾向はそのことを意味するものである。日本とアジア NIEs の資本・技術集約的製品の生産へのシフトによって，欧米先進国における同製品の輸出競争力の低下が観察される。しかし，ドイツの電気かみそりのように強い国際競争力を持っていて，高級品の生産に特化し，途上国製の普及品・安価品との「棲み分け的」生産分業の構図も確認することができた（表3-2）。

（2）　1人当たりの GNP 水準と製品の貿易特化係数の分析からも，中国と東南アジア，日本とアジア NIEs，欧米先進国における製品の貿易特化係数の計測から生成—成長—成熟—衰退というプロダクト・サイクル理論の凸型（逆 U 字型）曲線を確認することができた。これは，1人当たりの GNP 水準の上昇による相対的に賃金の高騰で，その国にとって労働集約的製品または低付加価値製品の生産に相応しくなく，自然淘汰への道（衰退産業化）または海外直接投資によって生産基地のシフトの選択が考えられる。1960年代から80年代前半のアジア NIEs の経済発展を支えてきた労働集約的製品の生産とその強い輸出特化傾向は，80年代後半以降の相対的賃金の高騰により，成熟期・衰退期を迎えることになった。労働集約的製品の生産と輸出の"主役"は中国と東南アジアに移るようになった。他方，60年代から80年代の欧米先進国を支えてきた資本・技術集約的製品の一部は日本とアジア NIEs に移るようになった。

　この「重層的追跡過程」によってプロダクト・サイクル理論の凸型曲線を経済空間に動態的に描いたのであると考えられる。それは，アジアにおいて中心

国から周辺国へと「構造転換連鎖」といわれる転換連鎖が持続していたことを意味する[12]。それも，中心国からの転換の動向を捉えて，周辺国は自国の成長に有利に働くことを意味するものである。

[注]
1) 渡辺利夫監修『アジア産業革命の時代』日本貿易振興会，1989年，序章。
2) World Bank, *The East Asian Miracle: Economic Growth and Public Policy*, Oxford University Press, 1993（世界銀行，白鳥正喜監訳『東アジアの奇跡：経済成長と政府の役割』東洋経済新報社，1995年）および Aoki, M., H. K. Kim and M. Okuno-Fujiwara (eds.), *The Role of Government in East Asian Economic Development*, Oxford University Press, 1996（青木昌彦・金瀅基・奥野（藤原）正寛編，白鳥正喜監訳『東アジアの経済発展と政府の役割：比較制度分析アプローチ』日本経済新聞社，1997年）などが代表的である。
3) Krugman, P., "The Myth of Asia's Miracle", *Foreign Affairs*, Nov./Dec. 1994（ポール・クルーグマン「まぼろしのアジア経済」『中央公論』1995年1月号），本文は後に P. クルーグマンほか，竹下興喜監訳『アジア成功への課題』（『フォーリン・アフェアーズ』アンソロジー）中央公論社，1995年に収録。
4) 産業の国際競争力については，OECD（経済協力開発機構）からも優れた研究成果が発表された。OECD (ed.), *Industrial Competitiveness: Benchmarking Business Environments in the Global Economy*, Organization for Economic Co-Operation and Development, Paris, 1997; OECD (ed.), *Industrial Competitiveness*, Organization for Economic Co-Operation and Development, Paris, 1996; OECD (ed.), *Industry Productivity: International Comparison and Measurement Issues*, Organization for Economic Co-Operation and Development, Paris, 1996. その他に，OECD 加盟諸国の競争力を対象とした OECD (ed.), *Competition Policy in OECD Countries, 1993-1994*, 1997 Edition, Organization for Economic Co-Operation and Development, 1997. それに，丹下敏子『国際競争力の変化：日本・アメリカ・東アジア諸国を中心として』文眞堂，1998年も優れた研究成果を提起している。また，M. E. ポーター教授（ハーバード大学）の業績も注目したい。Portor, Michael E., *The Competitive Advantage of*

Nations, The Free Press, A Division of Macmilan, 1990（土岐坤・中辻萬治・小野寺武夫・戸成富美子訳『国の競争優位』（上，下） ダイヤモンド社，1989年）; Portor, Michael E. (ed.), *Competition in Global Industries*, Harvard Business School Press, Boston, 1986（土岐坤・中辻萬治・小野寺武夫訳『グローバル企業の競争戦略』ダイヤモンド社，1989年）。さらに，毎年に刊行されている「競争力報告」も注目したい。International Management Development Institute, *The World Competitiveness Report*, various issues; World Economic Forum, *The Global Competitiveness Report*, various issues. それに加えて，Pepper, T., M. E. Janow and J. W. Wheeler, *The Competition Dealing with Japan*, Praeger Publishers, 1985（野村誠訳『日本の競争力：アメリカが見た日本経済の源泉』ダイヤモンド社，1989年）。

5) Vernon, R., "International Investment and International Trade in Product Cycle," *Quarterly Journal of Economics*, Vol.80, May 1966.

6) Balassa, B., "Trade Liberalization and Revealed Comparative Advanage," *The Manchester School of Economics and Social Studies*, Vol.33, May 1965. 同指数を使用した分析例は，松本和幸・花崎正晴『日・米・アジア NIEs の国際競争力』東洋経済新報社，1989年；渡辺利夫監修『アジア産業革命の時代』日本貿易振興会，1989年；渡辺利夫・梶原弘和・高中公男『アジア相互依存の時代』有斐閣，1991年に詳しい。

7) 本章での分析に使われたデータは下記の資料によるものである。
『国際需給統計』日本機械輸出組合，各年版；日本：『日本貿易月報』大蔵省，各年版；アメリカ：*U.S. Exports for Consumption*, Bureau of the Census, U.S. Department of Commerce；ドイツ：*Aussenhandel nach Waren und Landern*, Statistisches Bundesamt；フランス：*Statistiques du Commerce Exterieur de la France*, Bureau de Statistique; *Eurostat-External Trade*, EC；イギリス：*Business Monitor-Overseas Trade Statistics of the United Kingdom*, Central Statistical Office; Eurostal-Exiernal Trade, EC；韓国：*Statistical Yearbook of Foreign Trade*, Korean Customs Administration；中国：*China Customs Statistics Yearbook*, General Administration of Customs of People's Republic of China；台湾：*Monthly Statistics of Exports and Imports, Taiwan Area, The Republic of China*, The Department of Statistics, Ministry of Finance, Taipei；香港：*Hong Kong Trade Statistics*, Census and Statistics Department, Hong Kong；

シンガポール：*Singapore Trade Statistics*, Singapore Trade Department Board；フィリピン：*Foreign Trade Statistics of the Philippines*, National Statistics Office；タイ：*Foreign Trade Statistics of Thailand*, Department of Customs, Bangkok；マレーシア：*External Trade Statistics*, Department of Statistics, Malaysia；インドネシア：*Indonesian Foreign Trade Statistics*, Central Statistics Bureau.

8) 朝元照雄『現代台湾経済分析』勁草書房，1996年，第7章。
9) 注6の資料による。それをまとめた日本機械輸出組合の資料の「コンピュータ」と「コンピュータ周辺機器」のデータは1988年までで，それ以降は掲載されないようになった。「コンピュータ」のデータはスーパーコンピュータ，ミニコンピュータ，サーバ（server），パソコンなどが含まれている。「コンピュータ周辺機器」もそれに使われる周辺機器が多く，分類が困難のため，統計数字を掲載しなくなったことが理由であった。さらに1995年以降，日本機械輸出組合編集の『国際需給統計』の発行も中止するようになった。
10) 朝元照雄，前掲書，第5章を参照されたい。
11) Radelet, S. and J. Sachs, "Asia's Reemergence," *Foreign Affairs*, Nov./Dec. 1997（スティーヴン・ラデレット，ジェフリー・サックス「それでもアジア経済は甦る」『中央公論』1998年2月号）などが代表である。
12) 渡辺利夫『新世紀アジアの構想』筑摩書房，1995年，第4章。

第4章　経済発展戦略と政府の役割
――台湾のケース・スタディー――

はじめに

　世界銀行の『東アジアの奇跡』は，東アジアの急速な経済成長は政府の政策によるものか，それとも市場機能によるものであるかという問題提起である[1]。そのうち，「市場友好的論者」のアプローチは，政府は市場メカニズムに任せるべきであり，市場への介入はなるべく避けることである。その論者の見解は，政府の介入が「経済発展の基本的条件を正す」時で，市場の機能が有利に働く場合に限るという主張である。他方，「開発志向国家論者」のアプローチは，東アジアの政府が市場メカニズムの機能に反して，「価格の歪曲」をしても後進国の発展障害を克服すべきであると主張する[2]。後者の主張は，あるいは権威主義体制による経済発展に近い考えを持っていた。この権威主義体制による経済発展は，時には「開発独裁型」の経済発展とも呼ばれるが，民主化を犠牲にして経済開発を重点に行うという特徴を持っていた[3]。

　台湾の経済発展戦略は，孫文の民生主義の原則に沿っていたが，基本的には私有財産と市場メカニズムを尊重する資本主義経済体制である。民間企業の経営投資に対し，制限を加えないで，法規を制定して適切な奨励と保護を与え，発展を促すようにしている。戦後，台湾の経済発展における政府の役割について言えば，農業部門における「中国農村復興聯合委員会」（以下，農復会）と経済計画部門が果たした貢献は極めて大きい。次節は農復会（第Ⅰ節）と経済計画部門の変化過程（第Ⅱ節）を中心に考察する。最後に台湾の経済発展戦略は，「開発志向国家論者」のアプローチによって経済開発を推進したのか，それとも，市場メカニズムを重視する「市場友好的論者」のアプローチで経済開発を推進したのかを論じることにする。

第4章　経済発展戦略と政府の役割　　　　　　　　　　103

Ⅰ. 経済の発展過程における農復会の役割

(1) 農復会の設立

　農復会は1948年10月1日に南京で設立されたものである。アメリカ大統領から任命されたモヤー（Dr. Raymond T. Moyer）とバーカー（Dr. John Earl Baker），国民政府の総統任命の蔣夢麟，晏陽初，沈宗瀚の5名の委員によって構成されたものである。

　モヤー委員はかつて中国で農業の業務に15年も従事し，アメリカ農業省の「米中農業協力方策」を担当して，アメリカ農業関係部の極東チームリーダー，「米中農業技術協力団」のアメリカ代表団副団長を歴任し，ステルマン（Charles Stillman）引率の「中国経済協力調査団」（1948年）の団員としても参加した。バーカー委員は国民政府の鉄道部顧問を担当した。蔣夢麟委員は国民政府の教育部部長（文部科学相に相当），北京大学学長，行政院秘書長，国民政府委員，善後事業委員会の主任委員（委員長に相当）などの要職を歴任した。晏陽初委員は国民教育の普及に30年にもわたって尽くした教育家である。沈宗瀚委員は国民政府の農業試験所技師長と所長を17年間も努め，「米中農業技術協力団」の副団長を担当していた。

　農復会が設立された後，次の5つの作業目標を建てた[4]。①農民の生活状態の改善，②食糧と作物の増産，③人民の潜在力を開発し，地方から国家を建設して，豊かな民主国家の基礎の構築，④農村復興方策を推進する国・省・県の政府機構との協力，その機構の業務の強化，⑤国家建設に関心を持つ人に参与する機会を与える，という業務を推進していた。

　しかし，1948年当時の国共内戦の戦火は中国の北部まで蔓延し，1949年4月21日に国共和解が失敗，政局が急速に悪化した。それに，農復会による中国本土での農地改革などの実施は，地主の反対で容易に進まなかった。

　国共内戦に国民政府は敗れ，1949年8月に農復会は台湾に移転した。台湾で最初に推進してきた仕事は，作物の品種改良である。日本の植民地時代に作物の品種改良の基礎があり，作物の増産を継続的に発展させた。水稲，小麦，ジャガイモ，さつま芋，野菜などの品種改良，種子倉庫，乾燥場，堆肥場の建設

などである。それに，農会（農協に相当）は農民を教育し，優良品種を使用することによって，価値と利益が発生することを農民に理解させた。1949年から50年に，農復会は優良品種の農作物の導入計画に当時29万米ドルの補助金を提供したことである。

　農復会の重要な役割は，以下に説明する農地改革と人口抑制政策のほかに，農民組織の形成，「肥料と穀物の交換制度」の実施と廃止，水利建設，品種改良の推進，経済計画の推進などが挙げられる。農復会がこれらの活動をスムーズに推進した背後には「美援（アメリカ援助）運用委員会」（以下，米援会）というアメリカの援助機関の存在がある。米援会からの資金の援助によって，農復会や経済計画機構などの計画がスムーズに推進することができた5)。

（2） 農地改革

　農復会が果たした最も重要な役割は，農地改革である。1949年2月に農復会は蔣夢麟，モヤー，沈宗瀚などによる「台湾省農業組織調査委員会」を組織した。その委員会によって作成された「台湾省農業組織調査報告書」は，次のことを指摘していた。1946年の当時，台湾の人口は649万7734人，耕地面積は83万ヘクタール，平均1キロ平米当たり耕地面積の人口密度は755人である。そして，農業人口は352万2880人，農業人口比は58.6％で，平均1世帯当たりの人口数は6.7人，平均1世帯当たりの耕地面積はわずか1.6 ヘクタールである。台湾の西部平原は耕地面積の95％で，自作農家はわずか3分の1，小作・半自作農家は3分の2に達していたという所得分配の不平等な状態であった。

　台湾の農地改革（土地改革）は3段階に分けて実施されるようになった。1947年から台湾省政府は農地改革を推進するようになり，省所有の公地を小作人に貸し出し，地租を収穫量の25％を超えないとした。1949年6月からは民間の私有農地の地租37.5％を超えないとする「三七五減租条例」の実施を公布した。その重点は条例の第2条である。それは，「耕地の地租は主要作物の全年収穫量の37.5％を超えないとする。もとの契約で37.5％を超えたものは，37.5％に減少すること。37.5％以下のものは増加することができない」。この条例によって，小作農家の負担は減少し，地主と小作農との間に存在していた緊張関係を解除することになった。続いて，1951年に「台湾省公有耕地の放領によ

る自耕農育成実施弁法」を公布した。この弁法の目的は、政府の公有地を小作・半自作農家に低金利で販売し、自作農家を増加させることであり、農地改革第2段階の「公地放領」である。

　それに続いて、1953年1月に「耕者有其田実施条例」を施行した。それは地主の持つ私有地が水田3甲（1甲＝約0.97ヘクタール）または畑6甲を超えた場合、政府は地主から超えた分を強制的に買い上げ、それを小作農に転売することである。地主から強制的に買い上げる土地の代金と小作農に転売する代金は年収穫量の2.5倍とするという規定である。小作農は土地の代金を10年間に20回に分けて支払う。他方、政府が強制的に買い上げる土地の代金について、地価の7割は穀物債券、3割は公営企業（セメント、紙、鉱工、農林の「4大公司」）の株券で支払った[6]。これによって、インフレが発生することなく、農地改革が円滑に推進され、戦後の台湾史の上で最も代表的で重要な政策であった。

　台湾の農地改革が成功した背景は、「政策の制定者」と「土地の所有者」の両者が重複していないことである。つまり、「政策の制定者」は中国大陸から渡ってきて、台湾においては不動産がなく、農地改革の制定と推進の時、現実的に利害関係を持たない階層によって構成された。他方、台湾の「土地の所有者」は、政権に参加しない、既得権益が働かない階層である。このような、「政策の制定者」と「土地の所有者」が同一階層でないことは、歴史的変化による産物であり、台湾の農地改革が成功を収めた「特殊な」理由であると考えられる[7]。例えば、日本のケースをみると、第2次世界大戦の敗戦後、GHQ（連合国軍総司令部）によって強制的に土地改革が施行された。この特殊な理由によって、台湾の土地改革は日本とともに非共産主義的改革によって成功した例である[8]。これは多くの途上国の土地改革が成功しなかったのに対し、台湾と日本が成功した根本的な相違であると考えられる。

(3) 家族計画

　農復会の初代主任委員（委員長に相当）は蔣夢麟である。蔣氏は農地改革を推進したほかに、人口抑制の重要性を指摘した。

　「多子多孫多福」という伝統観念は、蔣夢麟と農復会が1950年代から60年代

に人口抑制を推進する際に，遭遇した難しい問題の1つである。そして，当時の政治状態である「反攻大陸」のスローガンの基では，人口増加とは兵源増加の意味であり国策と適していた。逆に，蔣氏が人口抑制を唱えることは，兵源の減少を意味する。このように，国策に異論を唱えることは相当な勇気が必要であった。

　農村の復興を推進するためには，家族計画が不可欠であると蔣夢麟は次のことを指摘した。「台湾の人口増加率は年率3％で，当時の台湾の人口650万人で計算すると，15年後には1000万人，24年後には1300万人に増加する。その数値は24年間で台湾の人口が倍になる計算である。このように，当時の平均1世帯の耕地面積は1.5甲（1甲＝約0.97ヘクタール）で，24年後に11.25アールになる計算である」，「計算によると24年後には，台湾の農民生活水準は当時の半分以下に落ち込むことになる。そしてどのように増産しても，耕地面積が足りずに，生活水準は必ず低下するであろう。現在，人口抑制をタブー視すると，将来は中国大陸のような耕地不足の二の舞いになる」と，蔣夢麟が事の重要性を警告した[9]。

　人口問題は蔣夢麟にとって大きな心配事であり，農復会は台湾の人口問題を研究するようになった。1952年9月，プリンストン大学人口研究所のバーコライ（George Barclay）博士はロックフェラー基金会の研究援助を受け，台湾に来て研究に参加するようになった。バーコライは1953年6月まで滞在し，台湾省政府主計処に協力して1950年の『台湾第7次人口センサス結果表』を編集した。農復会の援助で53年3月にこのセンサスが出版された。

　この人口センサスの基で，農復会は54年から家族計画を推進するようになった[10]。台湾の家族計画の推進は次の4つの時期に分けられた。①中国家族計画協会の時期。1954年に設立され，一般の方法による家族計画を推進する。②台湾省婦幼衛生研究所の時期。1959～62年に一般の方法による人口抑制，家族計画を女子・幼児衛生の一部として推進する。③台湾人口研究センターの時期。1962年に台中に設立され，1962～64年にアメリカ人口研究所の経費援助とミシガン大学人口研究センターの技術協力を受け，家族計画などの研究を行った。④省衛生処と中国婦幼衛生協会の時期。1964年に米援相対基金の援助金とアメリカ人口研究所の寄附金を得て，5ヵ年家族計画方策を実施した。

第4章　経済発展戦略と政府の役割　　　　　　　　　　107

　以上の家族計画資金の大部分は農復会によるものである。1964年から農復会が資金協力をした5ヵ年家族計画は，20～39歳の既婚女性60万人に避妊具を使用させ，5年から10年間に人口の自然増加率3％から1.5％に減少させることである。その結果，台湾人口の自然増加率は1953年の3.7％から65年の2.7％，75年の1.8％，85年の1.3％，97年の0.9％まで減少することになった。

　その後，農復会は農業発展委員会に改組（1979年3月）された。そして，84年9月に経済部農業局と合併し，行政院農業委員会に改称し，現在に続いていた。

II．経済の発展過程における経済計画機構の役割

　台湾の経済計画機構は，経済安定委員会，アメリカ援助運用委員会，国際経済合作発展委員会，経済設計委員会を経て，現在の経済建設委員会になった。以下，その経済計画機構の経済建設計画の立案とともに，役割を分析する。

（1）経安会の役割

　農復会は主として農業関連の調節機能を果たした。他方，日本の経済企画庁のような経済計画機構の役割を果たしたのは，「経済安定委員会」（以下，経安会）である。台湾の第1次経済建設4ヵ年計画は1953年から開始され，経安会はそれを立案した経済計画機構である[11]。

　経安会の設立目的は，経済計画を通じて経済の安定化を求めていた。そして，経済計画を推進する際の経費は，計画の善し悪しによってアメリカの援助額によって決められた[12]。経安会が立案した第1次経済建設4ヵ年計画（1953～56年）と第2次経済建設4ヵ年計画（1957～60年）は，アメリカから多くの援助が得られた。

　経安会の前身は「行政院財政経済小組委員会」から改組したものである。その後，行政院米援会の「工業聯合委員会」は経安会所属の「工業委員会」に併合された。経安会の下に「4組1会」（4つの組と1つの会）を設け，金融・外貨，アメリカ援助，財政および農業政策の業務を「4つの組」が担当していた。そのうち，農業部門は農復会が担当していた。「1つの会」とは経安会の

工業委員会（以下，工委会）であり，一般工業組，交通組，化学工業組，財政経済組などで計画立案と統括を行っていた。工委会は5年間で200に近い計画案を提出し，企画，育成，事後の追跡を行って，失敗の可能性を減少させた。この時期に輸入代替工業化を推進し，多くの民間企業を育成した。その有名な例は，王永慶氏のポリ塩化ビニル（PVC）工場であり，台湾プラスチックグループ（FPG）は後に世界最大のPVCメーカーに育った。

ちなみに，第1次経済建設4ヵ年計画の政策重点は，農工生産の増加，経済安定の促進，国際収支の改善である。第2次経済建設4ヵ年計画の政策重点は，農業生産の増加，鉱工業の発展強化，輸出貿易の拡大，就業機会の増加，国際収支の改善である。第1次経済建設4ヵ年計画（1953～56年）と第2次経済建設4ヵ年計画（1957～60年）の年平均成長率はそれぞれ8.1%と6.9%である（第2章の表2-2）。

（2）米援会の役割

1958年8月に経安会が廃止され，4ヵ年計画の業務は米援会に引きつがれた。工業，運輸と農業の業務は経済部（経済産業省に相当）の工鉱業連絡小組，交通部（国土交通省に相当）の運輸計画連絡小組と経済部の農業計画連絡小組（実際は農復会が担当）に引きつがれた。

1958年以降になると米援会の役割が拡大された。アメリカ援助の計画申請，第3次経済建設4ヵ年計画の総括と「中米（台）連合会報」などを担当するようになった。50年代後半になると，アメリカ援助は減少傾向がみられた。台湾の自力更生のために，米援会は「経済発展加速大綱」（1959年）を提出し，「十九項目財政経済改革措置」で経済発展を促すようにした（図4-1）。この改革措置と「投資奨励条例」（1960年）で，輸入代替工業化から輸出志向工業化への開発戦略を変更するようになった。つまり，工業化政策は「内向き」から海外の「外向き」へと180度の転換によって，台湾の輸出志向工業化は急速な経済発展を促進する結果になった。

ちなみに，第3次経済建設4ヵ年計画（1961～64年）の年平均経済成長率は9.1%である。第3次経済建設4ヵ年計画の政策重点は，経済安定の維持，経済成長の加速，工業基盤の拡大，投資環境の改善である。

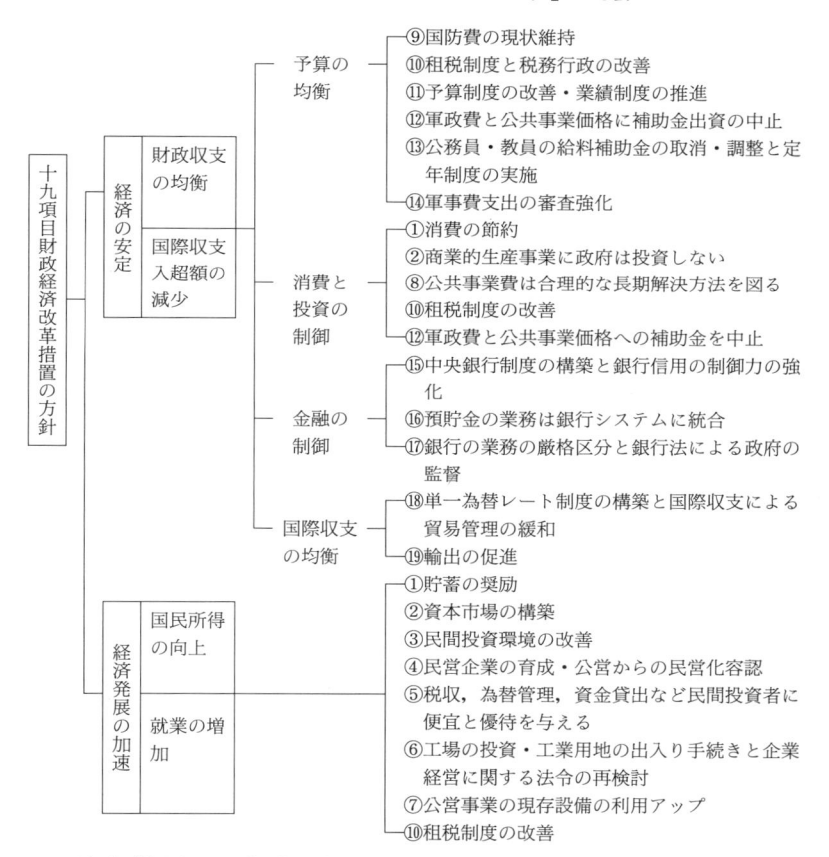

図4-1 「十九項目財政経済改革措置」の方針

十九項目財政経済改革措置の方針
├─ 経済の安定
│   ├─ 財政収支の均衡
│   │   └─ 予算の均衡
│   │   ├─ ⑨国防費の現状維持
│   │   ├─ ⑩租税制度と税務行政の改善
│   │   ├─ ⑪予算制度の改善・業績制度の推進
│   │   ├─ ⑫軍政費と公共事業価格に補助金出資の中止
│   │   ├─ ⑬公務員・教員の給料補助金の取消・調整と定年制度の実施
│   │   └─ ⑭軍事費支出の審査強化
│   └─ 国際収支入超額の減少
│   ├─ 消費と投資の制御
│   │   ├─ ①消費の節約
│   │   ├─ ②商業的生産事業に政府は投資しない
│   │   ├─ ⑧公共事業費は合理的な長期解決方法を図る
│   │   ├─ ⑩租税制度の改善
│   │   └─ ⑫軍政費と公共事業価格への補助金を中止
│   ├─ 金融の制御
│   │   ├─ ⑮中央銀行制度の構築と銀行信用の制御力の強化
│   │   ├─ ⑯預貯金の業務は銀行システムに統合
│   │   └─ ⑰銀行の業務の厳格区分と銀行法による政府の監督
│   └─ 国際収支の均衡
│   ├─ ⑱単一為替レート制度の構築と国際収支による貿易管理の緩和
│   └─ ⑲輸出の促進
└─ 経済発展の加速
    ├─ 国民所得の向上
    └─ 就業の増加
        ├─ ①貯蓄の奨励
        ├─ ②資本市場の構築
        ├─ ③民間投資環境の改善
        ├─ ④民営企業の育成・公営からの民営化容認
        ├─ ⑤税収，為替管理，資金貸出など民間投資者に便宜と優待を与える
        ├─ ⑥工場の投資・工業用地の出入り手続きと企業経営に関する法令の再検討
        ├─ ⑦公営事業の現存設備の利用アップ
        └─ ⑩租税制度の改善

（出所）『自由中國之工業』第16巻，第3期，行政院經濟建設委員会，台北。

（3）経合会の役割

　1960年代に入ってからアメリカの援助が次第に減少するようになった。63年に米援会を「国際経済合作発展委員会」（以下，経合会）に改組するようになった。その目的は，アメリカの援助の中止（65年）に伴い，経合会の名義で海外の機構（世界銀行など）からの優遇レートの借款や国際技術提携を展開するほうが好都合であったからである。第2の目的は，米援会（工業発展投資研究小組や経済研究センターなど），経済部（工鉱業計画連絡組，農業計画連絡組な

ど），交通部（運輸計画連絡組）や行政院（国際開発貸出償債基金保管委員会）に所属した機構の廃止などの再整理である。関連業務と人員は経合会に移管し，経合会の編制になった。

　歴代の主任委員（長官）は行政院院長（首相に相当）が兼任していて，陳誠，嚴家淦と蔣經國など錚々たるメンバーが行政院院長兼主任委員に就任していた（のちに，陳は副総統，厳と蔣は総統に就任）。

　経合会は1963年9月から73年7月まで存在していたが，この期間中には第3次経済建設4ヵ年計画から第5次経済建設4ヵ年計画を実施した。ただし，第3次経済建設4ヵ年計画（1961～64年）の実施期間の前半は米援会が計画を担当していた。この期間中，台湾の経済は輸出志向工業化を推進し，高い経済成長率を記録した。ちなみに，第4次経済建設4ヵ年計画（1965～68年）は9.9％，第5次経済建設4ヵ年計画（1969～72年）は11.7％という輝かしい実績を築いた[13]。第4次経済建設4ヵ年計画の政策重点は，経済安定の促進，経済安定の維持，高級産業の発展促進である。第5次経済建設4ヵ年計画（1961～64年）の政策重点は，物価安定の維持，輸出の拡大，インフラの拡大，農業近代化の促進である。

（4）経設会の役割

　1973年8月に経合会は「経済設計委員会」（以下，経設会）に改組した。改組の理由は明らかになっていない。当時の経合会主任委員の蔣經國は経済部長（経済産業相に相当）の孫運璿を信頼していたが，経合会の幕僚との意見があわなかった。そのためか，経合会の等級を引き下げることになった。経設会の設立時に，経済関連の政策決定は「財政経済5人小組」が担当していた。

　経設会の時期に台湾は「十大建設」国家プロジェクトを実施した。この1973年10月から5年間を対象とした「十大建設」計画は，3項目の重化学工業（大型鉄鋼所，造船所，石油化学コンビナート）と7項目のインフラ（南北高速道路，西部鉄道幹線の電化・複線化，北回り鉄道，台中港，蘇澳港，桃園国際空港，原子力発電所など）によって構成された。1973年末に石油危機が発生し，世界規模の不況を引き起こしたが，この第6次経済建設4ヵ年計画（1973～76年）に含む「十大建設」は，この不況の救世主になった。つまり，ケイン

ズ経済学で指摘された不況時の公共投資の拡大など財政政策が，タイミングよくこの時期に実施された。世界規模の大不況のなかで，台湾の第6次経済建設4ヵ年計画の実施で，年平均経済成長率は辛うじて6.0％を維持することができた。

この第6次経済建設4ヵ年計画の政策重点は，工業近代化の加速，インフラ建設の拡大，人的資源・素質の強化，輸出の拡大促進である。この期間の政府は「大きな政府」であったが，経設会は「大きな経済設計機構」ではなかった。

(5) 経建会の役割

1977年に経設会と「財政経済5人小組」を併合して「経済建設委員会」（以下，経建会）に改組した。その動機は韓国の経済開発研究院（KDI）が経済建設計画を積極的に推進したからである。ライバルの出現によって，台湾政府当局は職権がより高い経済計画機構を設けることを決めるようになった。

経建会の組織条例は1985年に立法院（国会）で承認され，法律的に承認された機構になった。経建会になってからは第7次経済建設4ヵ年計画を完成させ，第8次から第10次経済建設4ヵ年計画および国家建設6ヵ年計画（1991〜96年），ならびに世紀に跨る国家建設計画（1997〜2006年）の立案から実施を担当した。

第7次経済建設4ヵ年計画（1976〜81年）の政策重点は，省エネルギーの向上，産業構造の改善，人的育成の加速，経済社会の均衡発展と十大建設の完成である。そして，第8次4ヵ年計画（1982〜85年）の政策重点は，適度の物価安定，持続的経済成長，産業発展の調和，就業機会の増加，所得分配の合理化，地域建設の均衡化と社会生活の調和などである。第9次4ヵ年計画（1986〜89年）の政策重点は，貿易自由化の推進，公共投資の拡大，財政・金融体制の健全化，サービス業の近代化加速，重点技術の積極的発展，環境汚染防止の加速などである。第10次4ヵ年計画（1990〜93年）の基本政策は，公共支出の拡大と法規の健全化と経済自由化である。発展の重点は投資環境の改善，交通建設の推進，環境保護の強化と社会福祉の増進などである。

それに，国家建設6ヵ年計画の総目標は経済社会秩序の再建，全面的均衡発展の追求である。政策の目標は，国民所得の向上，産業潜在力の育成，地域建

図 4-2　世紀に跨る国家建設計画の構想

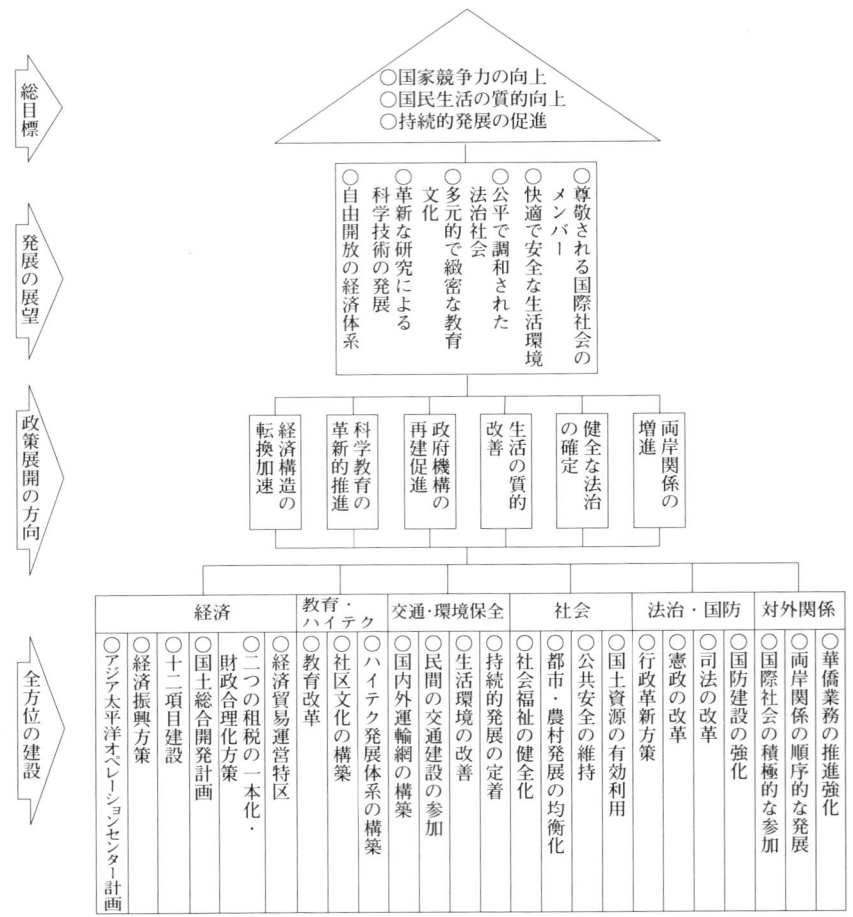

総目標	○国家競争力の向上　○国民生活の質的向上　○持続的発展の促進
発展の展望	○尊敬される国際社会のメンバー　○快適で安全な生活環境　○公平で調和された法治社会　○多元的で緻密な教育文化　○革新な研究による科学技術の発展　○自由開放の経済体系
政策展開の方向	○経済構造の転換加速　○科学教育の革新的推進　○政府機構の再建促進　○生活の質的改善　○健全な法治の確定　○両岸関係の増進
全方位の建設	【経済】○アジア太平洋オペレーションセンター計画　○経済振興方策　○十二項目建設　○国土総合開発計画　○二つの租税・財政合理化方策　○経済貿易運営特区　【教育・ハイテク】○教育改革　○社区文化の構築　○ハイテク発展体系の構築　【交通・環境保全】○国内外運輸網の構築　○民間の交通建設の参加　○生活環境の改善　○持続的発展の定着　【社会】○都市・農村発展の均衡化　○社会福祉の健全化　○国土資源の有効利用　○公共安全の維持　【法治・国防】○行政革新方策　○憲政の改革　○司法の改革　○国防建設の強化　【対外関係】○国際社会の順序的な参加　○両岸関係の積極的な発展　○華僑業務の推進強化

（出所）『跨世紀國家建設計畫』行政院經濟建設委員會，台北，1997年1月。

設の均衡化，生活品質の向上である。最後の「世紀に跨る国家建設計画」の総目標は近代化国家の建設，国家競争力の向上，国民生活の質的向上と持続的発展の促進である（図4-2）。その発展戦略は「アジア太平洋オペレーションセンター計画」を長期的発展の出発点とすることである[14]。

　第7次経済建設4ヵ年計画の年平均経済成長率は12.6％（1976〜78年）と7.0％（1979〜81年）である。第8次と第9次経済建設4ヵ年計画の年平均経済成長率はそれぞれ7.4％と10.2％である。第10次経済建設4ヵ年計画は実施して1年で国家建設6ヵ年計画に変更したため，1990年の経済成長率は5.5％である。国家建設6ヵ年計画の前の3ヵ年と後の3ヵ年の年平均経済成長率はそれぞれ6.5％と5.8％である。

おわりに

　台湾の経済発展は「市場友好的論者」のアプローチなのか，それとも「開発志向国家論者」のアプローチなのか。それについて，本章の分析からもわかるように，経済発展の初期段階に，インフラ整備がなされておらず多くの障害が存在していた場合は，「大きな政府」としての役割が必要になる。それは，農地改革と家族計画を推進した農復会の役割，および経安会，米援会，経合会，経設会と経建会の役割からも納得できる。近年，経建会が立案した「世紀に跨る国家建設計画」や「アジア太平洋オペレーションセンター計画」からは自由化，国際化と制度化を基礎として推進している傾向が読み取れる。つまり，民活を中心に市場メカニズムに任せて，「小さな政府」によって推進している。

　繰り返し述べることになるが，台湾のケースをみると，経済発展の初期段階は権威主義体制による「開発志向国家論者」のアプローチで説明することができる。そのために，ガーシェンクロン（A. Gerschenkron）の「相対的後発性利益」命題に沿って，圧縮型経済発展によってより短い期間で先進国にキャッチ・アップすることができた[15]。

　しかし，発展の障害が次第に克服された後，「大きな政府」から「小さな政府」に変身し，市場メカニズムに任せる「市場友好的論者」のアプローチで説明するほうが適切であろう。そういう意味で，「開発志向国家論者」の主張あ

るいは「市場友好的論者」の主張のいずれを選択するかは、その国の発展段階の所在位置によって調整すればよいと考えられる。

[注]
1) World Bank, *The East Asian Miracle*, Oxford University Press, New York, 1993（世界銀行（白鳥正喜監訳）『東アジアの奇跡：経済成長と政府の役割』東洋経済新報社，1995年）。
2) Amsden, Alice, "Selective Suclusion and Timely Targetion: Taiwan's Industrialization Policies," paper presented in *The Conference on Government and Market: The Relevance of Taiwanese Performance（1945-1995）to Development Theory and Policy*, University of Cornell, Ithaca, 1996.
3) 1970年代の後半に入ると、台湾は軍隊と特務機関に依存する「ハードな権威主義」から、武力が舞台から退いた「ソフトな権威主義」にかわっていたと、エドウィン・ウィンクラーは指摘した。Winckler, Edwin A., "Institutionalization and Participation on Taiwan: From Hard to Soft Authoritarianism?," *China Quarterly*, no.99, 1984, pp.481-499. そのほかに、渡辺利夫『新世紀アジアの構想』ちくま新書、1995年と石田浩『台湾経済の構造と展開：台湾は「開発独裁」のモデルか』大月書店，1999年も参照されたい。
4) 黄俊傑『農復會與台灣經驗』三民書局，台北，1991年；黄俊傑編『中國農村復興聯合委員會史料彙編』三民書局，台北，1991年。
5) Jacoby, Neil H., *U.S. Aid to Taiwan: A Study of Foreign Aid Self-Help and Development*, Praeger, New York, 1966.
6) Yang, Martin M. C., *Socio-economic Results of Land Reform in Taiwan*, East-West Center Press, Honolulu, 1970.
7) 謝森中氏によると、「土地改革が成功した原因は、政権の所有者と土地の所有者が同一の群衆でない（当時、土地所有権、立法権と政治の権力は同じ群衆の社会の指導者に集中していない）。台湾にきた外省人は政権を握っていたが、土地の所有者でない。逆に、本省人の地主は政権を掌握していないと指摘した。Hsieh, S. C., "Importance of Getting Rural Development into Sequence," *The World Economy*, Vol.7, No.4, Dec. 1984, pp.435-442.
8) 戦後の日本と台湾の土地改革を指導したW.ラデジンスキーからの指摘（Ladejinsky, Wolf, "Agrarian Reforms in Asia," *Foreign Affairs*, April

1964，p.449)。そのほかに，1947年2月28日に発生した「二二八事件」(闇煙草を販売した40歳台の婦人林江邁は台北の太平町で当局の取締にあい，意識不明になるまで叩かれた。周辺にいた群衆はこの行為に憤激して，抗議した。これらの群衆に取締員が発砲し，群衆の1人の陳文溪氏が殺害された。それがきっかけで台湾全島の抗議運動に発展した）とその後の白色テロは，数万人が犠牲になったといわれている。そのことがあって，「土地の所有者」が土地改革に反対することができなかったことも考えられる。

9) 蔣夢麟「土地問題與人口」(蔣夢麟『農復會工作演進原則之檢討』行政院農業委員會，台北，再版，1990年，81ページ)。
10) 施昭雄「人口と労働力問題」(施昭雄・朝元照雄編『台湾経済論：経済発展と構造転換』勁草書房，1999年，第5章)。
11) 董安琪 (朝元照雄訳)「経済計画機構と政府の役割」(朝元照雄・劉文甫編『台湾の経済開発政策：経済発展と政府の役割』勁草書房，2001年)。
12) Jacoby, *op. cit.*, 1966.
13) 孫震「台灣的總體經濟規畫」(梁國樹編『台灣經濟發展論文集』時報文化出版，台北，1994年)。
14) 行政院經濟建設委員會『發展台灣成為亞太營運中心計畫』台北，1995年。
15) 朝元照雄『現代台湾経済分析：開発経済学からのアプローチ』勁草書房，1996年，第1章。

第5章　産業政策と国家の制度能力
―― 台湾のケース・スタディー ――

はじめに

　東アジアの経済発展における政府の産業政策について2つの論議がある。新古典学派論者は政府は市場の運営に介入すべきでなく，市場メカニズムに任せるのが賢明であると主張する。新古典学派の考えは，市場メカニズムが機能しないというのは政府の介入によるものであり，汚職・腐敗など非効率性が発生し，「政府の失敗」は常に「市場の失敗」を凌駕することである。仮にインフレ，経常収支・財政収支の赤字が発生した場合，構造調整によりマクロ的経済を安定化へと回復すると主張する。特に，社会主義経済圏のソ連や東欧諸国の崩壊の教訓を受け，政府による統制は「悪」とみなされた。

　他方，開発志向国家論者（修正主義学派）は選択的な介入が必要と主張する。東アジアの政府は時には「価格の歪曲」をつくり上げ，市場の機能に相反しても，後発国の発展障害を取り除くべきであると主張する。つまり，後発国はそのままでは市場が未発達という「市場の失敗」が存在し，産業政策の実施でその発展の障害を取り除く必要があり，日本の産業政策はその典型である[1]。

　世界銀行や国際通貨基金（IMF）は基本的に新古典学派をモットーにしていた。しかし，1991年の『世界開発報告1991』と1993年の『東アジアの奇跡』以降，歩みの変化をみせるようになった。

　(1)『世界開発報告1991』では「市場友好的アプローチ」の導入が容認された。それは，人的資本の蓄積・改善，企業間競争の維持，貿易・投資の対外開放，マクロ的経済安定など基礎的政策の実施である[2]。

　(2)『東アジアの奇跡』では「機能的アプローチ」の導入が容認された。それは，基礎的政策および一般的な輸出振興策，金融的介入，狭義的産業政策の

うち特定しない産業の輸出振興である[3]。

(3)『世界開発報告1997』では,「市場拡張的見解」の導入が容認された[4]。それは,法的基礎の構築,マクロ的経済安定を含む良い政策環境,人的資源とインフラへの投資,弱者保護,環境保護など経済・社会的基礎条件の確立,規制と産業政策の条件付き施行である。また,「2部戦略」(two-part strategy)に分けて実施すると提言された。つまり,途上国は「国家の制度能力」に見合う産業政策を実施すべきである。まず,最初の任務は,既存の能力に適合し,低い社会的費用で集団的に財・サービスの供給を可能にして,制度的規則・規範を確立すること。第2の任務は,規則や協調,内外の競争圧力を通じて,国家の制度能力を再活性化することである。

(4) 1997年のアジアの経済金融危機を受けて,『東アジアの奇跡再考』では新古典学派の論調の高まりをみせるようになった[5]。この書籍の編集者のユスフ(Shahid Yusef)は新古典学派論者で,もう1人の編集者のスティグリッツ(J. E. Stiglitz)は産業政策の容認者である。

他方,ロバート・ウェード(Robert Wade)教授は,国家・市場・産業政策の側面から経済開発および政府の役割について論究し,世界銀行およびIMFなど新古典学派のアジア政策を批判した[6]。特に,ウェード氏の同著書は2章分(第3章と第4章)以上を使い台湾における政府の役割の実例を挙げ,自らの論理の正当性を主張した。しかも,氏はこの著書でコーネル大学グループを含む新古典学派によって台湾経済研究を痛烈に批判した[7]。この分野でもMIT(マサチューセッツ工科大学)教授のアリス・アムスデン(Alice H. Amsden)教授が活躍していた[8]。アムスデンと瞿宛文(Wan-wen Chu)との近著では台湾を対象に製造業とサービス業における政府の役割を論じている[9]。

国家の制度能力を論じる場合,どうしても論者の主観が入りやすく,客観的な判断が難しい。常に,1人当たり国民所得の高さや経済発展の水準を根拠に,国家の制度能力があるか否かを判断する。そうすると,日本,アジアNIEs(台湾,韓国など),東南アジア(マレーシア,タイなど),南アジア(インド,バングラディシュなど)の順位になる。前二者の制度能力が高く,後者が低く,東南アジアはその中間であると判断する。果たしてこのような安易な判断は正確なのか。むしろ研究対象国の具体的な産業政策の成否から着手し,その後,

国家の制度能力を吟味するほうが，より現実的に判断することになる。したがって，本章は台湾の産業政策を事後的に評価し，その後に国家の制度能力を検討する手順で展開する。まず，第Ⅰ節では，1940年代の台湾の産業政策を考察する。この時期に発生したハイパーインフレの発生原因と解決策および農地改革の実施結果を究明し，それによって物価と所得分配の動向を検討する。第Ⅱ節では，1950年代における輸入代替工業化時期の産業政策を考察する。通常，輸入代替工業化の時期には，高い輸入関税，輸入数量制限，自国通貨の過大評価と為替制限を実施するようになる。その具体的な動向を究明する。

第Ⅲ節では，1960年代の輸出志向工業化時期の産業政策を考察する。この時期になると，「内向き型工業化」政策から「外向き型工業化」への変化を実施するようになった。為替レートの変化，財政政策の改革，投資奨励条例の実施，保税制度として輸出加工区の設置など産業インフラ整備の実施を挙げて検討する。この時期の産業政策と国家の制度能力も吟味する。

第Ⅳ節では，1970年代の産業政策を考察する。この時期に石油危機による世界規模の不況に見舞われ，外需の減少を呈するようになった。1970年代に台湾は第2次輸入代替工業化に入り，公共建設による内需の拡大を図った。「十大建設」および「十二項目建設」が代表するように，国内のインフラ整備および重化学工業の振興を促したことであり，この時期の「大きな政府」への転換および国家の制度能力について考察する。

第Ⅴ節では，1980年代の産業政策を考察する。この時期に産業の高度化と経済の自由化・国際化を迎えるようになった。1980年代の前半には新竹科学工業園区（台湾版シリコンバレー）が設立されるようになった。1980年代の後半の台湾元高・米ドル安の影響を受け，海外直接投資を推進するようになった。この時期の中小企業政策，海外投資政策および銀行・証券企業の新設解禁による金融の自由化と規制緩和に論及する。

第Ⅵ節では，1990年代の産業政策を考察する。グローバル時代のハイテク産業発展期における国家建設6ヵ年計画の成否，科学技術政策とアジア太平洋オペレーションセンター計画も検討する。この時期になると，産業の高度化や民間活力を重視する路線を歩むようになる。

第Ⅶ節では，民進党の陳水扁政権の誕生後，緑のシリコン・アイランドの構

築をスローガンとして，2003年に打ち出した「挑戦2008：国家発展重点計画2002－2007」に論及する。

第Ⅷ節では，本章のテーマでもある「国家の制度能力」の視点から台湾の経済発展を検証する。最後の節は，台湾の産業政策と国家の制度能力をまとめることにする。

Ⅰ．幣制改革と農地改革（戦後～1940年代）

（1）初期条件

戦後，日本政府が台湾を国民政府に返還した当時，台湾の「初期条件」は以下のようであった[10]。

①植民地時代に台湾各地に交通網が通じ，海運と陸運が便利で，電力も豊富であった。それが台湾の経済開発の基礎を築いたことになる。

②農業は成熟段階に達し，経済価値を持つ農林漁業などの資源は，適宜に開発が行われ，農業生産技術も適切な改良が行われていた。主要な農産品は，砂糖と米穀であるが，森林は過度な伐採で，水土の保持に悪い影響があった。

③工業は資源が不足のため，産業発展の進度がやや遅い。植民地時代は農産加工業が主要産業であり，製糖，パイナップル缶詰，植物油，製茶などの産業が発達していた。戦争末期に電力の供給が豊富で，戦時の必要に応じて，化学肥料，アルミ，鉄鋼，機械，船舶の保守などはある程度の規模に達した。戦後，紡績業とパルプ業が発展するようになった。

④貿易について，農産品と農産加工製品が主な輸出品であり，特に砂糖と米穀が最も重要な輸出品であった。輸入は工業製品が主であった。貿易の相手国は主に日本を対象に，貿易総額の90％以上を占めていた。

⑤植民地時代の台湾経済を掌握していたのは日本の公営企業や財閥であり，一定の規模を持つ事業体の経営者は日本人であった。経済発展の資金，技術および管理システムなどは日本によるものであった。戦後，日本人の撤退は，台湾の経済発展に大きな影響を及ぼした。当時，大部分の公営事業は，資源委員会に中国大陸からの技師が接収に参加し，生産の回復を図っていた。

事実上，第2次世界大戦期間に，台湾は大きな被害を受けた。農業について

は，受けたダメージは少ないが，水利施設の破壊や品種改良などの業務が停滞していた。大戦後期になると海上輸送に支障が出たため，化学肥料の輸入が不足になり，農産品の収穫が大幅に減少した[11]。工業については，一定規模を持つ近代生産設備は爆撃で破壊され，被爆を逃れたものも戦時中の過度な使用と保守の不足などで，使えない状態であった。終戦年（1945年）の農業生産量は植民地時代の最高値（1939年）の45％，工業生産高はその3分の1に過ぎない。輸送，貿易のほとんどが停止状況であった。物価は戦時中の厳しい統制を受けたが，終戦前の3年間の物価は年平均で68％の上昇，終戦年（1945年）は3倍以上の物価上昇であった[12]。

（2） 幣制改革

戦後初期，台湾で実施した主な産業政策は幣制改革と農地改革である。

日本が無条件降伏当時（1945年8月15日）の台湾銀行券の発行額は14億3000万元で，同年の9月11日に発行額は19億3000万元に達した。その後，台湾総督府当局は撤退の準備の支度金を調達するために，接収当日（10月25日）の台湾銀行券の発行額はついに29億元に達した[13]。わずか2ヵ月と10日間に，銀行券の大量増刷によって，台湾の物価は2倍に高騰する「インフレの芽」を生み出すことになった。

国民政府による台湾の接収初期に財政収支は軌道に乗れず，戦火による破壊で回復の気配が見えなかった。終戦期の米穀不作の影響を受けて，終戦直後の1人当たりの米穀消費量（玄米換算値）は75.9キロであり，過去5年間の平均値の140.9キロと比べると，わずか53.9％に過ぎず，深刻な食糧不足であることを示していた。

それに，台湾と中国大陸の通貨の換算レートが「固定」されたため，国共内戦による中国本土の激しい物価高騰が直ちに台湾に襲ってきて，台湾の物価上昇を大きく誘発するようになった。1945年10月に発令した「台湾省長官公署食糧管理臨時弁法」には「台湾米の島外への輸出禁止」の規定があるにもかかわらず，悪徳商人，役人，軍人との「癒着」によって，台湾米を中国に運ぶ，密輸が蔓延し，遂に，1947年2月28日に全台湾を震撼させる「二二八事件」が勃発することになった[14]。中国大陸のハイパーインフレが台湾の物価上昇を誘

発し，さらに悪化して大きな社会問題へと発展するようになった。

1948年1月から台湾元と中国の通貨との間の調整はあるが，中国の通貨暴落の波を引き止めることができず，同年8月19日に中央政府は貨幣制度改革を断行し，中国の通貨の「法幣」を「金圓券」に変更するようになった。同年8月23日に台湾元と中国の金圓券の換算レートは，1835対1に固定された。その後，換算レートは222対1（12月30日），0.05対1（1949年4月30日），1対100（5月3日），1対1000（5月26日）に逆転するようになった。最終の換算レートは1対2000（5月27日）になった。

図5-1は戦後初期の上海市と台北市の小売物価指数の推移である。縦軸は片対数表を使っているが，当時中国大陸の悪性インフレは台湾のインフレをより悪い方向に牽引したことがわかる[15]。遂に，1949年6月15日に旧台湾元4万元を「新台湾元」（New Taiwan Dollar＝NT＄）1元に交換する幣制改革を行うようになった。この「荒療治」によって，ハイパーインフレが次第に収縮するようになった。

(3) 農地改革

台湾の農地改革は3段階に分けて実施された。

①まず，1949年に実施された「三七五減租」は，第1段階の小作人優遇政策である。従来の慣習である地主と小作人の収穫時の分け前は50％対50％であった。この「三七五減租」の実施によって，地主の分け前を50％から37.5％に引き下げ，小作人の分け前を50％から62.5％に引き上げるようになった。アジア諸国の従来の「慣習」は50％対50％であるが，これは両者の「力関係」（パワー・バランス）によって決まるが，場合によっては地主の分け前が55％になることもあった。この「三七五減租」の実施によって，小作料は37.5％を超えないという法的な根拠を持つようになった。

②1952年に実施された「公地放領」とは，植民地政府から接収した公用地を小作人に払い下げる自作農創設計画であった。農地の代金として，その農地の年間米穀収穫量の2.5倍と規定された。小作人は地代を10年間20回（年に2期作）に分けて政府に米穀の実物で支払うようになっていた。

③1953年2月に実施された「耕者有其田」とは，地主が所有する水田が3甲

図 5－1　戦後初期上海市と台北市の小売物価指数の推移

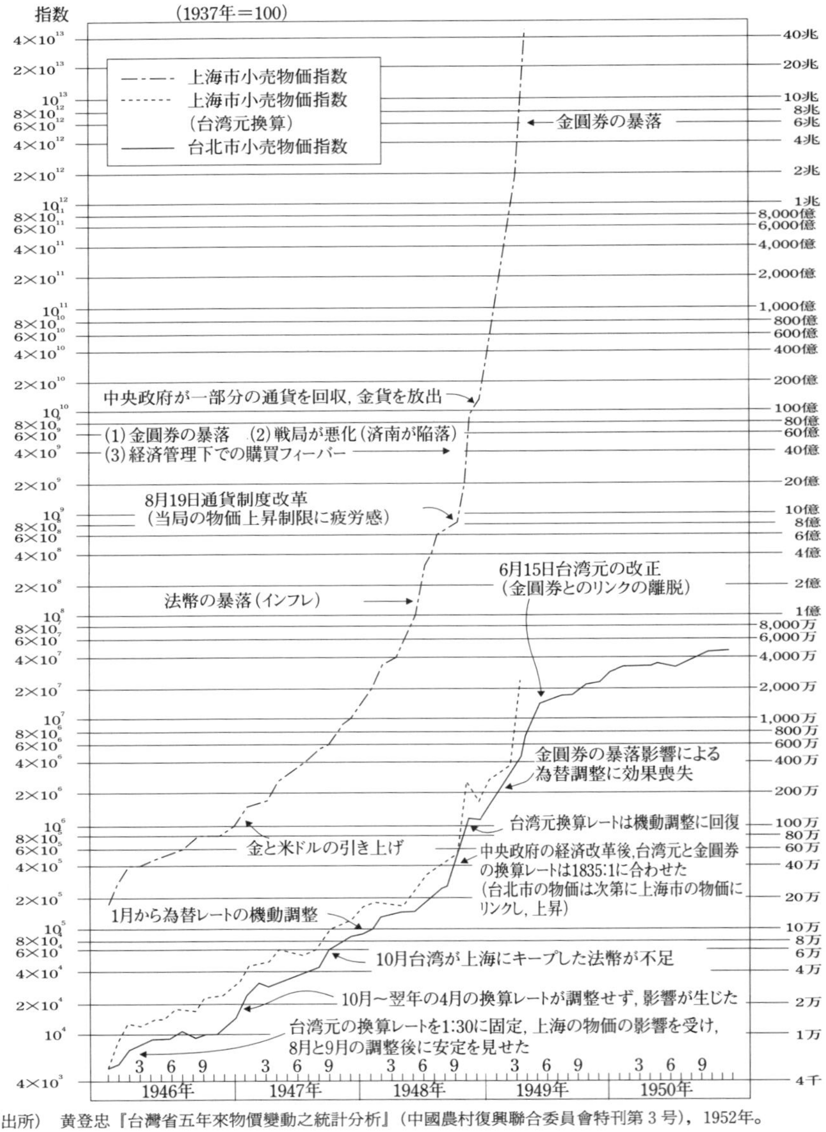

指数
(1937年＝100)
上海市小売物価指数
上海市小売物価指数
(台湾元換算)
台北市小売物価指数
金圓券の暴落
中央政府が一部分の通貨を回収, 金貨を放出
(1) 金圓券の暴落　(2) 戦局が悪化(済南が陥落)
(3) 経済管理下での購買フィーバー
8月19日通貨制度改革
(当局の物価上昇制限に疲労感)
6月15日台湾元の改正
(金圓券とのリンクの離脱)
法幣の暴落(インフレ)
金圓券の暴落影響による
為替調整に効果喪失
台湾元換算レートは機動調整に回復
金と米ドルの引き上げ
中央政府の経済改革後,台湾元と金圓券
の換算レートは1835:1に合わせた
(台北市の物価は次第に上海市の物価に
リンクし, 上昇)
1月から為替レートの機動調整
10月台湾が上海にキープした法幣が不足
10月～翌年の4月の換算レートが調整せず, 影響が生じた
台湾元の換算レートを1:30に固定, 上海の物価の影響を受け,
8月と9月の調整後に安定を見せた
4×10^13
2×10^13
10^13
8×10^12
6×10^12
4×10^12
2×10^12
10^12
8×10^11
6×10^11
4×10^11
2×10^11
10^11
8×10^10
6×10^10
4×10^10
2×10^10
10^10
8×10^9
6×10^9
4×10^9
2×10^9
10^9
8×10^8
6×10^8
4×10^8
2×10^8
10^8
8×10^7
6×10^7
4×10^7
2×10^7
10^7
8×10^6
6×10^6
4×10^6
2×10^6
10^6
8×10^5
6×10^5
4×10^5
2×10^5
10^5
8×10^4
6×10^4
4×10^4
2×10^4
10^4
4×10^3
40兆
20兆
10兆
8兆
6兆
4兆
2兆
1兆
8,000億
6,000億
4,000億
2,000億
1,000億
800億
600億
400億
200億
100億
80億
60億
40億
20億
10億
8億
6億
4億
2億
1億
8,000万
6,000万
4,000万
2,000万
1,000万
800万
600万
400万
200万
100万
80万
60万
40万
20万
10万
8万
6万
4万
2万
1万
4千
3 6 9 3 6 9 3 6 9 3 6 9 3 6 9
1946年
1947年
1948年
1949年
1950年

(出所)　黄登忠『台灣省五年來物價變動之統計分析』(中國農村復興聯合委員會特刊第 3 号), 1952年。

（1甲＝約0.97ヘクタール）を超えた場合，または畑が6甲を超えた場合，超えた分のすべてを政府が強制的に買い上げ，それを小作人に売却する。さらに一歩進んだ「自作農創設計画」である。その仕組みは次のようである。政府が地主から買い取る農地の代金や政府が小作人に売却する農地の代金は，「公地放領」と同じパターンを実施した。つまり，農地の代金は年間米穀収穫量の2.5倍とし，小作人は地代を10年間20回に分けて米穀の実物で支払う。政府は地代として，地主に7割を実物債券，3割を4大公司（台湾セメント，台湾紙業，台湾工鉱，台湾農林）の株券で支払う。そのことによって，小作人は自ら農地を手に入れ，貧富の格差を縮小することになった。

　戦後から1950年初めに，実施した幣制改革と農地改革によって，台湾の経済は次第に安定を保つようになった。

II．輸入代替工業化（1950年代）

　戦後の台湾は他の途上国と同じような状態であった。前に述べたように，当時の初期条件は，植民地経済を特徴づける「モノカルチュア経済」である米糖経済であり，主としては米穀，砂糖，バナナなど亜熱帯作物の一次産品の輸出によって経済が成り立っていた。植民地統治期は「工業日本，農業台湾」という政策を実施し，日本に不足していた米穀や砂糖の供給基地という位置づけであった。日本が南進政策を採用してからは前線の物資供給基地として，わずかな時期であるが，「工業台湾，農業南洋」政策を採用するようになった。しかし，同盟軍の爆撃でわずかの工業の基礎も，戦争の破壊で廃墟化するに至った。

　戦後，日本は自国内の米穀の生産量を向上させる農業政策を実施し，砂糖の供給も沖縄でのサトウキビの栽培に励んだ。その理由は，宗主国日本も戦後の再建で外貨の流出を抑止しようとしたためである。それに，台湾の農産品・一次産品を宗主国に輸出し，宗主国から工業製品を輸入する「非自立的な構図」から立ち上がる必要があった。つまり，上記の「一次産品輸出による工業化」政策に不都合が生じることになった。

　したがって，1950年代からは「輸入代替工業化」を実施するようになった。輸入代替工業化とは，輸入の替わりに国内生産に切り替える政策である。通常，

輸入代替工業化の実施に，高い輸入関税，輸入数量制限，自国通貨の過大評価と為替制限がある。以下はそれについて，考察を行うことにする。

（1）輸入関税

表5-1は主要な製品の輸入関税の推移である[16]。同表によると，1948年は「一次産品輸出による工業化」政策の時期であると理解するとよい。しかし，1950年代の輸入代替工業化政策が実施されると，政府が意図的に育成しようとする輸入代替製品の関税を高めにシフトし，関税によって保護された国内市場形成の政策を促すようになった。同表からも明らかであるが，1950年代の輸入関税が100％を凌駕したのは，砂糖菓子，砂糖，ウール原料，ウール糸，ウール織物，人造繊維，合成繊維，人造繊維織物，香水・化粧品などである。いずれも，この時期に輸入代替ターゲットの製品である。輸入関税は1980年代後半の経済の自由化・国際化を目指すようになってから大幅に低下するようになった。

（2）通貨の過大評価

次に，自国通貨の過大評価を考察しよう。表5-2は台湾元と米ドルの為替レートの推移を示している[17]。1951年の為替レートでは1ドル当たり10.25〜15.95台湾元である。この時期に買上げレートに4つのレート，売出しレートに5つのレートの複式為替レートを採用していた。これは輸入代替工業化時期における自国通貨の過大評価の典型的パターンである。

確かに，輸入代替工業化を実施した初期は，高い関税，輸入数量制限，自国通貨の過大評価と為替制限による手厚い保護政策であるために，輸入代替機会を創出し，高い経済成長率を築いた。輸入代替工業化とは「内向き型工業化」であり，保護政策によって，意図的に国内市場の「真空状態」を創出する。そして，意図的に育成しようとする国内企業に国内市場を提供することである。この時期に農業部門から余剰資源が引き出され，それを製造業に向けて投入する発展メカニズムがつくられるようになった[18]。通貨が過大に評価されたために，農産品の輸出で得られた対価を台湾元で受け取った場合，複式レートのため，不利益なレートが適用された（表5-2）。それに，台湾の通貨が過大評

第5章　産業政策と国家の制度能力

表5-1　主な製品の輸入関税（国防税と臨時税を含む）の推移（1948～92年）

(単位：%)

製品の名称	1948年	1956年	1961年	1966年	1971年	1976年	1981年	1986年	1992年
小麦粉	15	30c	30	30c	32.5c	33	30	30	30
砂糖菓子	120	144c	120c	120c	130c	130	100	67.5	35-40
粉ミルク	40	25	30	24p	36p	22	20	20	15
砂糖	100	120c	120c	120c	130c	130	100	65	25-45
原綿	10	12	15c	15c	16.3c	16	0	0	0
綿糸	5	20.4c	30c	30c	32.5c	33	20	7.5-15	3-7.5
原色綿布	20-30	48c	51c	51c	55.3c	55	45	35	5
ウール原料	15	102c	30	30	32.5c	33	20	1.25-20	2.5-20
ウール糸	22.5	108c	78c	78c	84.5c	85	50	15-50	7.5-10
ウール織物	40	120c	102c	102c	110.5c	111	100	40-50	5-10
人造繊維	100	168c	96c	48c	52c	52	45	5.5-45	1.25-3
合成繊維	100	168c	60c	48c	52c	52	45	35	1.25-3
人造繊維織物	155	186c	120c	96c	104c	104	70	40-50	5-10
香水・化粧品	120	144c	144p	144p	156p	156	100	35-50	10-12.5
合板	35	42c	42c	42c	45.5c	46	45	15-45	15-20
化学パルプ	10	12	12c	12c	13c	13	7.5-10	5-10	1.25-2.5
普通紙	15-20	30c	30c	30c	32.5c	33	35	25-35	5-9
家庭用石鹸・洗剤	50	60c	60c	60c	65c	65	65	30-50	10-12.5
原油	7.5	9	9c	9c	9.8	5*	2.5	2.5	2.5
燃料油	18-60	21.6-72c	21-60c	21-60c	22.8-65c	11.5*-65	5-40	5-40	5-15
合成樹脂粉	25	30c	30c	30c	32.5c	33	30	25-30	2.5-5
抗生物質	25	30	21-27p	18-30	19.5-32.5	35	30	20-30	15-20
スルファミン薬剤	35	42	27-39	24-36	26-39	35	30	20-30	15-20
苛性ソーダ	25	42c	60c	42c	45.5c	40	20	15	2.5-5
ソーダ	25	30c	30c	42c	45.5c	40	25	15-25	10-12.5
化学肥料	5	6c	6c	6c	6.5c	7	5	5	4-5
ゴムタイヤ	40-45	48-54c	48-54p	48-54p	52-58.5p	52-59	30-50	45-50	10-20
セメント	70	84c	84	6	6.5	3.5*	5-30	7.5-45	5-12.5
ガラス板	40	48c	48c	48c	52c	50	40	25-40	10.5-13.5
鉄鋼	35	18c	12c	12c	13	13	13	10	3-5
棒鋼	20	24p	18p	18p	19.5p	26	15-25	12.5-25	11
ブリキ	25	24	30	30	32.5	39	30-40	30-40	10-12.5
アルミ塊	10	24c	24c	24	26c	20	10-20	7.5-20	0
アルミ板	22.5	24c	36c	36c	39	39	25-30	25-30	12.5
耕耘機	7.5	9	12	12c	13c	7	7.5	20	3.75
蒸気ボイラ	10	12	12	12	13	13	7.5-30*	7.5-30	5-7.5
家庭用ミシン	15	18c	18c	18c	19.5c	32	20-30	20-30	3.75-5
工業用ミシン	15	18c	18c	18p	19.5p	26	10-20*	10-20	3.5-5
紡績機	10	12	30	30	19.5	19	10-20*	10-30	2.5-7.5
紡績機用の部品	15	18c	30c	30c	32.5c	26	15-25*	10-25	5-7.5
扇風機	80	24c	60c	60c	65c	46	35	30	5-7.5
家庭用エアコン	150	120c	60c	42c	45.5c	45	45	20-35	15-17.5
ラジオ	30	36c	24	24c	26c	33	35	50	15
電信器具	23-30	30-36c	6-24p	6-24p	6.5-26p	7-45p	10-35*	10-25	10-7.5
水道メーター	15	18	18	18	19.5	20	15-20	12.5-20	5-7.5
自動車	25-60	30-72c	30-72p	42-60p	45.5-65p	46-75	45-75	40-67.5	30-50
乗用車	60	72c	72	60	65	75	65-75	60-67.5	40-50
自転車	45	54	36c	36c	39c	46	35-45	20-30	10-15
原付・オートバイ	60	72	42	42c	45.5c	39	40-65	40-65	25

(注)　c：全部が輸入管制，p：一部分が輸入管制，＊：変動調整税制．
(出所)　①外匯貿易審議委員會，國貿局『中華民國進出口貨品分類』各年版．
　　　　②海關總稅務司署『中華民國海關進口稅則』各版．
　　　　③行政院研究發展考核委員會『我國主要工業產品有效保護水準之檢討』1978年3月，8～10ページ．
　　　　④蕭峯雄編『我國產業政策與產業發展』遠東經濟研究顧問社，台北，1994年，表4-1-7．

表 5-2　台湾元と米ドルの為替

調整期日	買上げレート							振込み決済
	輸出為替決済レート				民営事業の輸出		政府	
	公営事業の輸出							
1951年4月11日	10.25a				14.73d		10.25	15.85b
5月21日					14.49c			15.55b
	砂糖・米	塩		他				
9月1日	10.25	12.37d		10.25				
1952年7月3日								
8月1日		14.49						
1953年1月4日	14.49	15.55		15.55	15.55		15.55	
9月16日								
1954年1月4日	15.55							
5月29日								
6月16日								
8月24日								
	糖・米・石油・アルミ	塩		他	バナナ	他		台湾元支払
1955年3月1日	15.55f	15.55		20.35g	18.6h	20.43i	15.55	21.55j
5月1日								
6月1日								
9月10日	20.35t	18.55o					21.55	24.68
10月1日								
12月1日							24.68	
1956年6月6日								
7月1日		20.35						
9月1日					23.95			
10月27日					25.55p			
1957年3月1日								
6月1日					26.35	28.99		
7月8日					26.35	26.35q		
1958年3月1日								
4月1日								
	糖・米	塩		他			政府	他
4月14日	24.58u			36.08v			24.58	36.08
7月5日～11月20日		36.28～39.78x						36.28～39.78
11月21日～12月31日	36.08	36.38～37.88y					36.08	36.38～37.88
1959年1月1日～8月9日		37.08～		42.38z				37.08～42.38
							台湾元支払	決済証支払
8月10日～1960年2月29日		37.7～		40.1 A			36.08	37.7～40.1
3月1日～31日		39.97～		40.07A				39.97～40.07
4月1日～6月30日		39.9～		40.06A				39.9～40.06
7月1日～63年9月29日	40.03	36.6～		40.05A			40.00	39.6～40.05
9月30日～73年2月15日		40.00c						
2月16日～74年6月30日		37.90c						

(注)　a：官定の買上げ，売上げの為替レート価格。b：官定買上げ，売上げの決済証価格（為替レートを含む）。c：20%×＄10.25＋80%×＄15.85（または15.55）。d：60%×＄10.25＋40%×＄15.55。e：＄15.65＋＄3.13（国防税）。f：官定買上げ基本為替レート。g：＄15.55（基本為替レート）＋80%×＄6（基本決済証価格）。h：＄15.55＋50%×＄6.1～＄16.8（決済証市場価格変動範囲）。i：＄15.55＋80%×＄36.1～＄16.8。j：＄15.55＋＄6。k：＄15.55＋＄6.1～＄16.8。l：＄15.65（官定売上げ基本為替レート）＋＄3.13。m：＄15.65＋＄6＋＄3.13。n：＄15.65＋＄3.13＋＄6.1～＄16.8。o：＄15.55×50%×＄13。p：＄15.55＋80%×＄12.5～＄13.5（決済証市場価格の変動範囲）。q：＄15.55＋80%×＄13.5（商業銀行決済証売買価格）。r：＄15.55＋＄13.5。s：＄15.65＋＄3.13＋＄13.5。t：糖と米は1955年9月10日から，アルミは同年10月26日から，石油は1956年1月4日からこのレートを適用。u：官定の購入と販売の為替レート価格。v：＄24.58（購入為替価格）＋＄11.5（決済証購入価格）。w：＄24.78（販売為替価格）＋＄11.6（決済証販

レートの推移（1951〜74年）

（1米ドル当たりの台湾元）

レート		売出しレート					支払い決済レート	
			輸入為替決済レート					
民間	優遇レート	政府・公営	米援輸入		民営事業の輸入		政府	民間
			原料・計画	商業・一般				
		10.3a	10.3		15.95b		10.3	15.95
					15.69b			15.65
				15.65				
		15.65	15.65				15.65	
					原料使用者	他		
		18.78			15.65	18.78c		
					18.75		18.75	18.75
			18.78	18.78				
台湾元・為替決済証支払		政府・公営物資	他の公営					
21.65k	34	18.78l	24.78m	18.78	24.78	24.78	24.88n	18.78	24.78
	35			24.78					
	34	24.78						24.78	
	36								
	35								
	34								
	35								
32.35r	34					38.58			
29.05						32.28s			
	35								
	36								
		機器*・肥料・原油	小麦・大豆	綿花	他		政府	他
		24.78u			36.38w		24.78	36.38
					36.48〜39.98x			36.48〜39.98
		36.38			36.58〜38.08y		36.38	36.58〜38.08
					37.28〜42.58z			37.28〜42.58
他								
37.7〜40.1		36.38			37.7〜40.1A			37.70〜40.10
39.97〜40.07					39.97〜40.07A			39.97〜40.07
39.9〜40.06		36.38		40.03	39.9〜40.06A			39.90〜40.06
39.6〜40.05		40.03			39.6〜40.05A		40.03	39.60〜40.05
			40.10C	40.03B				
			38.10C					

売価格）。x：＄24.58（または＄24.78）＋＄11.7〜＄15.2（決済証市場価格変動範囲）。y：＄24.58（または＄24.78）＋＄11.8〜＄13.3。z：＄24.58（または＄24.78）＋＄12.58〜＄17.8。A：決済証（為替価格を含む）市場価格の変動範囲。B：＄40.03台糖公司の決済証販売価格。C：官定決済証の購入や販売価格。＊台湾糖業公司，台湾電力公司，鉄道局が輸入する主要機械および政府特別審査の工業計画およびアメリカ援助計画の輸入機械を指す。

（出所）于宗先編『台灣經濟發展重要文獻』（台灣經濟發展論文集シリーズ）聯經出版事業，台北，1976年，347〜350ページ。

価され，高い関税政策のために，外国からの輸入品は高めになり，消費財の価格が押し上げられた。それは，農業部門の消費者の実質所得を引き下げる効果をもたらした。工業部門の生産者は通貨の過大評価のため，それに政府が意図的に育成しようとする産業に，外国の機械設備など投入財の購入に有利なレートが使われた。一方では，投入財の輸入が安価になる。他方では，貿易管理制度によって国内向け外国製品の価格が高く設定されたために，輸入代替工業化を支持する企業が有利になる仕組みをつくることになった[19]。

この時期に，「華僑および香港・マカオ居住者の来台による生産事業開設奨励弁法」（1952年9月）および「外貨と輸入物資の自備来台による生産事業開設奨励弁法」（同年10月）を公布，華僑投資導入の基準を明らかにした。続いて，「外国人投資条例」（1954年7月）と「華僑投資条例」（1955年）を公布し，外資と華僑資本の導入に関する法令を整備した。

しかし，この時期は輸入代替工業化の実施期間で，自国通貨の過大評価，為替制限，高い関税の施行のため，輸出向け製品にはメリットが少なく，海外投資家の投資意欲はそれほど高くない。それに，当時台湾の1人当たりの所得（約100ドル）が低く，国内の潜在購買力は低い。人口規模（約1200万人）もそれほど大きくない。したがって，国内市場が飽和状態に達した時点（台湾の場合は1950年代末）で，経済成長率の伸び悩みを呈するようになった。

事実上，輸入代替工業化の時期には，時には「価格の歪曲」で，市場の機能に反しても国内で育成しようとする産業をレントシーキング（利潤誘導行動）で業者を誘導する仕組みをつくり上げた。しかし，輸入代替工業化が長期間にわたって実施された場合，特権を持つ官僚と業者との間に「癒着」構造を生み出し，腐敗・汚職が発生する土壌をつくり上げたことになる。そのために，比較優位性の原則に基づく，輸出志向工業化の実施によって「歪み」を正すことが不可欠になった。

III．輸出志向工業化（1960年代）

1960年前後に台湾は輸出を主とする「外向き型工業化」の輸出志向工業化を実施するようになった。この政策の実施の際に，(1) 自国通貨の過大評価から

実勢レートまでの引き下げ（為替レートの一本化），(2) 財政政策の改革（十九項目財政経済改革措置），(3) 輸出時の税金払い戻し制度など外資導入政策による法令の整備（投資奨励条例），(4) 産業インフラの整備（輸出加工区）などを行ってきた。それ以降，輸出企業が奨励の対象になり，以下においてそれを説明する。

(1) 為替レートの一本化

　1958年に「為替貿易改革方策」を公布した。それには2つの目標を持っていた。為替レートの一本化と貿易に必要でない管理を緩和し，貿易の拡大を図ることである[20]。為替レートの一本化を実施するために，「外国為替政策改革九人小組」を組織し，複式為替レートを二本化し，為替決済証の自由売買制度の実施による為替の簡素化を図り，その成果を得てから為替レートの一本化（単一為替レート制度）を実施した（表5-2を参照）。1963年9月28日に為替レートの簡素化が完成した[21]。後者の貿易管理の緩和は1970年以降であり，特に，1972年以降になってから輸入項目比率が顕著な上昇傾向をみせた[22]。

　繰り返し述べるようになるが，1960年前後に台湾通貨の対ドル為替レートは1ドル＝40台湾元に引き下げられるようになった（前掲表5-2）。この時期からは対米為替レートの自国通貨の過大評価から実勢レートまで引き下げ，輸出企業は輸出によって得られた外貨を台湾銀行などに売却し，台湾元と同額の為替決済証を受け取る。その為替決済証を外貨を必要とする輸入企業に売り，輸入企業はその為替決済証で台湾銀行から公定価格で輸入に必要とする外貨を購入することができる[23]。為替決済証の売買によって，輸入企業は輸出企業に支払うという，一種の輸出補助金の創出である。

　輸出志向工業化とは，「外向き型工業化」である。主としては，海外販売市場を対象としているために，比較優位性が完全に働く競争の原理に基づく仕組みに調整されるようになる。なぜ，台湾は輸入代替工業化から輸出志向工業化へと変貌したのか，それは次の理由による。1つには，朝鮮戦争がきっかけで，アメリカは同盟国の台湾に援助を再開し，1951～59年のアメリカ援助額は9億2700万米ドルに達した[24]。しかし，アメリカの援助が1950年代後半から中止すると，絶えずメッセージを送り，最終的には1965年に援助が打ち切られた。

アメリカの援助の替わりに外資を導入し，国内の資金不足と外貨不足を補う戦略を採用するようになった。

　他の理由の1つには事後評価であるが，台湾の実質GNP（国民総生産）成長率と1人当たりGNP成長率の推移をみるとわかる。1952年の実質GNP成長率は12％台で，1人当たりGNP成長率は8％台であった。その後，持続的に低下し，55〜60年にそれぞれ6〜8％と2〜3％に減少した。これは輸入代替工業化の飽和によるものであると考えられる。その後の政策転換によって，1964年には12％と9％，73年には13％と11％の好況期に達した。これは既得権益層にとらわれることなく，工業化戦略を正しく選択する「制度能力」を持っていたからこそ，こうした政策転換の実施が可能になったのである。

（2）十九項目財政経済改革措置

　アメリカ援助期間に，アメリカ国際合作総署駐台共同安全分署の所長ハラドソン（Wesley C. Haraldson）は，台湾の財政政策と金融政策に関する重要な提言を行った。1959年6月11日，ハラドソン氏は講演で，「過去の5年間，投資額はゼロである。……5億ドルのアメリカ援助の余剰金も投資に使用せず，人口の増加に対応するためには，台湾は20億ドルを水利と肥料の生産に投資すべきである。台湾の投資意欲の低下と人口の圧力，膨大な消費率によって，経済危機は随時に発生する可能性をもっている」，と問題を提起した[25]。後に，ハラドソン氏はアメリカ援助運用委員会（以下，米援会）の尹仲容・副主任委員宛に書簡を出し，8つの改革処置を提言した[26]。それは，(1) 国防費を削減し，生産の再投資に使うこと。過去において，台湾政府の総予算のうち国防費は50％以上を占めていた。つまり，長期にわたり過剰な消費支出で，建設に使われる経費が少ないことを意味する。(2) インフレ防止の金融政策を行うこと。(3) 税制改革を行い，企業の発展を阻害する法令を修正するか，廃止すること。(4) 実勢に合う単一為替レートを実施すること。(5) 為替管理を緩和し，輸出の増加と輸入の減少を奨励すること。(6) 公用事業の効率を向上すること。(7) 証券取引所を設立すること。(8) 公営事業の民営化を推進すること。

　台湾政府当局は検討のうえ，「十九項目財政経済改革措置」を提出した[27]。その内容は国民貯蓄の増加，資本市場の構築，投資環境の改善などが含まれて

いた。それに，ハラドソン氏の8つの提言を参考にして，国防費の削減，租税の改革，予算制度と中央銀行の構築を行った。十九項目財政経済改革措置は既掲図4-1（第4章）に示されている。改革方策の主な内容は次のようである[28]。
(1) 過去における非常時期の措置を正常化し，臨時的な管理措置を解除して変化させることである。経済活動の正常化によって，市場メカニズムが発揮できるようにする。(2) 永久的な制度を構築し，経済的発展ができるようにする。

(3) 投資奨励条例

　十九項目財政経済改革措置は行政命令であり，法令上の根拠を持っていない。多くの措置は行政命令で実施することができるが，租税の減免，土地の獲得，公営事業資産の販売運用などについては，税法，予算法，土地法などとの関係上，多くの不一致が存在していた。そのために，法令の修正や新たに法令をつくる必要があった。しかし，法令の修正には多くの時間が必要で，当時の行政的効率はそれほど高くなく，時間と効率を考え，台湾政府は特別法を設け，立法的手続を経て，実施するようにした。この特別法は「投資奨励条例」である[29]。

　つまり，輸入代替工業化から輸出志向工業化への政策転換のために，外資導入の基盤づくりに，1958年に外国為替・貿易改革，1959年には十九項目財政経済改革措置を実施し，政府予算の均衡化，貯蓄と投資の奨励などを促した。1960年に投資奨励条例を制定し，これは外資導入の最も重要な条例の1つである。その主な内容は，(1) 5年間の法人所得税免税措置，(2) 5年間満期後，法人所得税に最大で18%の減免，(3) 再投資の場合，4年間の所得税減免処置，(4) 輸出による営業税と物品税の免除などである。この条例の修正時（1965年）に，自社に使われる機器設備を輸入する場合，輸入関税の免除の優遇措置が与えられた。この投資奨励条例の目的は，租税の減免，工業用地の容易な獲得，公営事業の協力によって，投資意欲を向上させることである[30]。

(4) 輸出加工区の設置

　それに続いて，1965年1月に「輸出加工区設置管理条例」が公布された[31]。この条例は，(1) 自社用機械設備の輸入関税を免除する。(2) 原料および半製

品の輸入関税は，過去の輸入時に関税を支払い，再輸出時に関税分を返却する方式を改めて，免除する。ただし，輸出加工区で生産された製品の全数を輸出すること。(3) 輸出加工区内の工業製品には物品税を免除する。最初の輸出加工区は高雄港の中洲区に建設され，1967年から操業を開始した。高雄輸出加工区の成功によって，後には台中輸出加工区（台中県潭子）と楠梓輸出加工区（高雄市楠梓）が建設され，1971年から量産化体制になった。

　輸出加工区は香港の自由貿易港からのアイディアによるものである。しかし，自由貿易港と加工区をまとめた「輸出加工区」の発想は，世界初の独創的な構想である。輸出加工区の建設当時，一部の学者（特に従属経済論者）はこれを戦後の「飛び地経済」(enclave economy) と酷評していた[32]。輸出加工区を植民地時代のプランテーション（天然ゴム，ココナツ，コーヒー豆栽培の農園）にたとえた。植民地時代のプランテーションで栽培された一次産品は宗主国に輸出され，途上国の経済発展に何らの寄与を果たさない。そのために，プランテーションは「飛び地経済」であると酷評したのである。しかし蓋を開けると，輸出加工区は「飛び地経済」にならず，むしろ，「経済発展の"核"」になっていた。つまり，輸出加工区の開設によって，先進国から受け入れ国で不足していた資金，外貨と技術が入り，受け入れ国が長年抱いていた労働過剰による失業問題が解決することができ，労働者も技術習得によって技能が向上し，労働者の熟練度を育成することができた。それに，先進国の経営システムも習得することができた。輸出加工区の成功によって，1960年代から70年代にかけて途上国の多くの経済政策担当者が台湾を訪れ，輸出加工区を真似るようになった。韓国の馬山工業団地，フィリピンのバターン輸出加工区および1978年以降，中国の改革開放での経済特別区構想も台湾の輸出加工区をコピーしたものであると言われている。

　輸出志向工業化およびそれによる政策転換によって，輸出構造には大きな変化をみせた。輸出構成は農産物，農業加工品，工業製品の3つの分類によって成り立っていた。そのうち，工業製品の輸出構成比は1952年の8.1％から急速に増え，1954年以降2桁台，1966年以降50％以上に達した。輸出志向工業化によって，過去の「農業立国」から「工業立国」への変貌を成し遂げるようになった。

第5章　産業政策と国家の制度能力　　　　133

　この政策転換を推進したのが経済テクノクラートである[33]。戦後初期，台湾の経済政策の運営は，孫文の民生主義である「民間の資本を節制し，国家の資本を発展する」（節制私人資本，発揚国家資本）という国民党の党務官僚による統制経済が権力を持っていた。ところが，1950年代にアメリカによる援助が開始されると，尹仲容，李國鼎など経済テクノクラートは，アメリカ援助受け入れ機構の米援会の資金を使ってインフラ建設，企業育成を行った[34]。経済テクノクラートは米援会の援助金を有効に使い，産業政策を有効に実施し，政策の主導権を掌中に入れることができた[35]。つまり，この資金によって産業政策を立案する経済テクノクラートを育成し，学習効果によって制度の作成能力を次第に持つようになったと考えられる。

IV．第2次輸入代替工業化（1970年代）

（1）十大建設（1973〜1977年）

　1973年後半に第1次石油危機が勃発し，世界規模の不況を引き起こした。この時期に台湾政府は「十大建設」を推進した。この「十大建設」とは，南北高速道路，西部鉄道の電化・複線化，北回り鉄道，桃園国際空港，台中港，蘇澳港，第1原子力発電所，銑鋼一貫製鉄所（中国鋼鉄公司），造船所（中国造船公司），石油化学コンビナート（中国石油化学公司）である。前者の7つはインフラ建設およびエネルギー開発で，後者の3つは重化学工業の建設である。この十大建設の建設の目的は，60年代の輸出志向工業化の発展による国内インフラの不足やボトルネックを解除するためである。通常，このような国家規模の大型建設はインフレを起こす可能性が高い。しかし，この時期には石油危機による世界規模の不況が発生したが，この十大建設をタイミングよく適時に実施したことによって経済成長率の低減を最小限に食い止めることができたのである。つまり，輸出による「外需」の落ち込み分を公共建設の「内需」で支えたのである。ケインズ経済学では不況時に，公共建設の拡大など財政政策の発動によって不況を解除する"処方箋"を提示したが，この時期に台湾はこのケインズ経済学理論に沿って不況を克服したことを意味する。ここからも台湾は高い「制度能力」を持っていたと評価することができると考えられた。

(2) 十二項目建設（1978～82年）

　1976年から「経済建設6ヵ年計画」が実施されるようになった。この計画の主な目的は，前の3年間は十大建設を完成することであり，後の3年間は十大建設に続く十二項目建設の実施である。この十二項目建設は基本的には十大建設の後続計画と理解してもよい。台中港の第2期，第3期拡大工事，一貫製鉄所の第2期拡大工事，第2と第3原発建設，農業機械化など，交通，農業，社会文化の建設が含まれていた。

　1970年代の第2次輸入代替工業化（重化学工業化）の対象である鉄鋼業，造船業および石油化学産業について検討すると，以下のことがわかる。1960年代の輸出志向工業化によって最終消費財の輸出拡大を引き起こした。それは，中間財・投入財の需要拡大を誘発するようになる。その中間財・投入財の需要が国内最小生産規模に達した時点で，国内生産にシフトする。それが第2次輸入代替工業化の発展を誘発した発展メカニズムであると考えられる[36]。それに，60年代の輸出志向工業化によって，輸送・流通や電力の供給などにボトルネックが生じてきた。十大建設や十二項目建設はそのインフラを整備し，ボトルネックを解除する効果を持つようになった。

　十大建設や十二項目建設は世界規模の不況には有効な"処方箋"であるが，第1次石油危機以降の鉄鋼業や造船業などを含む重厚長大産業は不況業種になり，鉄鋼大国・造船大国の日本でさえも「鉄冷え現象」を避けることができなかった。造船業の場合，中国造船公司は官民合弁企業方式で運営する構想であったが，船舶の需要低迷によって民間資本の撤退を余儀なくされた。不況の影響を受けて，中国造船公司は予期の成果をあげることが難しいことになった。

　鉄鋼業の場合，中国鋼鉄公司の計画によると，第1期（十大建設）の年間粗鋼生産能力は150万トン（1977年12月に完成），第2期（十二項目建設）は175万トン（1982年6月に完成），第3期（十四項目重要建設）は240万トンである。しかし，同じように民間資金が集まらず，官民合弁企業構想が挫折し，公営企業に改組した[37]。石油化学産業の場合，川上段階は公営企業，川中・川下段階は民間企業が運営する「官民分業」方式で，順調な発展を成し遂げた[38]。これによって，1980年代以降，石油化学産業は台湾経済の発展を牽引する"機関車"の役割を果たすようになった。石油化学産業の分野では，台湾を代表す

第 5 章　産業政策と国家の制度能力　　　　　　　　　　　　　　135

る台湾プラスチックグループや奇美實業グループなどが有名である。

　繰り返し述べることになるが，1970年代の産業政策と国家の制度能力について考えると次のことがわかる。(1) 十大建設や十二項目建設は，石油危機の発生時に実施した。事実上，この国家プロジェクトは石油危機の発生を「予測」して実施したものではない。1960年代の輸出志向工業化の川下段階産業（最終消費財）の輸出拡大によって，川中・川上段階産業（中間財・投入財）の需要拡大を誘発した。そして，中間財・投入財の需要拡大による輸入拡大を引き起こした。つまり，十大建設や十二項目建設はこの中間財・投入財の生産拡大と産業インフラのボトルネックを解除することが最大の目的である。この角度からみると，政策判断は正確である（国家の制度能力を充分に持っていた）。そして，石油危機による世界規模の不況のなかでも比較的に軽いダメージですんだことがあげられる。このことはOECD（経済協力開発機構）のレポートで，台湾を新興工業国（NICs）として呼ぶようになったことがその証である[39]）。(2) 確かに，この十大建設や十二項目建設の造船業，鉄鋼業は石油危機の影響の「鉄冷え現象」を受け，需要の低迷で当初予定していた官民合弁企業から民間企業の撤退を余儀なくされた。それに，このプロジェクトによって台湾の公害問題や環境悪化が一層進んできた。この角度から台湾は国家の制度能力がないと評価するのは酷であろう。なぜなら，鉄鋼大国・造船大国の日本も同じようなダメージを受けていたからである。その後，石油化学産業は台湾の産業発展を促した事実もある。それに，十大建設の南北高速道路は日本の東名高速道路のように南北輸送の大動脈の役割を果たした。交通・輸送分野の西部鉄道の電化・複線化，北回り鉄道は南北と東部の開発にも大きな役割を果たした。桃園国際空港は日本の成田国際空港のような東アジアのハブ空港の役割，台中港と蘇澳港は中部と北東部の港湾整備，第1原子力発電所は電力の供給に大きな役割を果たすことになった[40]）。

V．産業の高度化と経済の自由化・国際化（1980年代）

(1) 新竹科学工業園区（1980年）

　1979年に「科学工業園区設置及び管理条例」を制定した。1980年12月に台北

から南へ約100キロの新竹に，「台湾版シリコンバレー」である新竹科学工業園区が設けられるようになった。ここでは清華大学，交通大学など名門の理工系国立大学があり，研究開発，起業，人材の供給をサポートすることができた。これはカリフォルニアのシリコンバレーの近くには名門のスタンフォード大学がその役割を果たしたことと同じような効果を狙ったものである。

　新竹科学工業園区を設けた理由は，上で述べたように，1970年代の重化学工業化政策が石油危機の影響によって発展に支障が生じたこと。それに，重化学工業の推進によって，公害・環境汚染が発生し，住民による環境保全運動が高まったことがあげられる。特に，1987年の戒厳令解除以降，この環境保全運動が高まってきた[41]。しかし，1960年代後半からの労働力不足が次第に顕在化することになり，労働集約型産業から資本・技術集約型産業への移転の必要性が高まってきた。その時代の要請に応じて，産業の高度化は不可欠な課題になっていた。この時期から台湾の産業育成は重厚長大産業ではなく，軽薄短小産業に次第にシフトするようになった。

　1981年から台湾政府は「二大，二高，二低」を「策略性産業」（戦略産業）に指定し，その発展目標を「投資奨励条例」の対象にした。「二大」とは「市場潜在力が大きい，産業連関効果が大きい」，「二高」とは，「付加価値が高い，技術水準が高い」，「二低」とは「エネルギーの消費度合いが低い，環境の汚染度合いが低い」を意味するものである。具体的には情報処理，電子機器，機械などを戦略産業として指定したことを意味する。

　1980～90年間に新竹科学工業園区に100社以上のハイテク企業が工場を設けるようになり，パソコン，パソコン周辺機器，半導体，通信機器，光技術機器が製造され，20万人の雇用機会を創出することになった[42]。

（2）台湾元高以降の対策

　1985年のプラザ合意以降の円高・米ドル安傾向，87年以降の台湾元高・米ドル安傾向は，労働集約的製品の輸出競争力の低下を招いた。過去においては，労働過剰供給経済であったが，60年代後半から次第に労働供給不足経済に転換するようになった。それ以降，相対的賃金が次第に上昇するようになった。80年代後半になると，台湾の外貨保有高が世界の第2位～第3位になり，台湾元

の対ドル為替レートが引き上げられるようになり，強い通貨になった。

① 中小企業政策

この台湾元高・米ドル安の影響を受け，「中小企業指導方策」（輔導中小企業方案）を1987年8月から89年7月の2年間にわたって実施した[43]。主な目的は「中小企業の健全な発展」である。中小企業の指導業務は過去の機構に対する指導システムの推進および大学などに委託する方式から，財団法人の推進による定年の専門家の招聘，民間コンサルタント請負などが含まれた。コンサルタント会社が中小企業に実施した「経営診断」の費用は政府が支払う。コンサルタント会社の専門家が長期的に工場に駐在して指導する場合，政府は57％の費用を補助していた。この時期に中小企業の指導機構は，経済部（経済産業省に相当）中小企業処から経済部次長が召集する「中小企業指導小組」の担当になった。指導任務は台湾元の引き上げへの対策，川上・川中・川下段階の業者との協力，中小企業の海外直接投資の指導が含まれていた。

② 海外投資政策

1987年以降に台湾元高・米ドル安傾向が定着した。この時期に台湾の外貨保有高が大幅に増加し，外貨管理の緩和，労働力の不足，相対賃金の上昇，労働集約型産業の国際競争力の低下などが顕在化するようになった。時代の趨勢としては，経済の自由化，国際化を迎えるようになった。労働集約型産業から資本・技術集約型産業への転換が必要になっていた。つまり，比較優位性を失った伝統的産業や低付加価値製品は，海外直接投資を通じて生産を他の途上国に生産基地に移転するようになった。それに，国内生産は高付加価値へのシフトによって，生産のレベルアップを図り，企業の活性化を追求することになった。

台湾政府の海外投資に対する方針は，過去の「管理を主とし，指導を従とする」の慎重な管理方式から，「指導を主とし，管理を従とする」の企業の自己責任方式に大きな変化をみせた[44]。それを反映して，1987年7月に「外国為替管理条例」が公布された。企業，団体および個人は1年間に500万ドル（1991年から300万ドルに修正）を政府の事前許可なしに任意に海外に送金を行うことができるようになった。つまり，台湾の海外送金は自由化の段階になっ

たことを意味する。

　1989年2月に「対外投資及び技術合作審査処理弁法」が新たに修正された。要点は次のようである[45]。(1) 海外投資方式の拡大によって，海外で子会社，工場，営業所を設置するように奨励した。(2) 出資種類は資本金投資方式の投資のほかに，資本金を一定比率で海外事業に対する貸し出し方式の拡大を容認した。そのほかに，「国外有価証券」の項目が追加され，現実のニーズに対応した。(3) 対外投資の範囲が拡大された。対外投資の動機をもとの市場開拓から製品の高度化，ブラント輸出などの多元的に拡大され，資本金の活用に寄与した。(4) 対外投資の企業にとって必要とする財務基準の規定を廃止し，中小企業の対外投資を容易にした。(5) 対外投資に登録制度を採用し，審査手続きの簡素化を図った。投資額が100万ドル以下で，外貨を資本金として投資する企業は，投資後に登録方式で追加認可を受けることができた。(6) 対外投資または技術提携の企業が受けられる権益を明白にし，企業の対外投資を奨励した。海外で投資した事業所の従業員を台湾での実習，対外投資の融資，対外投資の保険などの申請が認められた。修正以前と比べると，対外投資の審査制度から登録制度への修正，営業事業所得税5年（または4年）の免除，免除期間を1～4年間の延長処置などが採用された。

③経済の自由化・国際化

　1985年5月，行政院経済革新委員会が設置された。それは経済の自由化・国際化の実施に合わせて，財政・税制，金融，産業，貿易，経済行政の5つの分野で，経済政策の調整および法規の改正が必要になった[46]。経済の自由化とは，政府による不必要な政策的介入を回避する考えである。政府の役割から次第に市場の役割および企業の役割（民活）に移行するようになった。それは「大きな政府」から「小さな政府」に転換し，替わりに市場の役割を重視することを意味する。つまり，規制緩和および公営企業の民営化推進を必要とするようになった。国際化とは，経済開放政策（外資開放，輸入規制の緩和）によって，世界経済の趨勢に合わせることである。

　1988年2月に証券取引法が改正された。それによって，総合証券会社の設立基準の緩和，外国証券会社による台湾での支店開設，合弁証券の設置が認めら

れるようになった。それに，1989年7月に銀行法が改正された。新規銀行の設置容認，預金金利と貸し金金利の自由化を行った。それ以降，多くの新興銀行が設けられ，金融業界の「戦国時代」を迎えるようになった。

　1980年代の産業政策と国家の制度能力を考察すると，次のことがわかる。新竹科学園区の設立など産業の育成は，重厚長大産業から軽薄短小産業への産業転換をみせた。台湾元以降の中小企業政策，海外投資政策や経済の自由化・国際化も柔軟な政策転換をみせた。つまり，経済の発展段階と時代の環境変化に沿って，産業政策は政府の政策介入から民間企業の経営に任せる「民活」に移行する様子を伺うことができる。経済の自由化，国際化の趨勢を産業政策に取り入れ，政策転換ができたのは，国家の制度能力があったからできたものと考えられる。

VI. グローバル時代のハイテク産業発展期（1990年代）

（1）国家建設6ヵ年計画

　台湾の経済建設4ヵ年計画は，1953年の第1次から1990年の第10次まで続いていた。第10次経済建設4ヵ年計画と同時に，「国家建設6ヵ年計画」（1991～96年）が実施された[47]。国民所得の向上，産業発展システムの強化，各地域の均衡発展，生活の質的向上を政策目標にした。そして，21世紀に入る10年間，台湾は先進国の仲間入りを目指す野心的な試みとしてこの計画に託していた。

　6ヵ年計画は戦略産業として通信，情報処理，民生用電子，半導体，精密機械・自動化，航空・宇宙，新素材，特殊化学品・製薬，医療・保健，環境汚染防止を「十大新興産業」に指定した。そして，光エレクトロニクス，ソフトウェア，工業自動化，材料応用，高度センサー，バイオ技術，資源開発，省エネルギーの「八大重要技術」の開発を強化するようになった。

　その目的に合わせて，1960年代から実施されてきた「投資奨励条例」を廃止し，その替わりとして「産業高度化促進条例」を新たに制定した。この新条例は労働集約型産業が奨励対象の時代の終焉を告げ，資本・技術集約型産業のR&D（研究開発），人材育成，自動化，公害防止など産業高度化の促進のみが

奨励の対象であることを明らかにした。

　しかし，この国家建設6ヵ年計画は巨額の資金投資が必要なため，計画当初から資金調達が困難であるという意見の対立があった。その後，大量な公債発行による財政の悪化を招き，用地買収の困難など多くのトラブルが発生した。その結果として，1993年2月にこの計画を推進してきた郝柏村・行政院院長（首相に相当）が更迭され，連戦・行政院院長になってから当初の775項目計画は大幅にカットされた。インフラ関連については，ニュータウンの開発，南北高速鉄道の建設，高雄，台中など地方都市の交通整備，第2高速道路の建設など「十二項目建設計画」に再編され，実施されるようになった。労働力不足，用地買収の困難などを乗り越えて，第2高速道路は17年の歳月を経て2004年1月に開通した。

（2）科学技術政策とアジア太平洋オペレーションセンター計画

　1986年に開催された第3次全国科学技術会議で決めた科学技術の発展方向に沿って，「国家科学技術発展10ヵ年長期計画」を策定した[48]。それに，「十二項目重点科学技術中期計画」および「民間企業の研究開発の従事奨励中期計画」を制定し，長期発展の目標を実現するためのステップとした。

　重点技術は第2次全国科学技術会議（1982年）に確定した「八大重点技術」（エネルギー，新素材，情報処理，製造の自動化，光技術，バイオ技術，肝炎防止，食品技術）に，第3次全国科学技術会議で新たに海洋技術，環境保全，災害防止，シンクロトロン放射光の4項目を増やし，「十二項目重点技術」を今後の発展奨励の目標として決めた[49]。

　第4次全国科学技術会議（1991年）の方向性は，「国家建設6ヵ年計画」と密接に調和を図ることになっていた[50]。それに，1993年に「経済振興方策」，1995年1月に「アジア太平洋オペレーション特区」計画が提起された。それには2つの政策目的があった。1つは，産業高度化の加速である。1つは，台湾をアジア太平洋オペレーションセンターに発展させることである。この構想は台湾を製造，海運，空運，金融，電信，メディアの6つの部門におけるアジア太平洋のハブ・センターへと成長させることであった。経済の自由化，国際化を通じて，民間企業が主体に産業の再編を積極的に行い，国際競争力の向上を

目指すことである。ヒト，モノ，情報の自由な往来を目指し，WTO加盟を果たすことが提起された（2002年元日に台湾はWTOに加盟した）。

この時期に，新竹科学工業園区の敷地拡張と南部に「台南科学工業園区」を新設した。前者は主としてパソコン，パソコン周辺機器，半導体を中心に，後者は主としてバイオ技術，半導体と液晶を中心に推進するものである。台南を選んだ理由は，ここには名門総合大学の国立成功大学があり，奇美實業など有力企業の主力工場があること。近年，経済発展における台南の地盤沈下からの浮上策の一環である。この台南科学工業園区には奇美實業など大型液晶工場が設けられている。

1990年代の前半までの計画は以下のようである。人的育成に関する措置としては，「科学技術人材の育成，招聘と運用方策」，「情報人材の推進教育第2期第1段階訓練計画」，「バイオ技術人材の訓練計画」などが制定・実施された。1995年に，「バイオ技術産業の推進方策」，「高級科学技術人材の運用強化方策」が承認され，国家通信インフラ建設などが積極的に推進された。

1996年に第5次全国科学技術会議が開催された。1997年に初の「科学技術白書」が刊行された[51]。この白書のサブタイトルは「世紀に跨る科学技術発展のマクロ的青写真」であった。①アジア太平洋の研究メッカ，②アジア太平洋ハイテク製造センター，③ハイテク国家の構築が目標である。それに，核心科学園区（センター・サイエンス・パーク），衛星科学園区（サテライト・サイエンス・パーク），科学文化都市，ハイテク・アイランドの構想が提起された。

1998年に「科学技術化国家推進方策」が承認され，99年に「科学技術基本法」が実施された。1996年の「台南科学工業園区」に続いて，1999年に「竹南科学工業園区」が着工された。

1997年のアジア通貨危機の嵐に見舞われ，アジア諸国は不況のどん底に落ちた。韓国や東南アジア諸国はIMF（国際通貨基金）救済の対象になったが，台湾の通貨はわずかな低下と株価は緩やかな低落で，健闘していた。その理由は，(1) 世界第2位か第3位の外貨保有高を持ち，国際投機筋（ヘッジファンド）に隙を与えなかったこと，(2) 対外債務が少ないこと，(3) 中小企業を中心とする柔軟な経済運営など，経済のファンダメンタル（経済の基礎的諸条件）が健全であったことが挙げられる。これも一種の「国家の制度能力」を持

っていたから危機を回避することができたと理解される。

VII. 緑のシリコン・アイランド構築期（2000年以降）

2000年3月18日の台湾総統選挙によって民主進歩党（民進党）の陳水扁政権が誕生した。戦後から長年台湾を統治していた国民党政権に終止符を告げるようになった。政権交替による産業政策はそれほど大きな変化はないが、環境に配慮した「緑のシリコン・アイランド」のキーワードが政策に反映されるようになった。国民党統治が長期間に続いたために、「黒金」（暴力団と金権問題の癒着）の除去などの課題が存在していた。そのほかに、確かに民進党が政権を掌握したが、立法委員（国会議員）は依然として国民党が絶対多数の議席を占めていた。そのため、民進党政権の運営がスムーズにいかないことも多く発生していた。それに過去において、民進党は反国民党政権の象徴として第4原発の建設反対の姿勢に立っていた。そのために、民進党政権になってからも民進党内部にも原発建設の賛成と反対の論議があり、2001年2月になってから第4原発の建設再開に最終的な合意が得られた。

（1）「挑戦2008」

2002年5月に「挑戦2008：国家発展重点計画2002-2007」が発表された。これは陳水扁政権になってから初めて発表した計画であった。2001年9月11日のニューヨーク国際テロの影響による世界規模の不況の煽りを受け、この年に台湾は戦後初めてのマイナス経済成長を記録した。この計画は経済回復策の一環として実施されたものである。

その要点は次のようである[52]。(1) 外的環境としては、グローバル化の挑戦に直面し、中国の「世界の工場」による衝撃への対応。(2) 内的環境としては、歴史的負担からの改善、政治体制改革、金融体制改革、財政改革の3つの改革を実施する必要があった。それに、知識と創造力の向上、生活品質と環境の改善などの課題が挙げられた。(3) これらの挑戦に直面し、政府も国家競争力を向上する必要があった。

国際創造R&D基地の構築において、「両兆双星産業」の育成が挙げられた。

「両兆」とは，半導体と液晶（LCD）などディスプレイ産業をそれぞれ1兆台湾元（約4兆円）の産業に育てることを意味する。「双星」とは，デジタルコンテンツとバイオ技術を将来台湾の経済成長の牽引車として，それぞれ1兆台湾元に育てるという，目標を示していた。半導体産業について，ウェハー・ファウンドリー，パッケージング，テスティング，IC設計などの分野に特化し，世界をターゲットに専門分業体制を確立する。プロジェクトごとに最も有機的な生産体制を組み，より安価なコストとスピーディな体制でグローバル競争時代に勝ち抜くことを意図していた。

（2）工業技術研究院の役割

スイスのビジネススクール国際経営開発研究所（International Institute for Management Development: IMD）および世界の約1000社の巨大多国籍企業が経済論題を話し合う組織である世界経済フォーラム（World Economic Forum）が世界各国の競争力調査を発表した。IMDは，（1）経済のパフォーマンス，（2）政府の効率性，（3）ビジネスの効率性，（4）インフラの整備状況など4つの基準項目を審査の対象にしていた。

表5-3は世界経済フォーラムとIMDによる2002年の競争力ランキングである[53]。それによると，世界経済フォーラムのランキングでは，アメリカ，フィンランドに続いて，台湾は第3位である。ちなみに，このランキングのうちトップ35に入った他のアジア諸国は，4位のシンガポール，13位の日本，17位の香港，21位の韓国，27位のマレーシア，31位のタイ，33位の中国の順位になっていた。IMDのランキングでは，アメリカとフィンランドが1位と2位で，台湾は第24位である。このランキングのうちトップ35に入った他のアジア諸国は，5位のシンガポール，9位の香港，26位のマレーシア，27位の韓国，30位の日本，31位の中国，34位のタイの順位になっていた。ここからも台湾が高い競争力を保っていたことがわかる。

このような高い競争力が保てることに，上記の政府の産業政策のほかに，工業技術研究院による役割も考えられる。工業技術研究院は1973年に連合工業研究所，連合鉱業研究所，金属工業研究所を統合してできたものであり，財団法人の方式を採用している。電子，光技術，電脳・通信，機械，化学，工業材料，

表 5-3 競争力ランキング（2002年）

ランク	World Economic Forum	IMD
1	アメリカ	アメリカ
2	フィンランド	フィンランド
3	台湾	ルクセンブルク
4	シンガポール	オランダ
5	スウェーデン	シンガポール
6	スイス	デンマーク
7	オーストラリア	スイス
8	カナダ	カナダ
9	ノルウェー	香港
10	デンマーク	アイルランド
11	イギリス	スウェーデン
12	アイスランド	アイスランド
13	日本	オーストリア
14	ドイツ	オーストラリア
15	オランダ	ドイツ
16	ニュージーランド	イギリス
17	香港	ノルウェー
18	オーストリア	ベルギー
19	イスラエル	ニュージーランド
20	チリ	チリ
21	韓国	エストニア
22	スペイン	フランス
23	ポルトガル	スペイン
24	アイルランド	台湾
25	ベルギー	イスラエル
26	エストニア	マレーシア
27	マレーシア	韓国
28	スロベニア	ハンガリー
29	ハンガリー	チェコ
30	フランス	日本
31	タイ	中国
32	南アフリカ	イタリア
33	中国	ポルトガル
34	チュニジア	タイ
35	モーリシャス	ブラジル

（注）World Economic Forumは80ヵ国，IMDは49ヵ国を対象。
（出所）World Economic Forum；IMDのホームページより作成。

エネルギー・資源の7つの研究所，計測技術，航空・宇宙，工業安全・衛生の3つの技術開発センターによって構成されている。台湾の国内または海外の大学院で博士・修士学位を修得したあと，この研究所で研究員として研究・開発（R&D）の業務に参加する。研究成果をあげたあと，この技術を民間企業にスピンオフするか，または自ら独立して企業を設立してその成果を製品化する。つまり，この工業技術研究院は「技術の孵卵器(ふらんき)」の役目を果たしていたのである。台湾積体電路（TSMC）の会長・張忠謀（モリス・チャン）はアメリカ・TI社の副社長，工業技術研究院院長を歴任した人物である。聯華電子（UMC）の会長・曹興誠は工業技術研究院電子工業研究所所長を歴任した人物である。台湾積体電路と聯華電子は半導体のファウンドリー（自社ブランドを持たないで，他社の委託を受けて生産）専門企業であり，一種のニッチビジネスである。この2社は台湾のNo.1，2である。特に，台湾積体電路は世界シェアの40％を占め，世界1位のファウンドリー企業である[54]。研究開発（R&D）部門を持たず，製造に特化したファウンドリービジネスは，台湾が初めて打ち出した独特なビジネス形態である。

Ⅷ. 国家の制度能力の検証

先に述べたように，世界銀行の『世界開発報告1997』で初めて「国家の制度能力」が論じられた。表5-4は黒岩郁雄氏の「制度能力の構成要素」を援用したものであるが，これによって台湾の経済を検証したい[55]。

「国家の制度能力」とは「政府の失敗を引き起こすことなく，政府が市場介入を行う行政能力である」という定義に基づいて論じることにする。

表の(1)基礎的な制度能力には，①効率的な官僚制，②汚職の撲滅，③法の支配，④政治的安定が含まれている。そして，(2)高度な制度能力には，⑤官民の協調体制（情報制約への対応），⑥実績主義の採用（能力制約への対応），⑦官僚的自律性（レントシーキングへの対応）が含まれている。

まず，台湾の経験について検証しよう。

(1) 基礎的な制度能力の①「効率的な官僚制」と③「法の支配」について考察する。日本による台湾の植民地統治50年（1895～1945年）によって，上級官

表5-4　制度能力の構築要素と台湾の経験

制度能力の検証項目	台湾の経験
(1)　基礎的な制度能力	
①効率的な官僚制	○植民地統治による下級官僚の育成 ○米援会による経済テクノクラートの育成
②汚職の撲滅	○汚職の厳しい取締り，政府と民間との距離を保った ○高賃金による経済テクノクラートを政策策定機構に集中
③法の支配	○植民地統治による「法と秩序」の導入 ○戦後の「法の支配」の継続
④政治的安定	○台湾海峡を挟んで中国との対峙，安全を保った ○権威的な政治による安定
(2)　高度な制度能力	
⑤官民の協調体制 （情報制約への対応）	○民間企業家の育成，官民分業の体制構築 ○産業政策によるデモンストレーション効果
⑥実績主義の採用 （能力制約への対応）	○公務員試験の導入 ○実力重視による出世
⑦官僚の自律性 （レントシーキングへの対応）	○官僚と企業の交渉が少ない ○官僚と企業の非個人的な関係

(出所)　黒岩郁雄「制度能力と産業政策」（黒岩編『国家の制度能力と産業政策』アジア経済研究所，2004年，第1章)に台湾の経験を記入した。

僚は日本人が実権を握っていたが，下級官僚は現地の台湾人を意図的に育成した。植民地政府による「法と秩序」の導入によって，法の支配の基礎を築いた。他方，国共内戦に国民党政権が敗れ，台湾に撤退した後も孫文の「三民主義」（民族主義，民権主義と民生主義）の民生主義を経済運営の基本方針にしていた。日本の敗戦による国民党政権の接収によって，戦後台湾の政治体制は「中華民国体制」が植民地統治の台湾の上に乗りかかるようになった。孫文の民生主義とは「民間の資本を節制し，国家の資本を発展する」であり，公営企業の重視路線の主張である。戦後初期，この路線を擁護する統制経済派が主流であった。しかし，朝鮮戦争が始まると，アメリカは韓国，日本など同盟側に援助を与えるようになった。アメリカ援助の台湾側受け入れ機構は「アメリカ援助運用委員会」（以下，米援会）である。この米援会のアメリカ側委員はアメリカ大使館経済参事，アメリカ駐台分署署長，副署長，米軍顧問団長などによって構成された。この時期から経済テクノクラート（経済官僚）は米援会の資金を

第 5 章　産業政策と国家の制度能力　　　147

使い，戦後の復興，インフラ建設と民間企業の育成に力を入れるようになった。これらの経済テクノクラートは，統制経済派の主張の弊害を取り除き，現実に沿った産業政策を採用するようにした（本章第Ⅲ節に詳しい）。産業政策を施行した経済テクノクラートはどこから来たのか。董安琪氏によると，経済発展初期の経済テクノクラートの共通点は，国民政府が台湾に移る前中国大陸の統治時から公職に就いていた人，国民党党籍者，外省人（蔣介石とともに1949年頃に台湾に移った中国大陸の出身者），欧米留学組で理工系の出身者である[56]。台湾人（本省人），台湾生まれの外省人（外省人二世），非国民党党籍者，台湾の大学卒業者や日本留学組，経済系・人文系の出身者は近年になってから次第に頭角を現すようになった。

　キルビーは国民政府における中国統治時代の欧米留学組の経歴を追跡研究した[57]。国民政府とともに台湾に移ったものは，のちには経済テクノクラートとして産業政策の計画・策定に大きな役割を果たした。しかし，中国大陸に残ったものは，後の中国国内の政治動乱・権力闘争（大躍進から文化大革命）の"嵐"に巻き込まれ，その役割は限界的であったと指摘した。

　この項目の検証をまとめると，(1) 植民地時代に台湾人の下級官僚が育成されこと。それに，宗主国・日本から「法と秩序」が導入されたことが挙げられる。(2) 経済テクノクラートは米援会の資金を巧みに使い，政策実施の主導権を統制経済派から掌中に入れた。市場メカニズムに沿って実施したため，より効率的な官僚制を築くことができた。

　③「法の支配」について。植民地時代に宗主国・日本から「法と秩序」が導入され，人民の順法の精神を植えつけた。それによって，法律による支配が社会に定着するようになった。これは植民地時代の「プラスの遺産」である[58]。戦後，国民政府も「法の支配」に基づいたため，台湾の社会安定を保つことができた。

　②「汚職の撲滅」について。公務員の賃金を上げることは，公務員に自らの職務にプライドを持たせ，汚職を引き起こす可能性の"芽"を摘み取るには有効である。1950～80年代まで，台湾の公務員・軍人の給料は民間の大企業に比べ，それほど有利ではなかった。公務員・軍人の給料を引き上げると，国庫の負担増に結びつくからである。そのために，食米など生活物資購入に割引クー

ポン券の配給，公職員宿舎の配給や電力の低価格供給，バス・鉄道乗車券，映画館入場券の特別割引など社会・企業負担によって低賃金制度を支えた。

　国民党政権の指導者は，国共内戦で敗れた原因を分析し，民心が乱れ，汚職が蔓延したことを認め，政権が台湾に移ったあと，汚職を厳しく取り締まった。民間企業の影響を受けないように，公営企業の役割を強化し，政府部門と民間部門との距離を広く保とうとした[59]。アメリカ援助にかかわる部署，例えば，米援会，経安会（経済安定委員会），農復会（中国農村復興聯合委員会）などの公務員の給料は，他の部署の3～4倍であった。それによって，優秀な経済テクノクラートがこれらの機関に集中することができ，汚職などに巻き込まれることがなく，中立的な立場で政策策定ができた。

　④「政治的安定」について。国共内戦に国民政府が敗れ，台湾に撤退した後，台湾海峡を挟んで台湾軍と解放軍が対峙していた。1958年8月23日に発生した金門・馬祖をめぐる「八二三砲戦」で，解放軍の侵攻を食い止め，今日に至っても台湾，澎湖，金門，馬祖などを防衛し，台湾の安全を確保している。両陣営間ではその後も小規模な戦争はあったが，台湾海峡を越えて相手側に攻め込んで，パワー・バランスを崩すことはなかった。他方，台湾国内では権威的な政治（開発独裁型）が行われ，二二八事件，白色テロや一党独裁などが続き，1987年の戒厳令の解除以降，民主化が急速に進展するようになった。1980年代半ばまで，民主化が犠牲になったが，政治的安定を保つことができ，後の経済発展に寄与することができた。

　次に，(2) 高度な制度能力を考察しよう。⑤官民の協調体制（情報制約への対応）について。1953年に経済安定委員会（経安会）が設けられ，その下に工業委員会（工委会）が設けられた。この輸入代替工業化の時期に，工委会は200以上の計画の多くは成功し，プラスチック，セメント，ガラスと化学肥料などの計画が含まれていた。この時期に王永慶氏のポリ塩化ビニル樹脂(PVC)の製造を育成し，後に王氏の台湾プラスチック公司は世界有数の企業に成長した。氏は「台湾の松下幸之助」と呼ばれるほどの企業家になった。

　台湾の場合，日本や韓国のように巨大財閥が存在しなかった。政府は石油化学産業を育成するために，川上部門の建設は公営企業に任せ，川中部門は公営と民間企業，川下部門は民間企業の経営に任せるという官民分業の協調体制を

とっていた。具体的に言えば，第1ナフサ分解装置計画は，中国石油公司が川上部門のエチレンを製造し，外資系のNDCC社が設けた台湾聚合化学品公司（台聚公司）が川中部門のエチレンで低密度ポリエチレン（LDPE）を製造する。中国石油公司が製造したエチレンの5分の3を台聚公司は消費するが，残りの5分の2を消費するために，中国石油公司とともにPVCを製造した4つの企業と合同出資で台湾VCM（台湾塩化ビニル公司）を設け，塩化ビニルを製造した。外資系の台聚公司の利潤獲得状況は明らかにされていないが，台聚公司のLDPE工場は1968年から操業が開始され，2年後には利潤が発生した。翌年の純利益率は13.6％で，それ以降は20％以上を維持してきた。瞿氏は台湾の産業政策によるデモンストレーション効果であると指摘する[60]。つまり，産業政策の実施の背後にレントシーキングが存在し，その政策に賛同・参加した企業には儲けることができるという情報が流れ，他の企業の参入を促したデモンストレーション効果によるものである。それが後の台湾の石油化学産業を築き上げることになった。

⑥実績主義の採用（能力制約への対応）について。公務員試験による比較的に公正な人材選抜に基づく実力・実績主義を徹底的に採用していた。能力があり，実績を積んだ人物は，重視され早く出世していた。前に述べた経済テクノクラートのうち，ヴォーゲル氏は尹仲容，李國鼎氏をスーパー・テクノクラートと呼んだ[61]。

最後に，⑦官僚の自律性（レントシーキングへの対応）について。台湾の官僚はいかにして企業の利権の虜囚になることを免れることができ，自律性を保てたのか。経済テクノクラートの成功の一部は，1950年代において企業との交渉が比較的に少ないことによる。当時，官僚のほとんどが蒋介石とともに来台した外省人で，企業人は本省人（台湾人）である。蒋經國は過去の大陸での汚職の発生要因を知り，官僚が企業から贈与を受け取ることや宴会に参加することを認めず，企業家の社会的組織に加入することを禁止した。厳しすぎるかもしれないが，汚職が減少し，官僚と企業の関係が非個人的基礎の上に制度化されるようになった[62]。

世界銀行の『世界開発報告1997』によると，「制度能力が低い場合，国家は市場が供給できない純粋公共財・サービスの供給に焦点を絞るべきであり，同

様に財産権，安全な水，道路や基礎教育などの大きな正の外部効果を持つ財，サービスの供給に焦点を絞るべきである」[63]と述べている。国家の制度能力の高まりにつれて，国家の機能は，〔1〕最低限の機能から〔2〕中間的機能，さらに，〔3〕介入的機能に移行するという「2部戦略」の法則を提起した。

台湾の経験に照らして検討すると，(1) 最低限の機能の中に多くの項目について，台湾では日本植民地時代にすでに「達成された」ことがわかる。これは植民地時代の「プラスの遺産」である。(2) 世界銀行は，〔1〕最低限の機能，〔2〕中間的機能，〔3〕介入的機能の3つの段階は，〔1〕→〔2〕→〔3〕と国家の制度能力の高まりに沿って，移行する法則を主張した。台湾の経験からみると，時期のズレがあり，必ずしも〔1〕→〔2〕→〔3〕の法則に沿っていたとは限らない。しかし，いずれにしてもこれらの項目はクリアしていたことが挙げられる。

おわりに

再び本章のタイトルである「産業政策と国家の制度能力」を論じることにする。本章の考察をまとめると，以下のようである。

戦後初期に発生したハイパーインフレに，大胆な幣制改革を行った。旧台湾元4万元を新台湾元1元に交換する「荒療治」によって，インフレが鎮静化するようになった。次に実施したのが農地改革である。三七五減租，公地放領および耕者有其田の3段階の農地改革によって，小作農が自らの農地を手に入れることによって，貧富の格差が大幅に解消された。1950年代の輸入代替工業化の時期には，高い輸入関税，輸入数量制度，自国通貨の過大評価と為替制限を実施した。つまり，戦後から1950年代においては，輸入代替工業化のもとでレントを提供し，後に台湾を代表する民間大企業に成長するものがあった。確かに台湾の場合，他の途上国のようにレントを提供していたが，産業育成のための「期間限定」のレントであり，市場メカニズムによるものである。途上国の場合，レントを長期間にわたって民間企業に提供し，その結果，特権階層が生成され，汚職など癒着構造を形成するようになった。

1960年代には輸出志向工業化が実施されるようになった。この政策転換によ

って，通貨の過大評価から実勢レートへの調整，十九項目財政経済改革措置による財政改革，投資奨励条例，高雄，楠梓と台中の3つの輸出加工区設置などを行った。輸出志向工業化時期には輸入代替工業化によってつくり出した「価格の歪曲」を正すようになった。つまり，制度能力とは政府の役割によるものであるが，この時期の主役は，輸出を中心に行った民間企業（特に中小企業）と外資系企業である。民間企業は市場メカニズムに沿って行動様式を決定したのであり，市場の役割を果たすようになった。そして，政策転換および国家の制度能力の向上に，経済テクノクラートが果たした貢献が極めて大きい。

1970年代には第2次輸入代替工業化（重化学工業化）が実施されるようになった。1973年の石油危機によって，世界規模の不況が発生した。「外需」の減少分は「十大建設」および「十二項目建設」の国家プロジェクトの建設という「内需」の拡大で，ケインズ経済学理論による効果を発揮することができた。この時期は「大きな政府」の役割を果たし，産業インフラを整備するようになった。

1980年代の前半に産業の高度化として，新竹科学工業園区を設けるようになった。80年代後半からは経済の自由化・国際化を迎えるようになり，台湾元高による海外直接投資が展開されるようになった。それに，規制緩和の一環として総合証券会社と銀行新設が解禁されるようになった。つまり，この時期からは民間活力として市場の役割を追求するようになった。

1990年代初期には国家建設6ヵ年計画が打ち出された。これは1970年代の「十大建設」の再来を意識したものである。しかし，財政に見合わない予算計画などによって，最終的には失敗し，計画の縮小を余儀なされた。その後に打ち出されたアジア太平洋オペレーションセンター計画は，政府はインフラを整備するが，運用の主役は民間企業である。民活による市場の役割を全面に打ち出した構想である。

その後の陳水扁政権の「挑戦2008：国家発展重点計画2002-2007」のなかで，政府の役割はインフラの整備であり，「両兆双星産業」の主役は民間企業である。2004年の総統選挙に陳水扁氏が再選され，2期目の舵取りや同年12月の立法委員（国会議員）選挙に与党・民進党が過半数の議席が獲得できるか否か，その結果が注目されるところである。

産業政策を考察すると，1970年代の造船産業は石油危機の影響で成功したと言いがたい。それは石油危機の影響を受けたからである。最後に，経済テクノクラートによる柔軟な政策運営ができたことを高く評価したい。これも制度能力が高度であるからこそできたと考えられる。

[注]
1) 日本の産業政策の代表的な著書は小宮隆太郎・奥野正寛・鈴村興太郎編『日本の産業政策』東京大学出版会，1991年；青木昌彦・奥野（藤原）正寛・岡崎哲二編『市場の役割　国家の役割』東洋経済新報社，1999年；小野五郎『現代日本の産業政策』日本経済新聞社，1999年；後藤晃・鈴村興太郎編『日本の競争政策』東京大学出版会，1999年。

2) World Bank, *World Development Report 1991: The Change of Development, Oxford* University Press, 1991（『世界開発報告1991：開発の課題』イースタン・ブック・サーヴィス，1991年）。

3) World Bank, *The East Asian Miracle: Economic Growth and Public Policy*, Oxford University Press, 1993（白鳥正喜監訳・海外経済協力基金開発問題研究会訳『東アジアの奇跡』東洋経済新報社，1994年）。

4) World Bank, *World Development Report 1997: The State in A Changing World*, Oxford University Press, 1997（海外経済協力基金開発問題研究会訳『世界開発報告1997：開発における国家の役割』東洋経済新報社，1997年）。

5) Stiglitz, Joseph E. and Shahid Yusuf, *Rethinking the East Asian Miracle*, New York, Oxford University Press, 2001.

6) Wade, Robert, *Governing the Market: Economic Theory and the Role of Government in East Asian Industrialization*, Princeton University Press, 1990（長尾伸一など訳『東アジア資本主義の政治経済学』同文舘，2000年）。

7) ウェードは上記の書籍で新古典学派の著書（Galenson, Walter (ed.), *Economic Growth and Structural Change in Taiwan: The Postwar Experience of The Republic of China*, Cornell University Press, Ithaca, 1979; Balassa, B., *Development Strategies in Semi-industrial Economies*, Baltimore, The Johns Hopkins University Press (for World Bank), 1982) を批判した。

8) Amsden, Alice, "Taiwan's Economic History: A Case of Etatisme and a

Challenge to Dependency Theory," *Modern China*, 5 (3), 1979, pp.341-380; Amsden, Alice, "Taiwan," in Exports of Technology by Newly-Industrializing Countries, *World Development*, 12 (5/6), 1984, pp.491-504; Amsden, Alice, *Asia's Next Giant: South Korea and Late Industrialization*, New York, Oxford University Press, 1989.
9) Amsden, A. and Wan-wen Chu, *Beyond Late Development: Taiwan's Upgrading Policies*, The MIT Press, 2003.
10) 尹仲容『我對台灣經濟的看法三編』經濟叢刊32, 行政院經濟設計委員會, 1973年, 43～44ページ。
11) 黃登忠・朝元照雄「植民地時代台湾の農業政策と経済発展」『エコノミクス』第6巻第2号, 2001年11月;黃登忠・朝元照雄「植民地時代台湾の農業統計」『エコノミクス』第6巻第4号, 2002年3月;黃登忠・朝元照雄「戦後台湾の米価変動：『二二八事件』前後の食糧需給推計」『エコノミクス』第7巻第2号, 2002年11月。
12) 李國鼎・陳木在『我國經濟發展策略總論』(上冊) 中華民國經濟發展策略叢書, 聯經出版事業, 1987年, 8ページ。
13) 台湾総督府『台湾統治概要』(第12編「財政, 金融および貿易」), 1945年。
14) 「二二八事件」とは, 1947年2月27日に台北市太平町で闇タバコを販売した40歳位の未亡人・林江邁氏が当局の取締りにあい, タバコは没収され, 意識不明になるまで叩かれた。周辺にいた群衆はこの行為に憤慨し, 強く抗議した。取締員が発砲し, 群衆の陳文溪氏が被弾して殺害された。翌日 (28日) 以降, 台湾全島の抗議運動に発展した。「二二八事件」とその後の白色テロを加えると数万人が犠牲になったと言われている。二二八事件は政治的事件であるが, そのような「非経済的要因」も無視することができない。
15) 黃登忠『台灣省五年來物價變動之統計分析』(中國農村復興聯合委員會特刊第3号), 1952年。
16) 蕭峯雄編『我國產業政策與產業發展』遠東經濟研究顧問社, 1994年, 127ページ。
17) 于宗先編『台灣經濟發展重要文獻』(台灣經濟發展論文集シリーズ) 聯經出版事業, 1976年, 347～350ページ。
18) 李登輝「台灣農工業部門間之資本流通」(余玉賢編『台灣農業發展論文集』(台灣經濟發展論文集シリーズ) 聯經出版事業, 1976年, 229～251ページ)。
19) Wade, *op.cit*., 1990, Ch.4.
20) 1949年6月15日に「台湾省輸出入貿易及び金銀為替管理弁法」(台湾省進出

口貿易及匯兌金銀管理辨法），1958年4月11日に「為替貿易改革方策」（改進外匯貿易方案），1959年1月20日に「輸出入物品分類審査及び管理弁法」（進出口貨品分類審定及管理辨法），1960年7月27日に「物品輸入管理基準」（貨品管制進口準則），1960年9月30日に「物品輸入管理基準補足規定」（貨品管制進口準則補充規定），1971年12月8日に「輸出入物品分類審査及び管理弁法」（進出口貨品分類審定及管理辨法）を公布した。それに，1970年12月24日に「為替管理条例」（管理外匯條例）を公布した。その条文は，于宗先編　前掲書　1976年，325〜341ページに収録。尹仲容『我對台灣經濟的看法』美國援助運用委員會，1966年も参照されたい。
21) 劉鳳文『外匯貿易政策與貿易擴展』聯經出版事業，1980年。
22) Hsing, M. H., "Industrialization and Trade Policies in Taiwan," in *Taiwan and the Philippines Industrialization and Trade Policies*, Oxford University Press, 1971; Liang, Kuo-shu and Ching-ing Liang, "Trade and Incentive Policies in Taiwan," in *Experiences and Lessons of Economic Development in Taiwan*, Academia Sinica, table 4, 1982.
23) 蔣碩傑『台灣經濟發展的啓示』天下叢書36，經濟與生活出版事業，1985年。
24) Jacoby, Neil H., *U.S. Aid to Taiwan: A Study of Foreign Aid, Self-Help and Development*, New York, Praeger, 1966.
25) 張之傑編『台灣全記錄』錦繡出版社，1990年。
26) 趙既昌『美援之運用』聯經出版事業，1985年。
27) 葉萬安「台灣重要經濟決策的背景與過程」（初稿）行政院經濟建設委員會，1995年。
28) 許松根「台灣的出口擴張與工業升級」『台灣銀行季刊』第54巻第3期，2003年9月。
29) 「投資奨励条例」（奬勵投資條例）は1960年9月10日に公布された。その後，1965年1月4日に1回目の修正，1970年12月30日に2回目の修正，1973年12月29日に3回目の修正，1974年12月30日に4回目の修正などを行っていた。于宗先編，前掲書，1976年，113〜193ページに収録。
30) 顧瑩華・陳添枝（朝元照雄訳）「海外直接投資と外資導入政策」（劉進慶・朝元照雄編『台湾の産業政策』勁草書房，2003年）。
31) 「輸出加工区設置管理条例」（加工出口區設置管理條例）は1971年11月25日に総統令で公布された。于宗先編，前掲書，1976年，107〜111ページに収録。
32) 藤森英男編『アジア諸国の輸出加工区』アジア経済研究所，1978年。

33) Vogel E. F., *The Four Little Dragons*, Harvard University Press, 1991 ((渡辺利夫訳)『アジア四小龍：いかにして今日を築いたか』中央公論社，1993年，第2章)。
34) 劉文甫「経済政策と開発計画」(施昭雄・朝元照雄編『台湾経済論』勁草書房，1999年)。
35) 董安琪 (朝元照雄訳)「経済計画機構と政府の役割」(朝元照雄・劉文甫編『台湾の経済開発政策』勁草書房，2001年)。
36) 朝元照雄『現代台湾経済分析：開発経済学からのアプローチ』勁草書房，1996年，第3章。
37) 劉文甫，前掲書，1999年
38) 瞿宛文 (朝元照雄訳)「石油化学産業の産業政策」(劉進慶・朝元照雄編『台湾の産業政策』勁草書房，2003年)。
39) OECD, *The Impact of the Newly Industrializing Countries on Production and Trade in Manufactures*, OECD, Paris, 1979 (大和田惠朗訳『新興工業国の挑戦』東洋経済新報社，1980年)。
40) 行政院經濟建設委員會『十項重要建設評估』，1979年。
41) 1988年9月下旬，大雨により高雄県の林園石油化学工業区から排水した汚水が溢れ出し，沿海の漁民に大きな損失を与えた。漁民のデモから環境保全に重点を置いた「林園案」にまで発展した。最終的には，12億7000万台湾元の賠償金を支払って落着した。特に，1987年の戒厳令解除以降，環境保全を名義による建設反対運動が高まっている。
42) 顧瑩華・陳添枝，前掲書，2003年。
43) 朝元照雄「中小企業政策と政府の役割」(朝元照雄・劉文甫編『台湾の経済開発政策』勁草書房，2001年)。
44) 朝元照雄，前掲書，1996年，第7章。
45) 行政院經濟部投資審議委員會『對外投資分析報告』(1988年版)，1988年；行政院經濟部投資業務處『工業投資簡訊』第86期，1989年2月；蔣碩傑・于宗先・候繼明・薛光涛など『對外投資之研究』中華經濟研究院，經濟部投資審議委員會委託，1988年；林建山・陳定慧など『對外投資政策與抉擇之探討』經濟部投資業務處委託，環球經濟社，1990年。
46) 劉文甫「産業政策と経済発展」(朝元照雄・劉文甫編『台湾の経済開発政策』勁草書房，2001年)。
47) 行政院經濟建設委員會『國家建設六年計畫』(1991～96年)，第1冊～第4冊，1991年。

48) 行政院經濟建設委員會『中華民國第十期台灣經濟建設中期計畫(1990〜93年)』，1990年。
49) 行政院國家科學委員會『第4次全國科學技術會議實錄』，1991年。
50) 朝元照雄「科学技術政策と政府の役割」(劉進慶・朝元照雄編『台湾の産業政策』勁草書房，2003年)。
51) 行政院國家科學委員會『中華民國科技白皮書：科技化國家宏圖』，1997年。
52) 行政院『挑戰2008：國家發展重點計畫2002-2007』，2002年5月；行政院經濟建設委員會『挑戰2008：國家發展重點計畫全體研討會／會議資料』，2002年7月。
53) World Economic Forum と IMD のホームページによる。
54) 張忠謀（モリス・チャン・TSMC 会長兼 CEO）は「半導体受託生産は成長」(世界経営者会議特集) で，「最先端の回路線幅90ナノ（ナノは10億分の1）メートル技術を使った直径300ミリウェハーは1枚の平均的な価格が1万6千5百ドルと当社では試算している。月産3万枚の最先端工場は年間60億ドルもの売上高を計上することになる。インテルには4工場が必要だが，その他のメーカーでは1工場で十分過ぎる計算だ」，「ファウンドリーが生産する最先端ウェハーの価格は4割程度なので，1工場の売上高は24億ドル。工場を2つ持つことができるファウンドリーは，2000年の売上高が50億ドルを超えた TSMC 1社だけだ。2位のファウンドリーは1工場でも使い切ることができない」と持論を語った。『日本経済新聞』2002年11月27日付。
55) 黒岩郁雄「制度能力と産業政策」(黒岩編『国家の制度能力と産業政策』アジア経済研究所，2004年，第1章)。
56) 董安琪，前掲書，2001年。
57) Kirby W. C., "Continuity and Change in Modern China: Economic Planning on the Mainland and on Taiwan," *Australian Journal of Chinese Affairs*, no. 24, July 1990, pp.1-20.
58) 蔡焜燦『台湾人と日本精神』日本教文社，2000年。
59) Vogel, *op.cit.*, 1991, Ch.2.
60) 瞿宛文，前掲書，2003年。
61) Vogel, *op.cit.*, 1991, Ch.2.
62) Vogel, *op.cit.*, 1991, Ch.2.
63) 世界銀行編，前掲書，1997年。

第6章　経済発展における中小企業の役割
——台湾のケース・スタディー——

はじめに

　戦後の台湾経済はその他の開発途上国と同じように資金の不足，インフレ，貿易収支の大幅な赤字などの悩みを抱いてきた[1]。1952年の1人当たり国民総生産（GNP）は196米ドルで，98年に1万2040米ドルになり，このことは台湾の経済がいかに速いテンポで発展してきたということを物語る。そして，台湾はアジアNIEsの重要な一員で，先進国の仲間入りの条件も揃っていた。この成功の経験は「経済の奇跡」とも呼ばれるようになった[2]。

　台湾の経済発展は高度成長を達成しただけでなく，速いテンポで推進された工業化，安定した物価，低い失業率および公正な所得分配などが挙げられる[3]。しかも多くの製品は「世界第1位」のタイトルを持っていた。

　1980年代半ばに20数種類の伝統産業の製品が世界第1位を獲得した。自転車，テニス・ラケット，傘，靴類，扇風機，モーターなどである。1997年，ハイテク製品であるノート型パソコン（世界シェアの30.6％），モニター（同・53.7％），マザーボード（同・60.5％），携帯型スキャナー（同・96％），卓上型スキャナー（同・68.7％），電源供給器（SPS）（同・63％），マウス（同・63.6％），キーボード（同・62.2％），モデム（同・44.6％）などは世界第1位のタイトルを獲得した[4]。ここからも台湾製品の労働集約的製品から技術・資本集約的製品への転換をみることができた。

　台湾の経済発展と中小企業の発展とは密接な関係を持っている。中小企業の製品の製造と輸出の拡大によって，通常の発展途上国が持つ悩みである貯蓄の不足，外貨の不足，競争力の不足の3つのボトルネックを一挙に解決したことになった。

中小企業は台湾の経済発展に寄与するところが極めて大きいため，台湾は「中小企業王国」(The Kingdom of Small and Medium Enterprises：KSME) とも呼ばれていた。それは台湾の経済成長の担い手として中小企業の役割が大きいことを意味する[5]。本章は経済発展と中小企業を論じることにする。まず，中小企業の定義，発展時期，その位置づけの変化と発展要因に焦点を当てることにする（第Ⅰ節）。それに，貿易動向と海外投資の動向について分析する（第Ⅱ節）。そして，雇用動向，賃金動向および財務管理，資金調達と運用の実態について考察する（第Ⅲ節と第Ⅳ節）。

Ⅰ．中小企業の定義，発展時期と位置づけの変化

（1） 中小企業の定義

台湾の中小企業の公式定義は，1967年9月14日に行政院によって公布された「中小企業指導基準」（「中小企業輔導準則」）によるものである。当時の規定によると，製造業（加工業と手工業を含む）の場合，資本額が500万台湾元（台湾ドル）以下，従業員が100人以下のものを中小企業と呼ぶようになった。そして，商業とサービス業の場合，年間営業額が500万台湾元以下，従業員が10人以下のものを指すようになった（表6-1）。

その後，経済情勢の変化と中小企業の発展に応じて，1973年3月に最初の指導基準の修正を行った。製造業の資本額が500万台湾元以下，総資産額が2000万台湾元以下のもので，衣服製造・靴製造・電子製品産業の場合の従業員が300人以下，食品加工業の場合は200人以下，その他の産業は100人以下のものを中小企業と呼ぶようになった。

1977年8月に第2次の指導基準の修正を行った。製造業の場合，振込資本額が2000万台湾元以下，総資産額が6000万台湾元以下のもので，従業員が300人以下のものを中小企業と呼ぶようになった。同時に，鉱業（土石採集業を含む）の場合，振込資本額が2000万台湾元以下で，従業員が500人以下のものを指す。商業の場合，年間営業額が2000万台湾元以下で，従業員が50人以下のものを指すようになった。

1979年2月に第3次の指導基準の修正を行った。製造業と商業・サービス業

第6章　経済発展における中小企業の役割

表6-1　台湾における中小企業の定義の変化

時期	製造業	鉱業	商業・サービス業
1967年9月	①登記資本額が500万台湾元以下のもの ②従業員数が100人以下のもの	—	①前年の営業額が500万台湾元以下のもの ②従業員が50人以下のもの
1973年3月	①登記資本額が500万台湾元以下で，総資産が2000万台湾元以下のもの ②登記資本額が500万台湾元以下で，従業員数が下記の基準に合うもの a.衣服製造，靴製造，電子製品産業は300人以下のもの b.食品加工業は200人以下のもの c.その他100人以下のもの	—	上に同じ
1977年8月	①振込資本額が2000万台湾元以下で，総資産が6000万台湾元以下のもの ②従業員数が300人以下のもの	①振込資本額が2000万台湾元以下のもの ②従業員数が500人以下のもの	①前年の営業額が2000万台湾元以下のもの ②従業員が50人以下のもの
1979年2月	上に同じ	振込資本額が4000万台湾元以下のもの	上に同じ
1982年7月	振込資本額が4000万台湾元以下，総資産が1億2000万台湾元以下のもの	上に同じ	前年の営業額が4000万台湾元以下のもの
1991年11月	上に同じ。ただし，製造業と建設業に限る	上に同じ	上に同じ
1995年9月	①振込資本額が6000万台湾元以下のもの ②従業員が200人以下のもの ③従業員が20人以下のものは中小企業の小規模企業と呼ぶ （上記に建設業も含む）	左に同じ	①前年の営業額が8000万台湾元以下のもの ②従業員が50人以下のもの ③従業員が5人以下のものは中小企業の小規模企業と呼ぶ （上記に農林・水産・牧畜業も含む）

(出所)　『中小企業白皮書』(1991年版)，經濟部中小企業處，台北，1992年；『中小企業發展條例』經濟部中小企業處，台北，1997年。

は前回と同じであるが，鉱業の振込資本額が2000万台湾元以下から4000万台湾元以下に中小企業の範囲を広げた。

　続いて，1982年7月に第4次指導基準の修正を行った。製造業の場合，振込資本額が4000万台湾元以下，総資産額が1億2000万台湾元以下のものを中小企業にまとめた。商業・サービス業の営業額を2000万台湾元以下のものから，4000万台湾元以下のものに中小企業を指すように変更された。

　1991年2月に公布された「中小企業発展条例」および同年9月に公布された「中小企業発展基金収支保管及び運用弁法」では中小企業の指導重点，融資と税制減免などの奨励，発展基金の設立，経営管理，市場と製品の開発のバックアップなどが盛り込まれていた。

　同年11月に公布された「中小企業認定基準」（中小企業認定標準）に基づいて中小企業の定義を新たに変更した。この中小企業認定基準の第2条に，会社登記と商業登記が実施され，次の基準に適応する企業を中小企業として定義することに変更したのである。

　①製造業と建設業の振込資本額が4000万台湾元以下，その総資産が1億2000万台湾元以下のもの。

　②鉱業と土石採集業の振込資本額が4000万台湾元以下のもの。

　③商業，輸送業，倉庫業，通信業と他のサービス業の前年の営業額が4000万台湾元以下のもの。

　④それ以外の業種の場合，前年の営業額が4000万台湾元以下のもの。

　それに続いて，1995年9月27日に修正された中小企業の定義は下記のようになった。

　①製造業，建設業，鉱業および土石採集業の場合，振込資本額が6000万台湾元以下のもの。

　②農林・水産・牧畜，水道・電力・ガス業，商業，輸送業，倉庫・通信業，金融・保険・不動産業，商工サービス業，社会サービス業および個人サービス業の場合，前年の営業額が8000万台湾元以下のもの。

　③製造業，建設業，鉱業および土石採集業の従業員が200人以下のもの。

　④農林・水産・牧畜業，水道・電力・ガス業，商業，輸送業，倉庫・通信業，金融・保険・不動産業，商工サービス業，社会サービス業および個人サービス

業の従業員が50人以下のもの。
　⑤中小企業のうち「小規模企業」とは次のものを指す。
　　（i）製造業，建設業，鉱業および土石採集業の従業員が20人以下のもの。
　　（ii）農林・水産・牧畜業，水道・電力・ガス業，商業，輸送業，倉庫・通信業，金融・保険・不動産業，商工サービス業，社会サービス業および個人サービス業の従業員が5人以下のもの。

（2）中小企業の発展時期

　台湾の経済発展における中小企業の寄与は大きい。以下は台湾の中小企業の萠芽期，成長期，激動期と転換期の4つの時期に分けて観察する[6]。

①萠芽期（1945～62年）

　この時期は戦後の再建に全力を注入していた。資金，技術と外貨などが大幅に不足していた。要素賦存条件の労働力だけが豊富に存在していて，労働力の運用と外貨の節約のために輸入代替工業化を実施していた。当時の企業にとっては資金不足，市場の需要に限りがあり，生産規模は中小企業に集中していた。この事実は1960年の製造業の中小企業は5万1389社で，全製造業の99.7％を占めていて，商業の中小企業は9万1389社で，全商業の99.6％を占めていたことからもわかる。

②成長期（1963～73年）

　1960年代前半から台湾は輸出志向工業化を実施した。限られた国内市場の需要制限を突破して製品を海外市場に輸出する戦略である。政府はこの政策に合わせて，輸出品の租税返却，輸出向け低金利融資，貯蓄と投資の奨励策，輸出加工区（高雄，楠梓と台中），保税工場と工業区の設置などの諸措置を実施した。同時に，自国通貨の過大評価から実質評価への修正，台湾元の対ドル為替レートの複式為替制度から単一為替レート制度（為替レートの一本化）への変化などに加え，台湾の輸出先の日本，アメリカ，ヨーロッパ諸国の景気の好調による輸出増大のために，1963～80年の間にわたって10％の年平均経済成長率を保っていた。この国際環境のもとで台湾の中小企業の輸出がスムーズに推進

することができた。この期間中に，台湾の対アメリカとカナダの年平均輸出増加率が40％以上，対ドイツとイギリスが30％以上，対日本が20％弱の勢いで増加していた。

③激動期（1974～82年）

　この時期に2回の石油危機を経験し，労働力の不足，相対的賃金の高騰など国際・国内環境に波瀾の変化が訪れた。他方，国民所得の向上，貯蓄率の上昇など資本の累積も増加するようになった。政府は第2次輸入代替工業化（重化学工業化）を実施するようになり，機械，電子産業，石油化学産業などの原材料，中間財，部品・半製品など資本集約型産業の発展を推進するようになった。産業構造の転換に合わせて台湾の中小企業は，運営進路や規模などを新たに調整するようになった。例えば，重化学工業の中心・衛星系統（センター・サテライトシステム）の中心工場（センター・ファクトリー）と連携して衛星工場（サテライト・ファクトリー＝協力工場）の役割を果たす道を選んだ中小企業や，多国籍企業のハイテク製品のOEM生産を選んだ中小企業もあった。しかし，多くの中小企業は伝統産業である紡績品，衣服，靴類，電子機器，ゴム・樹脂製品，家電製品，運動製品などで品質の向上，輸出販路の開拓などに全力を投入した。この時期に2回の石油危機を受け，世界規模の大不況と原料コストの高騰などの影響があったが，この激動期に依然として成長を続けた。1982年の製造業の中小企業数は12万1545社に達し，全製造業の98.8％を占めるようになった。同時に，この時期に製造業の中小企業の従業員比率と生産高の比率も増加したことがわかる。

④転換期（1983年以降～）

　この時期に国際間の保護主義と地域主義が一段と高まった。同時に，台湾の国内でも1987年に30数年も続いた戒厳令の解除とともに民主化が速いテンポで推進され，労働運動と環境保全運動も高まった。それに1987年以降になると台湾の通貨である台湾元高・米ドル安の定着となり，労働力の不足，相対的賃金の上昇により，労働集約型産業を中心に発展してきた中小企業は，比較優位性の喪失で，国際競争力を次第に失ってきた。

第6章　経済発展における中小企業の役割

中小企業は継続的に発展を求めるために，経営合理化などの改善，低付加価値製品の製造から高付加価値製品の製造への転換が進められてきた。同時に，海外直接投資を通じて労働集約的産業および低付加価値製品の製造を東南アジアや中国に，生産基地のシフトが進められてきた[7]。

1997年の全中小企業と製造業の中小企業の企業数はそれぞれ102万435社と15万855社であり，全産業の97.8％と97.8％を占めていた。事実上1983年以降，中小企業数の比率，中小企業販売額の比率と中小企業の輸出額が全産業の輸出額に占めている比率が低下傾向を示している。

全企業に占めている中小企業数の比率および全製造業に占めている製造業中小企業数の比率は，1983年の98.6％と99.3％から1997年の同じく97.8％に低下している。そして，全企業に占めている中小企業の販売比率および全製造業に占めている製造業中小企業の販売比率は，1987年の39.0％と46.9％から1997年の32.1％と32.7％に低下している。全企業に占めている中小企業の輸出額比率および全製造業に占めている製造業中小企業の輸出額比率は，1982年の69.7％と73.5％から1997年の48.8％と51.5％に低下している。中小企業の国際競争力の優勢に厳しい試練を迎え，産業の高度化または産業の転換への必要性が高まっている。

（3）中小企業の位置づけ

過去において台湾の経済発展が高い成長を達成できたのは，恵まれた国際環境，安定した国内の政治と社会，高い素質の人的資源，優秀な企業家，政府の適切な経済政策，外国資本の積極的導入，公営と民間企業の役割分担などの重要な要因が挙げられる。特に，国民所得の増加，所得分配の公正化，就業機会の提供，生産の促進，輸出の増加など，中小企業の果たした役割については無視することができない。以下では中小企業の企業数，雇用者数，販売額，輸出額などの側面から経済発展への寄与について観察する。

①企業数

1997年の全企業数は104万社，中小企業数は102万社であり，中小企業の企業数比率は97.8％である（表6-2）。この10数年以来，台湾の産業別中小企業に

表 6 - 2　産業別中小企業数（1997年）

(単位：社，％)

業種別	全企業	中小企業	比率
合計	1,043,286	1,020,435	97.8
農林・水産・牧畜業	12,887	12,833	99.6
鉱業・土石採集業	1,447	1,418	98.0
製造業	150,855	147,507	97.8
水・電力・ガス業	455	420	92.3
建築業	67,673	66,619	98.4
商業	629,617	615,506	97.8
運輸・倉庫・通信業	32,973	32,218	97.7
金融・保険・不動産業	21,535	19,529	90.7
商工サービス業	42,227	41,309	97.8
社会・個人サービス業	83,617	83,076	99.4

(注)　1995年以降の中小企業は，資本額が6000万台湾元以下，または営業額が8000万台湾元以下のものを指す。中小企業の定義は表6-1を参照せよ。
(出所)　財政部；『中小企業白皮書』（1998年版），經濟部，1998年。

占める中小企業の企業数比率は90％以上を占めていた。そのうち，企業数比率が最も高いのが農林・水産・牧畜業の99.6％と社会・個人サービス業の99.4％で，製造業の中小企業は97％以上を占めていた。

そして，表6‐3の資本額別企業数から1987～97年の間に，10万台湾元未満の零細企業数は減少をみせ，1987年の66.3％から1997年の50.4％まで低下している。それに，資本額100～500万台湾元の企業を除いて，その他の資本額別分類の企業のいずれも増加の傾向をみせた。特に，1億台湾元以上の大企業でも8000社までに増加し，資本額別企業数の大企業化の傾向をみることができる。つまり，資本額企業数の大企業化の傾向をみることができる。

②雇用者数

1997年の就業者数に占める中小企業の就業者数比率は78.4％であった（表6‐4）。そのうち，中小企業の雇用者数比率は69.3％である（表6‐5）。中小企業の就業者数比率をみると，その順位は農林・水産・牧畜業（98.9％），建築業（97.3％），商業（93.9％），商工サービス業（87.5％），製造業（81.3％）などである。そして，中小企業の雇用者数比率をみると，その順位は建築業（97.0％），農林・水産・牧畜業（89.4％），商業（87.7％），商工サービス業

表6-3 資本額別企業数の推移（1987～97年）

(単位：社, %)

資本額別	1987	1990	1995	1996	1997
企業合計	761,553	818,061	1,012,212	1,024,360	1,043,286
10万台湾元未満	504,668	503,427	522,399	513,312	509,705
	(66.3)	(61.5)	(51.6)	(50.7)	(50.4)
10～100万台湾元	44,303	40,617	91,084	99,487	110,385
	(5.8)	(5.0)	(9.0)	(9.8)	(10.9)
100～500万台湾元	140,541	134,766	162,366	161,705	162,358
	(18.5)	(16.5)	(16.0)	(16.0)	(16.0)
500～1000万台湾元	48,628	98,294	156,265	164,701	170,860
	(6.4)	(12.0)	(15.4)	(16.3)	(16.9)
1000～2000万台湾元	12,729	21,039	36,959	40,110	42,988
	(1.7)	(2.6)	(3.7)	(4.0)	(4.2)
2000～3000万台湾元	4,368	8,412	24,971	25,090	24,926
	(0.6)	(1.0)	(2.5)	(2.5)	(2.5)
3000～4000万台湾元	1,947	2,901	5,205	5,473	5,782
	(0.3)	(0.4)	(0.5)	(0.5)	(0.6)
4000～5000万台湾元			1,185	1,351	1,495
			(0.1)	(0.1)	(0.1)
5000～6000万台湾元	2,695	4,897	2,413	2,606	2,866
	(0.4)	(0.6)	(0.2)	(0.3)	(0.3)
6000～1億台湾元			3,281	3,558	3,921
			(0.3)	(0.4)	(0.4)
1億台湾元以上	1,684	3,708	6,084	6,767	8,000
	(0.2)	(0.5)	(0.6)	(0.7)	(0.8)

(注) 1990年以前は「4000万台湾元～1億台湾元」クラスに細分類がない。カッコ内の数字は比率である。単位は%。四捨五入のため，合計値が100でない場合がある。
(出所) 『中小企業白皮書』(1998年版)，經濟部，台北，1998年。

(82.5％)，製造業（78.5％）などである。近年，製造業と建築業の中小企業の雇用者数比率は次第に増加した。中小企業は多くの雇用機会を提供し，同時に工業化を加速的に促進して，農業経済立国から工業経済立国への転換を果たした。それは農業の過剰労働力を非農業部門（特に中小企業）の吸収によって所得分配がより公正化の達成に寄与したことを意味する[8]。

③販売額

全販売額に占める中小企業の販売額比率をみると，1986～89年は42％以上であり，97年は32.1％と低下の傾向がみられた（表6-6）。そのうち，中小企業

表6-4　産業別中小企業の就業人口と中小企業比率（1997年）

（単位：1,000人，％）

産業別	合計	政府雇用	大企業	中小企業	比率
合計	9,176	1,023	956	7,197	78.4
農林・水産・牧畜業	878	8	2	868	98.9
鉱業・土石採集業	13	3	0	10	76.9
製造業	2,570	60	422	2,088	81.3
水・電力・ガス業	35	32	1	2	5.7
建築業	885	17	7	861	97.3
商業	1,995	13	108	1,874	93.9
運輸・倉庫・通信業	465	116	68	281	60.4
金融・保険・不動産業	351	66	117	168	47.9
商工サービス業	240	1	29	211	87.9
社会・個人サービス業	1,421	385	203	835	58.8
公共行政業	323	323	0	0	0.0

（注）　中小企業の就業者数（従業員数）は，鉱業・土石採集業，製造業と建築業の人数は200人以下のもの，農林・水産・牧畜業，水・電力・ガス業，商業，サービス業の人数は50人以下のものを指す。
（出所）　行政院主計處『人力資源調査統計年報』1998年；『中小企業白皮書』（1998年版），經濟部，1998年。

表6-5　産業別中小企業の雇用人口と中小企業比率（1997年）

（単位：1,000人，％）

産業別	合計	政府雇用	大企業	中小企業	比率
合計	6,423	1,024	950	4,449	69.3
農林・水産・牧畜業	85	8	1	76	89.4
鉱業・土石採集業	12	3	0	9	75.0
製造業	2,237	60	421	1,756	78.5
水・電力・ガス業	35	32	1	2	5.7
建築業	762	17	6	739	97.0
商業	968	13	106	849	87.7
運輸・倉庫・通信業	341	116	67	158	46.3
金融・保険・不動産業	340	66	117	157	46.2
商工サービス業	171	1	29	141	82.5
社会・個人サービス業	1,149	385	202	562	48.9
公共行政業	323	323	0	0	0.0

（注）　表6-4に同じ。
（出所）　表6-4に同じ。

第6章 経済発展における中小企業の役割

表6-6　中小企業の販売構造,輸出比率と営業税比率（1997年）

(単位：万台湾元，%)

産業別	販売額	内：中小企業	比率
合計	2,137,697,141	686,406,062	32.1
農林・水産・牧畜業	4,230,153	1,561,386	36.9
鉱業・土石採集業	3,130,807	2,441,279	78.0
製造業	729,083,020	238,677,968	32.7
水・電力・ガス業	30,802,200	359,225	1.2
建築業	127,082,232	79,156,180	62.3
商業	840,123,967	294,779,671	35.1
運輸・倉庫・通信業	81,368,631	18,968,749	23.3
金融・保険・不動産業	218,914,418	14,391,386	6.6
商工サービス業	62,149,261	18,788,791	30.2
社会・個人サービス業	40,812,453	17,281,427	42.3
産業別	輸出額	内：中小企業	比率
合計	473,504,393	125,091,493	26.4
農林・水産・牧畜業	565,869	198,057	35.0
鉱業・土石採集業	107,379	56,184	52.3
製造業	239,001,923	55,829.098	23.4
水・電力・ガス業	60,441	24,088	39.9
建築業	1,018,906	646,802	63.5
商業	194,129,942	60,256,495	31.0
運輸・倉庫・通信業	24,860,116	1,580,330	6.4
金融・保険・不動産業	556,426	172,403	31.0
商工サービス業	7,718,528	1,829,399	23.7
社会・個人サービス業	5,484,863	4,498,637	82.0
産業別	営業税	内：中小企業	比率
合計	11,711,085	5,165,747	44.1
農林・水産・牧畜業	16,698	6,489	38.9
鉱業・土石採集業	27,047	24,333	90.0
製造業	3,269,238	1,602,486	49.0
水・電力・ガス業	15,128	3,283	21.7
建築業	1,109,589	765,758	69.0
商業	4,669,073	2,173,856	46.6
運輸・倉庫・通信業	375,009	163,140	43.5
金融・保険・不動産業	1,510,251	119,573	7.9
商工サービス業	427,114	170,638	40.0
社会・個人サービス業	291,938	136,191	46.7

(注)　表6-2に同じ。
(出所)　表6-2に同じ。

の販売額比率の高い順位は鉱業・土石採集業（78.0％），建築業（62.3％）などで，最も低いのが水・電力・ガス業（1.2％），金融・保険・不動産業（6.6％）である。

④輸出額

　1960年代以降，台湾の経済発展は典型的に輸出志向工業化によるものである。それは資源の制限を受け，輸出増加による経済成長を維持してきたことである。そして，台湾の企業形態は「大企業は国内需要を主とし，中小企業は輸出を主とする」と言われてきた[9]。しかし，近年になり中小企業の輸出額比率によると，低下傾向がみられる。表6-6に示された1997年の中小企業の輸出比率は26.4％である。そのうち，中小企業の輸出比率が最も高いのは社会・個人サービス業（82.0％），建築業（63.5％）と鉱業・土石採集業（52.3％）であり，最も低いのが運輸・倉庫・通信業（6.4％）である。ちなみに，全営業税に占める中小企業の営業税比率は44.1％である（1997年，表6-6）。そのうち，中小企業の営業税比率が最も高いのが鉱業・土石採集業（90.0％）と建築業（69.0％）であり，最も低いのが金融・保険・不動産業（7.9％）である。

（4）中小企業の発展要因

　台湾の中小企業の発展要因はどのようなものであるか。政府と民間企業はどのような方法で成果を得たのか。以下はその発展の要因について述べることにする[10]。

①起業家精神を持つ中小企業の経営者

　台湾において個人主義が発達しているのは，あるいは移民社会の背景によるものであろう。そして，自由に開放された経済体制によるものである。それに，国民性である「ニワトリの頭になっても，牛の尻尾にならない（寧為鶏首，不為牛後）」という旺盛な起業家精神によって，中小企業は至るところで設けられる。通常，一匹狼型（シングル・プレー型）経営方式は，協力による規模の経済を得ることができず，バランスのとれた企業経営をすることが難しいと言われていた。しかし，台湾においては政治，軍事，外交，経済の脅威を常に受

けており，政府と民間も適切に協力する重要性を熟知していて，中小企業の経営者も相互協力の必要性を感じている。この理由によって，台湾の中小企業は他の国と比べてより個人主義的色彩が強いが，同時に互いに協力しあう起業家精神を共用している。つまり，台湾の中小企業は，一方では勤勉に働き，互いに競争し，他方では危機が発生した時に，互いに協力し合って難関を克服する特徴を持っていた。

②開放と安定した政治社会的環境の提供

　台湾のような小国型＝島国型で経済発展を図る場合，対外的に「開放された経済」を選択することは避けられない。そのために，政治と経済は外来の影響を受けやすく，長期的安定を維持することは容易ではない。しかし，同時に限られた資本，技術と資源を利用して経済発展を促すために，外資と外国技術を導入できる環境を築き上げなければならない状況にある。過去において台湾の政府は，「開放された経済」のなかで安定と進歩を求める政策を選択したことは適切であると言えるし，それが今日の台湾経済の繁栄に絶大な貢献をしたのである。事実上，開放と安定を兼ねた環境を築き上げたために，台湾の中小企業は比較的低いコストで，国際分業体制のなかで一席を占めるようになった。

③柔軟で効率の高い生産ネットワークを形成

　台湾の経済発展過程において中小企業は柔軟で効率的な生産ネットワークを形成し，血縁，地縁，友人との人脈などによって緊密な関係を築き上げた。そして，相互利益の原則のもとで，家族を単位とする中小企業によって体系的な協力関係が形成された。企業内部の製造調整から対外的に原料の購入，受注，OEM生産および販売ルートの確保などの人脈関係が構成された。このような特有の人脈関係は，交易行為のコストを下げ，中小企業に有利な経営情報をとり入れ，柔軟で調整のできる体質を内部に持つことができた。つまり，台湾の中小企業はとり入れた情報を即座にフィードバックのできる構造を体内に持っていたことである。同時に，経営上の困難にあった場合，互いに助け合って難関を解決する体質をも持っていた。

④豊富な労働力の供給と吸収

　台湾の中小企業の発展は，過去において過剰労働供給の吸収に大きな役割を果たした。特に，労働過剰経済の段階から労働不足経済の段階への移行（A. ルイスの理論）に，台湾の中小企業は大きな役割を果たした。つまり，1960年代の輸出志向工業化における労働集約型産業の製品の輸出の主役は中小企業であり，輸出拡大とともに中小企業は成長し，過剰労働供給の吸収に貢献したことになる。雇用と賃金の動向については，第Ⅲ～Ⅳ節で詳しく述べることにする。

⑤整備されたインフラ設備

　この50数年間にわたって台湾では道路，鉄道，港湾設備，航空，通信などのインフラの整備が進められてきた。インフラの整備は全体の経済発展に寄与し，その外部経済の改善は，直接的・間接的に中小企業の経営コストの低下に貢献することになる。

⑥人的資源の構築

　教育の普及と向上は人的資源の素質のレベルアップに大きな役割を果たしている。1968年に政府は今までの6年間の義務教育を9年間の義務教育に延長した。同時に，技術と職業の教育を強化し，産業の高度化に対応するようにした。
　そのほかに，台湾の経済発展に成功した内的要因としては，安定した和やかな社会，勤勉で倹約な国民，正確な発展戦略の措置などが挙げられる[11]。

Ⅱ．貿易動向と海外投資の動向

（1）貿易動向

　次に，台湾製品の輸出シェアの推移を示したのが表6-7である[12]。そのうち，輸出シェアの順位（1998年第1四半期）としては，電子製品（15.2％），紡績品（13.7％），情報通信製品（11.7％）などとなっている。電子製品，情報通信製品，他の機械・電機などが速いテンポで輸出シェアを増大しており，逆に，紡績品など労働集約的製品はコスト高で輸出シェアを減少させている。続

第6章　経済発展における中小企業の役割　　　　　　　　　171

表6-7　台湾製品の輸出シェアの推移

(単位：％)

項　目	1990	1991	1992	1993	1994	1995	1996	1997	1998*
計	100.00	100.00	100.00	100.00	100.00	100.00	100.00	100.00	100.00
動物・製品	2.46	2.62	2.46	2.40	2.73	2.77	2.54	1.30	1.03
植物製品	0.78	0.78	0.65	0.61	0.51	0.41	0.37	0.28	0.23
調理食品・飲料・タバコ	1.09	1.14	1.07	1.02	0.80	0.59	0.50	0.41	0.35
化学製品	1.91	2.06	2.17	2.28	2.58	2.90	2.81	2.68	2.46
樹脂・ゴム製品	6.59	6.79	6.70	6.69	6.88	7.23	6.65	6.32	6.21
皮革製品	1.96	1.66	1.44	1.24	1.38	1.29	1.25	1.19	1.06
木材・木製品・合板	1.43	1.21	1.05	0.92	0.81	0.66	0.59	0.53	0.42
紡績品	15.30	15.75	14.53	14.15	15.05	13.99	13.51	13.64	13.68
装飾品	6.12	5.81	5.31	3.92	2.41	1.68	1.43	1.15	0.94
非金属鉱物製品	1.64	1.53	1.48	1.27	1.12	0.98	0.89	0.92	0.86
基礎金属製品	7.76	7.62	7.93	8.38	8.68	8.98	8.84	9.45	9.82
電子製品	11.49	10.74	10.66	11.99	13.25	14.56	14.34	14.75	15.16
機械製品	8.59	8.92	9.25	8.28	7.75	7.48	8.18	7.92	8.17
電機製品	－	3.33	3.42	3.77	3.70	3.58	3.64	3.91	4.10
情報通信製品	－	7.34	7.88	7.50	7.30	8.87	10.81	11.84	11.74
家庭用電器	1.34	1.32	1.27	1.03	0.89	0.78	0.77	0.68	0.64
他の機械・電機	2.22	2.87	3.97	6.77	7.74	8.46	8.90	9.24	9.61
車両・船舶・輸送機械	5.13	5.16	5.16	5.50	5.17	4.80	4.50	4.55	4.73
精密計器・楽器	2.56	2.67	2.70	2.55	2.46	2.32	2.20	2.25	2.26
玩具・運動器具	4.33	4.00	4.07	3.31	2.91	2.46	2.30	1.95	1.69
その他	6.53	6.70	6.83	6.43	5.87	5.20	4.98	5.03	4.84

(注)　＊：1998年第1四半期の数値。
(出所)　『中華民國台灣地區貿易趨勢預測季刊』第7期，經濟部國際貿易局，台北，1998年4月。

く，表6-8の製品の輸出増加率の推移からも，労働集約的製品の減少と技術・資本集約的製品の増加という同じような現状を読み取ることができる。

引き続いて，表6-9の全企業と中小企業の輸出推移によると，いずれも増加傾向をみせ，1982年から97年に全企業の輸出は5.5倍の増加，中小企業の輸出は3.8倍の増加をみせた。したがって，この期間中に輸出額に占める中小企業の比率は1982年の69.7％から1997年の48.8％に低下した[13]。

同じことが製造業と貿易業でもみることができる。1982年から97年において全製造業と製造業の中小企業はそれぞれ5.5倍と3.8倍の増加をみせた。貿易業も同じく5.5倍と3.8倍の増加をみせた。この期間中に製造業の輸出額に占める製造業の中小企業の比率は1982年の73.5％から1997年の51.5％に低下した。同

表 6-8　台湾製品の輸出増加率の推移

(単位：%)

項目	1990	1991	1992	1993	1994	1995	1996	1997	1998*
計	1.38	13.34	6.95	4.44	9.35	20.01	3.87	5.27	-1.52
動物・製品	-7.78	20.68	0.32	2.09	24.41	21.66	-4.91	-45.92	-22.18
植物製品	-8.87	12.77	-10.57	-2.55	-8.17	-3.33	-6.73	-20.23	-18.65
調理食品・飲料・タバコ	19.62	18.65	0.18	-0.18	-14.56	-11.06	-11.47	-14.56	-16.58
化学製品	21.16	22.43	12.74	9.47	24.10	34.68	0.63	0.61	-9.94
樹脂・ゴム製品	2.15	16.76	5.49	4.36	12.47	26.09	-4.43	0.02	-3.25
皮革製品	-11.89	-4.03	-7.12	-10.24	22.26	12.35	0.00	0.64	-12.58
木材・木製品・合板	-17.23	-4.16	-7.12	-8.28	-4.01	-1.69	-7.27	-4.93	-22.58
紡績品	-0.68	16.65	-1.30	1.66	16.30	11.57	0.34	6.28	-1.28
装飾品	-8.21	7.47	-2.18	-22.92	-32.78	-16.33	-11.66	-15.35	-19.71
非金属鉱物製品	-3.36	5.29	3.99	-10.33	-3.89	4.54	-5.15	9.36	-7.98
基礎金属製品	0.42	11.35	11.35	10.33	13.21	24.18	2.23	12.52	2.38
電子製品	-4.93	5.92	6.10	17.51	20.89	31.78	2.36	8.22	1.24
機械製品	23.93	17.61	10.89	-6.52	2.35	15.84	13.61	1.94	1.54
電機製品	0.80	14.99	9.68	15.31	7.36	16.01	5.68	12.86	3.46
情報通信製品	13.83	11.23	14.95	-0.63	6.37	45.96	26.51	15.29	-2.32
家庭用電器	-17.61	11.45	2.86	-15.45	-5.64	6.04	1.69	-6.86	-7.50
他の機械・電機	8.89	46.45	47.85	78.18	25.00	31.18	9.24	9.26	2.48
車両・船舶・輸送機械	14.23	13.90	6.93	11.34	2.95	11.33	-2.70	6.57	2.38
精密計器・楽器	2.34	18.23	8.23	-1.66	5.89	12.87	-1.61	8.04	-1.39
玩具・運動器具	-4.29	4.76	8.98	-15.13	-3.96	1.54	-2.71	-10.89	-14.49
その他	-2.49	16.27	9.06	-1.69	-0.18	6.36	-0.59	6.37	-5.21

(注)　＊：1998年第1四半期の数値。
(出所)　表6-7に同じ。

じように，同期間の貿易業の輸出額に占める貿易業の中小企業の比率は1982年の62.5％から1997年の43.8％に低下した。つまり，中小企業の大企業化と同時に，台湾の経済発展に占める中小企業の役割は過去と比べて低下傾向をみせたことになった。

　表6-10は中小企業の営業収入に占める国内販売（内需）と国外販売（外需）の比率の推移である[14]。1972年の外需の比率は55.7％で，1982年の75.9％まで増加した。その後，台湾元高による輸出競争力の低下と海外直接投資の増加によって，中小企業の外需比率は1995年の32.6％まで低下した。

　次に，中小企業と大企業の国内市場のライバルとの競争について観察する。表6-11は経済部（経済産業省に相当）の1997年の『製造業経営実態調査』によ

第6章 経済発展における中小企業の役割　　173

表6-9 中小企業輸出の推移

(単位:億米ドル,%)

年別	全企業 (A)	中小企業 (B)	比率 B/A	製造業 (C)	中小企業 (D)製造	比率 D/C	貿易業 (E)	中小企業 (F)貿易	比率 F/E
1982	222.04	154.71	69.7	144.33	106.13	73.5	77.71	48.58	62.5
1983	251.22	159.27	63.4	163.29	109.26	66.9	83.93	50.01	56.9
1984	304.56	180.45	59.2	197.96	123.79	62.5	106.60	56.66	53.2
1985	307.17	188.00	61.2	199.66	128.97	64.6	107.51	59.03	54.9
1986	397.89	264.09	66.4	258.63	181.17	70.1	139.26	82.92	59.5
1987	535.34	358.99	67.1	347.97	246.27	70.8	187.37	112.72	60.2
1988	605.85	363.33	60.0	393.80	249.39	63.3	212.05	114.14	53.8
1989	622.01	407.67	61.6	430.31	278.98	64.8	231.70	127.69	55.1
1990	672.14	385.22	57.3	436.89	264.26	60.5	235.25	120.96	51.4
1991	761.78	433.33	56.9	495.16	297.27	60.0	266.62	136.06	51.0
1992	814.70	455.56	55.9	529.56	312.52	59.0	285.14	143.04	50.2
1993	850.91	465.10	54.8	551.96	319.07	57.8	297.21	146.03	49.1
1994	930.49	489.08	52.6	604.82	335.52	55.5	325.67	153.56	47.2
1995	1,116.88	565.67	50.7	725.97	388.06	53.5	390.91	177.61	45.4
1996	1,159.42	576.80	49.8	753.62	395.69	52.5	405.80	181.11	44.6
1997	1,220.98	595.43	48.8	793.64	408.47	51.5	427.34	186.96	43.8

(注) 1995年以降の中小企業のデータは資本額が6000万台湾元以下または営業額が8000万台湾元以下のものを指す。中小企業の定義は表6-1を参照せよ。
(出所) 財政部統計處『中華民國台灣地區進出口貿易統計月報』各月;經濟部貿易局の磁気テープによる。

表6-10 中小企業の国内販売(内需)と国外販売(外需)の比率

(単位:%)

項目	1972	1973	1974	1975	1976	1977	1978	1979
営業収入	100.0	100.0	100.0	100.0	100.0	100.0	100.0	100.0
国内販売	44.3	46.6	57.0	47.0	42.8	46.5	43.3	41.0
国外販売	55.7	53.4	43.0	53.0	57.2	53.5	56.7	59.0

項目	1980	1981	1982	1983	1984	1985	1986	1987
営業収入	100.0	100.0	100.0	100.0	100.0	100.0	100.0	100.0
国内販売	33.3	25.2	24.1	26.7	28.2	30.0	33.6	37.5
国外販売	66.7	74.8	75.9	73.3	71.8	70.0	66.4	62.5

項目	1988	1989	1990	1991	1992	1993	1994	1995
営業収入	100.0	100.0	100.0	100.0	100.0	100.0	100.0	100.0
国内販売	51.1	62.0	59.9	60.8	63.9	65.3	62.4	67.1
国外販売	47.0	35.8	39.6	38.5	34.9	34.0	37.4	32.6

(注) 1) 1983～94年の中小企業の国内販売と国外販売の比率に2つの調査結果があった。長期時系列の趨勢変化を観察するために、この期間は単純平均を採用した。また、1988年以降の「営業収入」に「その他の営業収入」の項目が増えたため、それ以降の国内販売と国外販売の比率の合計は100%でない。
2) この調査報告書は第37輯(1995年)以降、調査・発行を中止した。
(出所) 台灣銀行經濟研究室編『中華民國台灣地區工業財務狀況調査報告』第15輯～第37輯、各年。

表 6-11　国内販売のライバル調査

(単位：%)

国内販売のライバル調査	計	企業規模別	
		大企業	中小企業
サンプル数（社）	3,637	467	3,170
合計	100.00	100.00	100.00
国外販売（全部）	11.16	11.13	11.17
国内販売（部分・全部）	88.84	88.87	88.83
国内販売のライバル（複数選択）			
国内の同業	95.51	95.90	95.45
アジア			
中国大陸	9.04	8.67	9.09
日本	7.58	15.90	6.36
東南アジア	5.29	10.36	4.55
韓国	4.15	8.92	3.44
香港	1.49	1.69	1.46
ヨーロッパ	3.40	4.82	3.20
北米	2.63	4.82	2.31
他の地域	0.96	0.72	0.99

(出所)　『中華民國台灣地區製造業經營實況調査』經濟部，台北，1997年。

表 6-12　輸出市場のライバル調査

(単位：%)

輸出市場のライバル調査	計	企業規模別	
		大企業	中小企業
合計	100.00	100.00	100.00
国内販売（全部）	29.80	12.85	32.30
輸出販売	70.20	87.15	67.70
輸出市場のライバル（複数選択）			
国内の同業	48.22	48.65	48.14
アジア			
中国大陸	49.59	46.68	50.14
日本	27.11	33.66	25.86
東南アジア	23.38	35.14	21.16
韓国	20.17	32.68	17.80
香港	10.85	9.58	11.09
ヨーロッパ	13.87	14.74	13.70
北米	11.05	17.44	9.83
他の地域	2.04	1.72	2.10

(出所)　表 6-11に同じ。

るもので，中小企業と大企業の国内市場でのライバル調査である[15]。企業数3170社の中小企業と467社の大企業で合計3637社を対象とする調査によって構成される。そのうち，製品の全数を輸出する企業社数は11.2％（中小企業）と11.1％（大企業）で，全部または部分を国内販売する企業はそれぞれ88.8％（中小企業）と88.9％（大企業）である。それによると，国内販売のライバルに国内の同業を挙げたのは95.5％（中小企業）と95.9％（大企業）である（複数選択）。中小企業の他のライバルの順位として，中国（9.1％），日本（6.4％），東南アジア（4.6％），韓国（3.4％）とヨーロッパ（3.2％）である。大企業の他のライバルの順位として，日本（15.9％），東南アジア（10.4％），韓国（8.9％），中国（8.7％），ヨーロッパと北米（それぞれ4.8％）である。

続いて，中小企業と大企業の輸出市場のライバル調査による競争実態について観察する（表6-12）。台湾の国内市場が小さいために，今まで輸出を努力の目標にしていた。このライバル調査のうち，輸出販売の中小企業と大企業はそれぞれ67.7％と87.2％であった。そのうち，中小企業にとって輸出市場の競争ライバルの順位（複数選択）は中国大陸（50.1％），国内の同業（48.1％），日本（25.9％），東南アジア（21.2％）と韓国（17.8％）などとなっている。大企業にとって輸出市場の競争ライバルの順位（複数選択）は国内の同業（48.7％），中国（46.7％），東南アジア（35.1％），日本（33.7％）と北米（17.4％）となっている。台湾の企業からみて中国大陸がライバルに浮上したのは，近年において台湾企業の国内ライバルの対中投資によってコスト面（人件費や原材料費）の圧力が高まったことなどによるもの，と考えられる。

（2）海外投資動向

次に，表6-13の大企業と中小企業の海外投資との比較を観察する[16]。ここでの中小企業とは従業員数が100人以下の企業を指す。以下は9つの中項目に沿ってみることにする。

（1）国際化の程度によると，①すでに海外投資に進出した企業をみると，大企業（35.8％）は中小企業（25.0％）よりも多い。同じように，②海外代理店への販売委託と，③海外投資せず輸出のみを行っている大企業（6.9％と37.2％）は中小企業（3.9％と27.2％）よりも多い。それを反映して，④海外

表 6-13　大企業と中小企業の海外投資の比較

(単位：%)

項　目	小　項　目	大企業	中小企業
(1)国際化の程度	①海外投資の進出済み	35.77	24.96
	②海外代理店に販売委託	6.86	3.92
	③海外投資せず・輸出のみ	37.22	27.15
	④海外投資せず・輸出せず	18.02	42.19
	⑤海外投資から撤退	0.67	1.18
	⑥海外投資の計画制定中	1.45	0.60
(2)国際化の進行度合い	①海外で工場・販売拠点を設置	45.40	37.73
	②海外で工場を設置	38.69	51.01
	③海外で販売拠点を設置	15.91	11.26
(3)海外投資の主要出資方式	①現金	68.45	63.21
	②機械設備	22.04	27.04
	③原料	4.00	5.66
	④特許技術を出資費	2.40	3.27
	⑤その他	3.11	1.57
(4)海外事業の経営状態	①良好	39.74	29.64
	②普通	49.50	56.98
	③損失	10.46	12.42
	④計画を停止	0.30	0.96
(5)投資報酬率 （台湾の親企業との比較）	①大変良い	4.07	5.58
	②良い	40.89	39.75
	③ほぼ同じ	33.84	37.05
	④悪い	19.96	15.69
	⑤大変悪い	1.24	1.92
(6)海外投資の利潤の運用方式	①台湾に送金	45.80	53.14
	②現地で再投資	51.55	48.06
	③株主に利潤分配	10.99	10.87
	④第3国に投資	2.83	1.50
	⑤その他	11.95	9.87
(7)主力製品の製造先	①海外にない	20.42	13.47
	②海外にある	79.58	86.53
(8)国内部門の運営調整	①国内企業の現規模を維持	50.89	55.63
	②国内企業の規模を拡大	33.47	15.40
	③国内企業の規模を縮小	14.71	26.76
	④国内企業の全業務を停止	0.94	2.21
	⑤＝（②拡大－③縮小－④停止）	17.82	−13.57
(9)政府協力の必要	①投資保障協定の締結	60.69	54.66
	②充分な情報の提供	50.40	51.71
	③海外投資の制限緩和	50.54	43.74
	④業者の仲裁・商談の協力	27.71	29.90
	⑤銀行の海外支店増設の奨励	30.16	28.78

(注)　ここの中小企業は従業員数が100人以下のものを指す。
(出所)　『製造業多角化暨國際化調査報告』經濟部統計處，1995年；『製造業對外投資實況調査報告』經濟部統計處，1995年；鍾琴『中小企業之國際化』中華經濟研究院，1998年。

第6章　経済発展における中小企業の役割　　177

投資と輸出をしない中小企業（42.2％）は大企業（18.0％）よりも多い。⑤海外投資からの撤退とは，海外投資に失敗したこと，または不都合が生じたことを意味する。これらの中小企業（1.2％）は大企業（0.7％）よりも多い。⑥海外投資を計画している企業の比率をみると，大企業（1.5％）は中小企業（0.6％）よりも多い。この数値が低いのは，恐らく投資を計画している企業のほとんどがすでに投資しているためであろう。

　（2）　国際化の進行度合いによると，①海外での工場・販売拠点の設置と③海外での販売拠点の設置のいずれも，大企業（45.4％，15.9％）は中小企業（37.7％，11.3％）よりも多い。しかし，②海外での工場の設置については，逆の結果が出ている。中小企業（51.0％）は大企業（38.7％）よりも多い結果になっている。

　（3）　海外投資の主要出資方式をみると，①現金と，⑤その他について大企業（68.5％，3.1％）は中小企業（63.2％，1.6％）よりも多い。逆に，②機械設備，③原料と，④特許技術を出資費に計上したものによると，中小企業（27.0％，5.7％，3.3％）は大企業（22.0％，4.0％，2.4％）よりも多いことがわかる。これは資金面において，大企業は中小企業よりも豊富であることを意味している。

　（4）　海外事業の経営状態をみると，①良好と回答した大企業（39.7％）は中小企業（29.6％）よりも多い。逆に，②普通，③損失と，④計画を停止と回答した中小企業（57.0％，12.4％，1.0％）は大企業（49.5％，10.5％，0.3％）よりも多い。大企業は中小企業よりも経営状態が良いことを意味する。

　（5）　台湾の親企業と比べて現地の企業の投資報酬率は，①大変良いと，③ほぼ同じと回答した中小企業（5.6％と37.1％）は大企業（4.1％と33.8％）よりも多いことがわかる。そして，②良いと，④悪いと回答した大企業（40.9％と20.0％）は中小企業（39.8％と15.7％）よりも多い。結局は，①大変良い，②良いと，③ほぼ同じの合計値をみると，中小企業は大企業よりも多い。逆に，④悪いと，⑤大変悪いとの2つの合計値をみると，大企業は中小企業よりも多いことがわかる。

　（6）　海外投資で得られた利潤の運用方式について，①台湾に送金を回答した中小企業（53.1％）は大企業（45.8％）よりも多いことがわかる。②現地で

の再投資，③株主に利潤を配分，④第3国に投資と，⑤その他を回答した大企業（51.6％，11.1％，2.8％，12.0％）は中小企業（48.1％，10.9％，1.5％，9.9％）よりも多い。あるいは大企業は中小企業と比べて資金面が豊富であるために，台湾に送金を急がず再投資などを選択していることを示している。

（7）主力製品の製造先は海外にあるのか。この回答について，海外で主力製品を製造していると回答した中小企業（86.5％）は大企業（79.6％）よりも多い。つまり，海外製造もその企業の戦略の一部であることを意味する。

（8）海外投資のあとに国内部門の運営の変化について，②国内企業の規模を拡大と回答した大企業（33.5％）は中小企業（15.4％）よりも多い。しかし，①国内企業の現規模を維持した，③国内企業の規模を縮小と，④国内企業の全業務を停止と回答した中小企業（55.6％，26.8％，2.2％）は大企業（50.9％，14.7％，0.9％）よりも多いことがわかる。海外投資を開始したあとに，国内企業の規模の拡大から縮小と停止（⑤＝②－③－④）を差し引くと，大企業（17.8％）は拡大したが，中小企業（－13.6％）はむしろ縮小していることがわかる。

（9）政府のどのような協力を求めているのか。これについて，①投資保障協定の締結，③海外投資の制限の緩和，⑤銀行の海外支店の増設奨励を回答した大企業（60.7％，50.5％，30.2％）は中小企業（54.7％，43.7％，28.8％）よりも多い。逆に，②充分な情報の提供と④業者の仲裁・商談の協力を回答した中小企業（51.7％，29.9％）は大企業（50.4％，27.7％）よりも多いことがわかる。

III．雇用動向と賃金動向

1960年代の台湾の輸出志向工業化の実施により，労働集約的製品の輸出拡大と同時に強力な労働吸収を果たした。1960年代の後半に労働過剰経済から労働不足経済への変化をみせ，1980年代以降の台湾元高・米ドル安により，相対賃金の上昇と労働力の不足が一段と顕在化するようになった。そのうち，中小企業が提供する労働条件は大企業よりも悪いために，人材の確保の面で劣勢になり，労働不足がますます深刻化した。

表 6-14　中小企業の従業員の身分構成
(単位：%)

身分構成	1996	1997
雇用者	60.7	61.5
自営業者	21.8	21.2
無報酬家族	10.7	10.3
雇用主	6.8	7.0
計	100.0	100.0

(出所)　表6-4に同じ。

表 6-15　中小企業平均1社当たりの就業人口
(単位：数／社)

年別	就業人口
1991	8.0
1992	8.0
1993	7.6
1994	7.6
1995	7.3
1996	7.1
1997	7.1

(出所)　表6-4に同じ。

　本節の中小企業の定義は従業員の人数を使うことにする。従業員が200人以下の鉱業・土石採集業，製造業，建築業および従業員が50人以下の農林・水産・牧畜業，水・電力・ガス業，商業，サービス業を中小企業と称する。しかし，資料の制限を受けて，その定義に従うことができない場合，従業員が100人以下を中小企業と呼ぶことがある。この場合，適切な場所に明記する。

(1)　中小企業の労働力の運用
①中小企業の就業人口数の増加と就業人口比率の低下

　台湾の就業人口は1986年の906万8000人から1997年の917万6000人に，約11万人の増加であった。同時期の中小企業の就業人口は713万1000人から719万7000人と，約6万6000人も増えた。中小企業の就業人口の比重は1996年の78.6%から97年の78.4%に減少したが，中小企業の雇用者数は1986年の435万3000人から97年の444万9000人と増えていて，その比重は69.2%から69.3%になった（前掲表6-4と表6-5）。近年，台湾の失業率の上昇がみられたが，中小企業の就業人口のうち雇用者数の比率が同時期の61.0%から61.8%になった。

　中小企業の経営環境が厳しく，利潤率が低く，無報酬の家族参与は100人以下の中小企業に集中している。この無報酬の家族参与は労働集約型産業に集中している。技術・資本集約型産業など専門的度合いの高い企業の場合，この無報酬の家族参与の比率は低い。事実的に，中小企業の従業員のうちこの無報酬家族の比重は減少する傾向にあり，1996年の10.7%から97年の10.3%に減少するようになった（表6-14)[17]。

②中小企業1社当たりの就業人口の減少

　中小企業の企業数が増え続け，1996年に100万社を超え，就業人口の約907万人になったが，中小企業1社当たりの就業人口は年ごとに減少した。中小企業1社当たりの就業人口は1991年の8.0人から1997年の7.1人になり，この7年間に約1人の減少を示している（表6-15）。

　この変化の主な理由は，企業が技術・資本集約型産業に産業の高度化を図り，省力化と自動化の合理化に向かい，労働コストを低下したことによるものである。他方，近年において「労働基準法」，労働保険，健康保険など福祉厚生政策の実施によって，相対的にコストの上昇になった。そのために，企業の経営方針として雇用数の減少と外注の増加で作業をこなす方式に変更した結果であると考えられる。

③中小企業の賃金は大企業の賃金よりも低い

　1997年の資料によると，中小企業の1人当たりの賃金水準（月給）は3万646台湾元であり，大企業は4万6096台湾元である。この賃金水準には「経常的賃金」と「非経常的賃金」が含まれている。この「経常的賃金」には基本給，固定補助金，月ごとの奨励金が含まれていて，「非経常的賃金」には残業費，一時奨励金（ボーナス）と他の補助金が含まれている。

　一般的に言えば，中小企業の賃金はこの「経常的賃金」を主とする。1995年と1996年の民間大企業と中小企業の「経常的賃金」によると，建築業を除いて，大企業の経常的賃金額はいずれも中小企業の経常的賃金額よりも高い。中小企業のうち，水・電力・ガス業，金融・保険・不動産業の賃金水準が最も高く，次には商工サービス，建築業である。社会・個人サービス業と輸送・倉庫・通信業の経常的賃金水準が最も低い（表6-16）。

　大企業の経常的賃金の順位としては，商工サービス業，水・電力・ガス業，金融・保険・不動産業，輸送・倉庫・通信業などであり，製造業の経常的賃金が最も低い。非経常的賃金によると，大企業の非経常的賃金は経常的賃金の3分の1まで達することもある。あるいは大企業は業績に対する評価の制度が完備していることによる。非経常的賃金をみると，いずれも大企業は中小企業よりも高い。

表 6-16　企業規模別賃金（月額）の構造

(単位：台湾元)

産業別	経常的賃金				非経常的賃金			
	大企業		中小企業		大企業		中小企業	
	1995	1996	1995	1996	1995	1996	1995	1996
鉱業・土石採取業	—	—	25,964	25,712	—	—	2,182	2,085
製造業	26,852	27,990	24,431	25,014	7,262	6,037	2,294	2,557
水・電力・ガス業	40,011	42,041	32,857	36,296	1,117	1,867	32	141
建築業	31,152	28,642	31,542	33,288	2,782	3,109	1,316	1,000
商業	30,196	32,607	26,310	27,141	3,624	4,454	2,007	2,243
輸送・倉庫・通信業	32,373	36,257	22,961	24,939	4,186	4,391	1,089	1,480
金融・保険・不動産業	34,348	37,431	34,132	34,848	14,998	10,740	4,773	4,441
商工サービス業	39,100	43,691	35,279	33,982	3,910	7,524	3,152	2,344
社会・個人サービス	31,294	32,902	21,560	22,713	1,673	2,532	749	1,305

(注)　この表の中小企業の定義は，鉱業・土石採取業，製造業，建築業は従業員数が200人以下を中小企業とし，他の産業は従業員数が50人以下を中小企業とする。
(出所)　行政院主計處『中華民國台灣地區職業別薪資調査報告』台北，1995年，1996年。

④転職者の中小企業の転職比率の低下

　転職者データによると，1996年の中小企業の就業人口が転職する場合，転職者の92.2％は依然として中小企業を選んでいる（表6-17）。この中小企業に転職した比率は1995年の93.1％よりも少し低下している。依然として高い比率を保っているのは中小企業の企業数が多く，職を得る機会が多いことによる。しかし，中小企業の多くは家族経営方式で，中小企業の待遇など労働条件，昇格制度，ボーナスなどを含めた福祉厚生措置は大企業よりも悪い。これも中小企業への転職比率が低減した理由として考えられる。

⑤外国人労働者を導入した中小企業の企業数の増加

　法律上，日本は外国人単純労働者を正式に受け入れができない。しかし，台湾は近年から外国人労働者政策を導入している。近年，台湾の失業率の上昇傾向があった。その影響を受けて，外国人労働者の導入に"緊縮"傾向がみられた。しかし，1997年末の外国人労働者の有効招聘許可人数は20万9938人に，台湾に滞在した外国人労働者も25万5436人に達した。この増え具合は数年前と比べて鈍化傾向をみせ，そのうち，100人以下の規模の中小企業が外国人労働者

表6-17 前職が中小企業の就業人口の転職選択

(単位:1,000人,%)

年別	合計	99人以下		100人以上		政府機関	
		人数	比率	人数	比率	人数	比率
1981	448	390	87.1	44	9.8	14	3.1
1982	467	399	85.4	47	10.1	21	4.5
1983	501	431	86.0	52	10.4	18	3.6
1984	549	477	86.9	52	9.5	20	3.6
1985	535	460	86.0	55	10.3	20	3.7
1986	550	478	86.9	58	10.6	14	2.6
1987	522	451	86.4	56	10.7	15	2.9
1988	524	453	86.5	56	10.7	15	2.9
1989	575	500	87.0	55	9.6	20	3.5
1990	453	398	87.9	40	8.8	15	3.3
1991	519	466	89.8	34	6.6	19	3.7
1992	519	468	90.2	36	6.9	15	2.9
1993	517	466	90.1	35	6.8	16	3.1
1994	460	412	89.6	36	7.8	12	2.6
1995	524	466	88.6	48	9.2	10	1.9
†	552	514	93.1	27	4.9	11	2.0
1996	493	442	89.7	39	7.9	12	2.4
*	527	486	92.2	28	5.3	13	2.5

(注) †と*はそれぞれ1995年と1996年のデータのうち、200人以上と以下の企業に分けた場合の資料である。
(出所) 行政院主計處『中華民國台灣地區人力運用調査報告』台北、各年。

を受け入れた企業数は1996年の1万2464社から1997年の9736社に減少している(表6-18を参照されたい)。

⑥中小企業の退職金の積立額の格差が大きい

　労働基準法を適用する業種のうち、1997年末には2万8750社は定年退職金を支給し、そのうち、従業員100人以下の中小企業は2万4482社で、85.2%の比重を占めていた(表6-19)。定年退職金を支給した後、退職積立金の黒字を保っているのは2万5140社で、中小企業は2万1139社である。そのうち、大企業の変動は少ないが、中小企業は人数と積立金が少なく、定年退職者を迎えると、積立金を使い果たすようになる。

　積立金の余剰がある企業をみると、中小企業1社当たりの積立金は148万

第6章 経済発展における中小企業の役割

表6-18 規模別企業の外国人労働者の導入人数

(単位：人)

導入項目	1995		1996		1997	
	中小企業	大企業	中小企業	大企業	中小企業	大企業
有効認定人数	136,654	116,671	126,576	120,561	136,499	132,425
有効招聘人数	86,576	71,455	89,579	87,004	86,163	89,901
在台湾人数	100,704	79,373	115,605	101,787	108,989	103,674
認定済・準備中	35,950	37,298	10,971	18,774	27,510	28,751

(出所) 勞工委員會統計處の資料。

表6-19 100人以下企業の退職金の引き出し状況

(単位：社，％，1,000台湾元)

産業別	引き出した企業数		残金のある企業数		残金額	1社当たりの残金
	社数	％	社数	％	1,000元	1,000元
農林・水産・牧畜業	142	86.6	120	85.1	143,865	1,199
鉱業・土石採集業	531	92.4	377	91.1	291,176	772
製造業	20,009	84.6	17,240	83.4	25,569,758	1,483
水・電力・ガス業	257	92.8	184	90.2	205,284	1,116
建築業	1,894	94.2	1,734	94.0	2,098,609	1,210
輸送・倉庫・通信業	1,075	81.8	1,003	76.3	2,319,855	2,313
マスコミ業	56	60.9	54	60.7	268,277	4,968
その他	518	79.6	427	77.4	478,019	1,119
合計	24,482	85.2	21,139	84.1	31,374,843	1,484

(注) パーセントは中小企業の比率を示している。
(出所) 表6-3に同じ。

4000台湾元，そのうち，マスコミ業の積立金は496万8000台湾元で最も多く，鉱業と土石採集業の積立金は77万2000台湾元で最も少ない。産業別1社当たりの中小企業の積立金残金の格差が大きい。

(2) 中小企業の雇用

一般的に言えば，中小企業の賃金や福祉厚生の条件は大企業に比べると条件が悪い。したがって，人材獲得の面においても労働力不足が発生しやすい。

①中小企業の労働力不足の緩和

100人以下規模の中小企業の場合，1988年の労働力不足の比率は10.7％，

表6-20　中小企業の労働力不足状況

(単位：%)

産業別	1988	1989	1996	1997
工業	10.7	12.9	1.7	1.7
鉱業・土石採集業	0.9	2.4	0.6	0.1
製造業	10.5	13.1	1.4	1.5
水・電力・ガス業	0.0	1.0	0.0	0.0
建築業	12.9	12.3	3.2	2.5
サービス業	3.5	5.0	1.1	0.9
商業	4.3	5.9	0.9	0.8
輸送・倉庫・通信業	1.3	2.6	1.6	2.2
金融・保険・不動産業	2.1	2.7	0.0	0.0
商工サービス	－	－	0.2	0.3
社会・個人サービス業	4.6	5.6	2.6	2.5

(注)　従業員数が100人以下の企業を指す。
　　　労働力不足率＝労働力不足数／(雇用人数＋労働力不足数)
(出所)　行政院主計處『台灣地區受雇員工動向調査報告』1989年，1990
　　　年：行政院主計處『中華民國台灣地區事業人力雇用状況調査』
　　　1997年。

1989年には12.9％に達した。その後，労働力不足の比率は1997年の1.7％に低下した。そのうち，製造業は1989年の13.1％から97年の1.5％，同時期の建築業は12.3％から2.5％に低下した（表6-20）。

労働力不足の解決策としては，労働力不足の企業は待遇や福祉厚生の向上，自動化設備の増設，企業の外注や外部請負と外国人労働者の導入などの施策がとられている（表6-21）。100人以下の製造業の中小企業の場合，自動化設備の導入を主な対策として行われている。29人以下の小型企業の場合，自動化設備の導入の他に，外注や外部への請負，外国人労働者の導入の割合が高まっている。30～99人の企業の場合，待遇や福祉厚生の向上を対策にしていたが，1994年以降は外国人労働者の導入を優先的な対策として選ぶ企業の割合が60％以上に高まった。

建築業の労働力不足の対策は2つの方面に集中していた。1つは待遇や福祉厚生の向上である。1つは外注や外部への請負の拡大である。そのほかに中小企業は異なった動向があった。29人以下の小型企業は規模の縮小や経営内容の変化を選ぶこともあったが，1994年以降はこれを選んだものが少なくなった。33～99人規模の企業は外国人労働者の導入を第3の対策にしていた。特に1994

表 6-21　企業の労働力不足対策

(単位：%)

年別	規模別	福祉厚生の向上	自動化設備の増設	外注・作業委託	外国人労働者導入
1991	全製造業	43.7	49.3	35.2	—
	29人以下	40.6	50.0	35.5	—
	30〜99人	55.2	47.6	35.2	—
1993	全製造業	41.8	52.0	48.4	38.1
	29人以下	41.3	52.8	50.6	34.7
	30〜99人	43.4	46.8	40.4	53.5
1994	全製造業	42.4	42.3	45.8	47.7
	29人以下	43.1	41.5	47.5	44.4
	30〜99人	37.9	44.8	41.6	60.3
1991	全建築業	60.6	22.7	52.2	—
	29人以下	—	—	—	—
	30〜99人	—	—	—	—
1993	全建築業	57.3	13.8	48.1	26.7
	29人以下	56.4	12.4	46.8	25.3
	30〜99人	72.6	22.0	56.0	30.2
1994	全建築業	49.1	22.4	65.3	23.4
	29人以下	50.1	21.4	65.7	17.9
	30〜99人	45.2	23.9	66.4	49.9

(注)　その他には就職指導の強化，作業環境の改善，残業の増加，労働コストの安い地域に移転，規模の縮小・経営項目の変更，柔軟作業時間（flexibletime）の採用，どのような措置も採用せずなどがあったが，採用した企業の比率が30％以下のため，項目として提出されていない。
(出所)　行政院主計處『中華民國台灣地區事業人力雇用状況調査』1997年。

年以降になると，外国人労働者の導入は待遇や福祉厚生の向上よりも重要になった。

②政府の労働力不足対策と中小企業の労働力不足

　労働力不足の対策として，台湾の政府は外国人労働者の導入の開放，女子や中高齢者など潜在労働力の開発，人的資源を調節する開発戦略，産業構造の変化に応じた専門技術のトレーニング，高等教育を受けた人材の雇用促進，労働法規の制定，和やかな労使関係の維持，活気のある就業市場の調節機能などを

促していた。

　外国人労働者導入政策としては，重要公共インフラ建設と重要投資，製造業・建築業に外国人労働者の導入を開放した。そして，外国人労働者の台湾での滞在期限の2年間を1997年からは3年間に延長し，雇い主の訓練コストの節約に寄与するようになった。

　潜在労働力の開発について，短期的政策としては育児後の女子と中高齢者の再就職の心理的カウンセリングやトレーニングが挙げられる。中高齢者の再就職奨励策として，中高齢者を雇用した場合に雇い主は1名につき2000台湾元の補助金が支給される。そして，勤労学生，身体障害者，原住民の雇用も奨励されている。

　上記の政府の労働力不足の対策は，中小企業に対する措置が考慮されていない。特に，外国人労働者導入政策は主としては，重要公共建設と重要投資に集中され，中小企業は導入の優先的業種になっていない。製造業と建築業にしても，中小企業が外国人労働者を導入して労働力不足を改善できる程度は，依然として不十分である。

　現段階の外国人労働者政策の規定は，過去の配分割合を利用したものに限ると規定される。つまり，過去において外国人労働者を申請していない企業は，申請の手続きを提出することができない。しかも，過去において，中小企業の外国人労働者の申請優先順位は，明らかに大企業の順位のあとである。今の新しい制度において，かつて実績のない中小企業は申請の手続きを提出することができず，明らかに中小企業にとっては不利になっている。

（3）労働力の課題

　近年，中小企業の労働力不足は緩和したが，政府の新しい政策の実施に大きな衝撃を引き起こした。具体的には，基本賃金の引き上げ調整，全民健康保険制度の実施，「労働基準法」の適用範囲の拡大，週休2日制度の実施および論議されている外国人労働者の審査点数配分案である。以下はそれについて説明する。

①全民健康保険制度の実施と基本賃金の引き上げ調整

　全民健康保険制度は1995年3月1日から正式に実施される。1997年末までにその加入者は530万9800人に達する。全民健康保険制度の実施によるプラスの効果をみると，社会において恵まれていない階層，病気に罹る確率の高い高齢者や幼児層に良い医療と介護を受けられることになる。そして，過去に存在した医療制度の不備を改善することと医療品質の増進，社会の安定に寄与することになった。しかし，全民健康保険制度の実施によって，元の労働保険制度の医療給付の業務を拡大したもので，労働保険の加入費用は低下しておらず，企業は全民健康保険制度の加入費用の一部を負担するようになっている。それは企業のコストなどの負担増加であると危惧される。

　全民健康保険制度の加入額は基本賃金を最低賃金クラスとする。この全民健康保険制度のクラス分けと過去の労働保険制度よりも加入額を大幅に引き上げた。最低賃金も基本賃金の規定によって，年ごとに上昇して加入額を引き上げていた。国民年金制度は2000年に全面的に実施されるようになり，これは中小企業の経営者にとってもコストを高めることになる。

②週休2日制度の影響

　公務員は1998年1月からは隔週週休2日制度（毎月の第2週と第4週の土曜日は休日の週休2日制）の実施が始まった（それに合わせて台湾のカレンダーも第2週と第4週の土曜日は日曜日・祭日と同じように赤いインクで印刷されるようになった）。しかし，不慣れもあって，実施の最初年に輸出を主とする企業の輸出品の輸出申告，通関，船舶への搬入，銀行の手続きには不便が生じてきた。

　行政院主計処の調査によると，1997年に企業の10.1％が週休2日制度を実施し，そのうち，3.8％の企業が完全週休2日制度を実施した。残りの89.9％の企業のうち，将来において週休2日制度の実施を計画している企業は22.9％で，週休2日制度の実施を計画しない企業は77.2％であり，大部分の企業が週休2日制度を導入しないと考えられる。

　週休2日制度を導入しない理由としては，「経営と製造の協調がとれない」，「労働コストの向上と競争力の低下に影響」，「人的調整がとれない」などであ

る。この調査によると，週休2日制度を導入した企業と企業の規模とは一定の関係を示している。つまり，企業の規模が大きいほど，週休2日制度の導入比率が高い。特に，29人以下規模の企業では，週休2日制度の導入比率は1割以下（90％以上は週休2日制度を導入しない）である。中小企業にとって週休2日制度の導入には困難が生じているようである。

③1998年末から「労働基準法」の適用範囲の拡大

過去において，「労働基準法」の実施によって，産業と限界労働者にどのような影響が生じてきたのか。呉恵林と李誠の両氏の1992年の研究報告では以下のことを指摘した。30〜199人規模で，1人当たりの使用資本額が300万〜999万台湾元，企業の設置年数が6〜10年の企業は労働基準法の実施による影響が大きい。逆に，企業規模が10人以下の零細企業と企業規模が500人以上の大企業が得た影響は少ない。零細企業と大企業は「労働基準法」の影響を受けなくて済んだが，女子労働者（特に，既婚女子）は労働基準法の実施によって，労働コストが高まり，女子労働者の就業機会を減少させることになる。そして，呉恵林と辛炳隆と林嘉慧の3氏の研究によると，基本賃金の上昇は15〜19歳の雇用者の雇用量を減少させ（台湾の兵役制度によると20歳からは2〜3年の兵役の義務がある），65歳以上の雇用者は他の年齢層と比べて不利になる。そして，基本賃金の上昇は加入する賃金保険の下限を引き上げ，雇用保険，健康保険などの保険人件費の負担増加になる。このことは，企業の雇用者数の減少など合理化を促すようになり，失業の拡大に影響すると懸念されている[18]。

④外国人労働者の配分審査点数草案の検討

労工委員会は外国人労働者導入政策を各産業に適用するために，点数評価方式による外国人労働者の配分を計画している。この草案は点数評価方式について，甲案と乙案に分かれているが，主要な相違は加重点数の計算式が異なっている。点数計算の項目では，①年度ボーナスまたは賞金を配分したのか，②月ごとに定年準備金を出資したのか，③作業基準を制定と掲示をしたのか，④月ごとに労使会議を開催したのか，⑤職員福祉金を出資したのか，⑥法令に従って身体障害者を雇用したのか，⑦身体障害者を雇用していない場合は差額補助

第6章 経済発展における中小企業の役割

金を出資したのか，⑧公立就職斡旋機構が紹介した人を雇用したのか，⑨外国人労働者に就業安定費を支払ったのか，⑩人材育成費を支払ったのか，⑪研究開発費に出資したのか，⑫原住民，身体障害者および60歳以上の高齢者を雇用したのか，など諸項目の総点数が高い企業に優先的に外国人労働者を分配することになっている。このような点数評価方式を採用した場合，恐らく大企業に比べて中小企業は不利であると考えられる。

IV．財務管理，資金調達と運用の実態

（1）財務管理の分析

中小企業（1996年）の全資産のうち，流動資産の比率は約60％であり，この数値は大企業の比率よりわずかであるが大きい（表6-22）。中小企業の流動資産比率は，1990年の56％から1995年の63％に増加したあとに，1996年は60％になった。中小企業の資産構造のうち，変化が最も大きいのは固定資産比率であり，1990年の34％から1994年の20％に低下したあと，1996年は27％に増加した。この固定資産比率の増加は，土地，建屋など不動産と機器設備の変化によるものであり，逆に「他の固定資産」は減少している。

同表によると，中小企業の負債は1990年の64％から1994年の71％，1996年の70％に増加している。その負債が増加したのは，短期借款であり，1990年の55％から96年の63％に増加を促したのである。中小企業の純利益は1990年の36％から1996年の30％に減少しているが，逆に本期損益は1990年のマイナス3％から1996年の2％と黒字に転換していることがわかる。

ちなみに，大企業の流動資産比率は，1990年の50％から1993年の61％，1996年の59％に増加した。大企業の固定資産比率は，1990年の35％から1996年の20％になり，むしろ減少の傾向を示している。大企業の負債は1990年の56％から1994年の71％，1996年の70％に増加している。大企業の純利益は1990年の44％から1996年の30％に減少している。同時に，本期損益は1990年の4％から1996年の3％と減少している。大企業の財務状況は中小企業のそれよりも良いことがわかる。

次に，企業総合損益構造をみることにする（表6-23）。同表の企業総合損益

表 6-22　企業総合財務状況の推移

(単位:%)

(A) 中小企業	1990	1991	1992	1993	1994	1995	1996
流動資産	56.26	55.71	53.46	60.37	61.85	62.83	59.70
現金	10.57	11.21	9.62	10.39	10.12	11.02	11.37
受取額	15.12	14.38	12.51	9.47	10.45	12.62	17.57
在庫	20.61	19.91	24.21	34.52	36.02	34.54	26.96
前金	2.96	2.98	3.00	3.28	2.73	2.52	1.62
他の流動資産	7.00	7.24	4.12	2.70	2.52	2.13	2.18
基金と長期投資	5.05	5.99	7.60	11.32	11.24	10.59	10.69
固定資産	34.14	33.83	32.80	20.51	20.30	20.74	26.57
土地と不動産	15.96	17.65	18.05	12.36	12.49	11.66	14.79
機械設備	7.17	6.76	5.56	5.44	5.22	7.91	9.79
他の固定資産	11.01	9.42	9.19	2.71	2.59	1.17	1.99
無形・他の資産	4.55	4.48	6.13	7.80	6.60	5.84	3.05
資産＝負債＋純価値	100.00	100.00	100.00	100.00	100.00	100.00	100.00
負債	64.26	63.50	68.64	68.35	71.46	69.35	70.33
流動負債	55.32	55.34	56.62	59.01	61.55	61.37	63.30
短期借款	18.06	15.51	18.01	22.64	22.14	20.46	23.49
支払額	15.50	17.62	17.12	13.30	12.82	14.39	15.46
前金	5.65	5.31	5.49	8.77	12.49	11.44	9.52
他の流動負債	16.11	16.90	16.00	14.30	14.10	15.09	14.83
長期負債	4.17	4.12	8.27	6.40	7.43	5.67	5.30
長期借款	3.62	3.57	6.98	6.08	6.34	5.39	4.88
他の長期借款	0.54	0.55	1.29	0.32	1.09	0.27	0.42
他の負債	4.77	4.13	3.75	2.94	2.48	2.31	1.73
純利益	35.74	36.41	31.36	31.65	28.54	30.65	29.67
資本	29.43	25.38	31.21	28.57	25.11	26.47	24.83
積立金	9.55	9.67	4.32	3.04	3.21	3.11	2.64
本期損益	-3.25	1.36	-4.17	0.23	0.22	1.08	2.20

構造は営業純収入を100とした場合，他の項目の占める比率を示している。企業総合損益構造によると，中小企業の営業純利潤比率は1990年のマイナス1.0％から1993年の3.7％，1996年の3.6％に増加した。他方，大企業の営業純利潤比率は1990年の6.2％から1993年の4.3％に減少したあと，1996年の5.2％に達した。この時期の大企業の営業純利潤比率は中小企業のそれよりも優れていたことを示している。

　これを反映して，中小企業の本期損益比率は1990年のマイナス3.1％から

第6章　経済発展における中小企業の役割　　　　　　　　　191

表 6-22　つづき

(単位：%)

(B) 大企業	1990	1991	1992	1993	1994	1995	1996
流動資産	50.31	51.01	52.16	61.03	59.24	58.65	59.10
現金	10.15	8.83	8.50	15.32	14.97	15.30	16.06
受取額	16.61	15.88	16.07	21.67	21.73	21.37	22.47
在庫	15.90	17.59	18.45	20.26	18.05	17.68	16.19
前金	2.23	2.27	1.87	1.70	1.50	1.35	1.13
他の流動資産	5.43	6.43	7.27	2.07	2.99	2.95	3.25
基金と長期投資	8.21	8.59	11.89	11.36	14.28	15.47	16.11
固定資産	34.87	33.05	30.84	22.23	21.02	21.37	19.51
土地と不動産	15.33	14.38	15.35	11.33	11.05	11.05	10.65
機械設備	10.45	10.26	7.55	7.22	6.21	8.55	7.22
他の固定資産	9.10	8.42	7.94	3.68	3.75	1.77	1.64
無形・他の資産	6.61	7.35	5.11	5.39	5.47	4.51	5.29
資産＝負債＋純価値	100.00	100.00	100.00	100.00	100.00	100.00	100.00
負債	55.93	57.78	59.69	68.84	70.84	66.67	69.71
流動負債	40.84	44.42	44.90	54.68	54.12	51.95	55.15
短期借款	19.30	19.40	21.89	26.01	27.90	25.37	31.97
支払額	14.36	14.81	12.88	17.41	15.19	15.42	12.90
前金	2.75	5.23	4.46	6.78	4.42	4.31	3.63
他の流動負債	4.44	4.98	5.67	4.48	6.61	6.86	6.64
長期負債	9.34	6.64	9.85	9.58	12.42	11.62	11.04
長期借款	8.03	5.56	8.24	6.34	6.29	5.43	4.90
他の長期借款	1.32	1.07	1.60	3.24	6.13	6.19	6.14
他の負債	5.74	6.73	4.94	4.58	4.29	3.10	3.52
純利益	44.07	42.22	40.31	31.16	29.16	33.33	30.29
資本	23.40	20.27	23.74	20.50	19.82	21.58	19.49
積立金	17.08	18.24	12.94	7.69	6.26	8.08	7.72
本期損益	3.60	3.71	3.63	2.97	3.08	3.68	3.08

(注)　中小企業の定義は製造業，建設業，鉱業と土石採取業の場合，振込資本額は6000万台湾元以下のものを指す。
　　　農林・水産・牧畜業，水・電力・ガス業，商業，サービス業の場合，年間営業額は8000万台湾元以下のものを指す。
(出所)　財政部営利事業所得税の資料テープ；『中小企業白皮書』各年版。

1992年のマイナス4.5％に悪化したあと，1996年の2.7％に好転した。他方，大企業の本期損益比率は1990年の4.2％から1994年の4.7％に増加したあと，1996年の4.2％に達した。観察期間において，いずれも大企業の本期損益比率は中小企業の本期損益比率よりも優れていることがわかる。

表 6-23　企業総合損益構造の推移

(単位：％)

(A) 中小企業	1990	1991	1992	1993	1994	1995	1996
営業純収入	100.00	100.00	100.00	100.00	100.00	100.00	100.00
－：営業コスト	82.28	80.78	82.28	85.24	84.47	84.29	83.43
営業粗利潤	17.72	19.22	17.72	14.76	15.63	15.17	16.57
－：営業費用	18.75	17.30	17.67	11.05	13.22	13.60	13.00
営業純利潤	－1.02	1.91	0.05	3.72	2.31	2.11	3.57
＋：非営業収入	2.53	2.99	2.23	0.85	1.94	1.90	0.88
－：利子支出	3.76	2.77	2.12	1.37	2.14	2.30	1.93
－：他の非営業費用	0.81	1.00	4.62	0.38	1.73	1.82	0.44
本期損益	－3.06	1.13	－4.46	2.82	2.11	1.71	2.68
(B) 大企業	1990	1991	1992	1993	1994	1995	1996
営業純収入	100.00	100.00	100.00	100.00	100.00	100.00	100.00
－：営業コスト	80.63	82.72	82.71	85.06	86.34	87.69	85.84
営業粗利潤	19.37	17.28	17.29	14.94	13.66	12.31	14.16
－：営業費用	13.17	11.87	12.06	10.67	8.60	8.44	8.92
営業純利潤	6.20	5.41	5.23	4.27	5.05	3.87	5.23
＋：非営業収入	2.51	2.21	2.22	2.13	1.49	1.87	1.20
－：利子支出	3.21	3.09	2.28	1.79	1.87	1.84	1.83
－：他の非営業費用	1.35	0.97	0.86	0.76	1.41	1.36	0.42
本期損益	4.15	3.56	4.32	3.84	4.68	3.90	4.18

(出所)　表6-22に同じ。

(2) 資金調達と運用

　経済部統計処は定期的に国内4000社の製造業に投資意向調査を行っている[19]。調査の範囲は投資，工場用地，資金調達，労働力と政策への要求などが含まれている。この調査は製造業を対象とするが，サンプル回収率は75％以上と高く，中小企業の資金関連には参考価値を持っている。

①銀行と自社内資金は主な資金源

　台湾の企業の資金調達には共通な特徴を持っていて，多くの企業の投資と運用資金源を銀行からの借款，株主の増資・保留利潤の運用に求める。特に注目したいのは，小型企業の親友からの借款と民間の「無尽講」からの資金調達の比重が第3位と第5位の順位を占めている。大型と中型企業では証券，外資系銀行と企業債による融資が使われているが，中小企業では使われていない（表

第6章　経済発展における中小企業の役割

表6-24　規模別製造業の運営と投資の資金調達源（複数選択，1997年）

(単位：％)

資金調達源	計	大型企業	中型企業	小型企業
民族系銀行からの借款	80.3	82.7	83.8	78.9
現金の増資	52.2	64.8	62.8	46.1
利潤保留・積立金	36.4	50.4	47.8	29.7
親族・友人からの借款	21.2	1.2	6.9	30.4
民間の無尽講	16.5	0.3	1.6	24.6
証券など	9.7	25.1	16.6	3.2
外資系銀行からの借款	7.2	17.9	9.7	3.2
信用組合・農協からの借款	5.0	0.6	1.6	7.1
企業債の発行	3.8	11.6	3.8	1.1
その他	4.5	4.2	3.8	4.7

(注)　大型企業は従業員数が200人以上の企業，中型企業は従業員数が100人以上200人未満の企業，小型企業は従業員数が100人未満の企業を指す。
(出所)　『中華民國台灣地區製造業国内投資意向調査報告』経済部統計處，1998年。

表6-25　規模別製造業の資金調達の困難点（複数選択，1997年）

(単位：％)

資金調達の困難点	計	大型企業	中型企業	小型企業
貸出金利が高い	57.6	64.2	59.4	55.8
金融機構借款審査が厳しい	48.4	35.9	49.1	50.8
不況・金融機構の信用緊縮	46.1	47.5	48.1	45.6
充分な担保品がない	32.1	16.7	38.7	34.5
不動産不況・担保品価値低減	24.8	11.1	13.2	28.8
金融機構の審査期間が長い	15.0	16.7	22.6	13.8
増資・債券の発行申請手続き複雑	9.7	32.3	8.5	5.2
証券市場の不況	4.9	15.2	2.8	3.1
その他	2.6	5.1	2.8	2.0

(注)　表6-24に同じ。
(出所)　表6-24に同じ。

6-24）。

②利子率が高く審査が厳しい中小企業の資金調達が困難

　資金調達の困難点については，利子率が高く，金融機構の審査が厳しいと金融機関の信用の緊縮が挙げられる（表6-25）。小型企業にとって貸出金利が高いということは，大型企業と中型企業とほぼ同じである。しかし，小型企業の金融機構の審査が厳しく，担保価値の低減などの点については中型と大型企業

表 6-26　民族系銀行の中小企業への借款額（1997年）

(単位：100万台湾元,%)

銀行別	借款額	中小企業借款比率	銀行別	借款額	中小企業借款比率
中央信託局	3,597	2.5	華僑商業銀行	38,108	25.2
中国農民銀行	46,392	14.1	萬通商業銀行	34,053	32.1
交通銀行	22,813	7.0	大安商業銀行	12,303	11.3
台湾銀行	152,222	12.4	聯邦商業銀行	20,424	19.0
台湾土地銀行	87,312	9.7	中華商業銀行	12,826	13.3
台湾省合作金庫	585,335	58.4	中国信託商業銀行	36,181	11.6
第一商業銀行	432,292	68.3	亞太商業銀行	22,130	26.5
華南商業銀行	368,209	59.6	華信商業銀行	2,300	2.1
上海商業儲蓄銀行	50,844	32.6	安泰商業銀行	19,881	20.8
中国輸出入銀行	2,423	3.7	萬泰商業銀行	16,096	15.1
台北銀行	36,488	11.3	泛亞商業銀行	12,647	11.8
高雄銀行	10,889	11.2	中興商業銀行	17,549	16.8
彰化銀行	368,365	64.8	台新国際商業銀行	14,536	11.5
世華聯合商業銀行	21,041	7.3	富邦商業銀行	14,569	12.8
中国国際商業銀行	37,337	13.2	大衆商業銀行	20,248	20.5
玉山商業銀行	21,293	18.5	寶島商業銀行	35,143	35.8
遠東国際商業銀行	7,039	8.1	慶豊商業銀行	11,027	10.6

(注)　借款額は1997年12月末のデータである。
(出所)『金融統計輯要』財政部，1997年12月。

と比べると不利である。中型と大型企業にとって，借金の審査期間が長いことや借金の申請手続きの煩雑に困難を感じているが，小型企業にとっては困難を感じていない。小型企業にとっては困難を感じていないのは，恐らく資金の調達ができさえすれば，少々借金の審査期間が長いが，借金の申請など面倒な手続きがあっても満足しているものと考えられる。

③金融機構の対中小企業への融資

　次は金融機構による中小企業への融資について観察する。1996年末の国内の銀行（台湾の外資系銀行を含む）の対中小企業の融資額は3兆2027億台湾元であり，1997年末の対中小企業の融資額は3兆4539億台湾元になり，2512億台湾元の増加になった。しかし，一般銀行の対中小企業の融資額の比率が1995年末の35.5％から1996年末の33.8％，1997年末の31.1％と低減している。

　それに，銀行の貸付金増加率は年ごとに低下をみせた。その貸付金の増加率

表6-27 中小企業の銀行別借款額構成（1997年）

(単位：100万台湾元，%)

銀行別	金額	比重
民族系銀行	3,426,084	99.2
一般銀行	2,605,828	75.4
信用金庫	2,310,875	66.9
新設民営銀行	283,037	8.2
中小企業銀行	820,256	23.8
外資系銀行	27,889	0.8
合計	3,453,973	100.0

(注)　表6-26に同じ。
(出所)　表6-26に同じ。

表6-28 一般銀行の対中小企業の貸出額の比率

(単位：%)

銀行別	1997	1996
民族系銀行		
信用金庫	25.1	25.9
新設民営銀行	14.2	17.0
中小企業銀行	64.8	66.8
外資系銀行	6.7	7.5

(注)　表6-26に同じ。
(出所)　表6-26に同じ。

表6-29 中小企業銀行の中小企業への貸出額

(単位：100万台湾元，%)

中小企業別	融資残額	貸出比率
台湾中小企業銀行	107,851	65.5
台北区中企業銀行	106,364	60.3
新竹区中小企業銀行	107,411	63.2
台中区中小企業銀行	56,007	66.2
台南区中小企業銀行	41,469	64.3
台東区中小企業銀行	17,938	63.9
高雄区中小企業銀行	17,323	71.4
花蓮区中小企業銀行	27,889	63.8

(注)　表6-26に同じ。
(出所)　表6-26に同じ。

表6-30 中小企業信用保証基金の保証業務の推移（1974～97年）

(単位：100万台湾元)

年別	保証件数	保証金額	融資金額	年末保証額	年末融資額
1974	35	54	90	38	54
1975	848	216	368	163	233
1976	5,272	942	1,395	405	578
1977	2,978	2,750	4,000	1,557	2,224
1978	10,000	4,877	7,140	2,724	3,891
1979	18,124	9,757	13,239	6,200	8,267
1980	32,874	17,817	21,954	8,791	11,270
1981	37,650	20,928	25,706	10,881	13,530
1982	52,818	35,404	42,349	13,800	17,092
1983	64,465	43,481	52,902	21,089	26,302
1984	88,333	67,992	83,295	34,971	43,850
1985	93,201	72,350	89,338	41,550	52,466
1986	88,733	74,295	92,537	47,007	59,922
1987	92,159	81,010	102,705	53,312	68,913
1988	81,783	77,942	99,198	57,002	73,768
1989	73,405	77,606	98,743	59,147	76,509
1990	65,551	76,867	97,723	61,514	79,251
1991	79,704	112,623	143,521	86,294	110,999
1992	90,603	135,985	173,941	105,351	135,863
1993	103,218	161,744	208,533	125,700	163,031
1994	114,294	183,974	238,690	146,117	190,515
1995	117,250	193,079	255,350	157,309	209,254
1996	100,952	160,911	225,259	150,862	209,505
1997	99,198	154,785	224,762	145,650	208,982
合計	1,513,448	1,767,390	2,302,738	—	—

(出所) 財團法人中小企業信用保証基金。

は，1992年の31.3％から1997年の16.9％に減少した。特に，銀行の対中小企業の貸付金の増加率は，1992年の26.0％から1997年の7.9％に減少した。

1997年末の銀行は中小企業に3兆4539億台湾元の融資を行った。そのうち，1991年以前に設立された銀行・金庫の融資が最も多く，中小企業への貸付金の66.9％である。その次が各地区で設けられた中小企業銀行，中小企業への貸付金の23.8％であり，新設の民営銀行は8.2％の比重を占めていた（表6-26）。

個別の銀行でみると，中小企業に最も多く融資（金額）していたのが台湾省合作金庫（信用金庫）で，それ以下は第一，彰化，華南などの商業銀行と台湾

表 6-31　中小企業信用保証基金業務の推移（1992～1997年）

(単位：100万台湾元)

項目		1992	1993	1994	1995	1996	1997
一般借款	件数	44,250	54,918	62,002	66,046	56,982	57,573
	金額	83,824	103,839	120,071	127,592	106,010	103,348
商業保証	件数	742	806	774	764	630	510
	金額	2,218	2,322	2,244	2,173	1,685	1,343
輸入税記帳保証	件数	103	43	57	42	29	29
	金額	24	6	5	14	12	6
小規模商業借款	件数	963	975	983	922	737	712
	金額	628	640	639	588	441	405
輸出借款	件数	12,014	10,260	9,695	8,700	6,727	5,284
	金額	14,020	12,644	11,579	10,700	8,434	6,675
原料購入回転資金	件数	30,769	34,331	38,515	38,576	33,809	32,809
	金額	29,028	35,399	41,559	44,622	38,226	36,338
契約保証	件数	566	690	849	918	951	1,096
	金額	2,123	2,280	2,667	2,672	2,589	2,539
政策的借款	件数	1,025	997	1,075	927	794	883
	金額	3,853	4,151	4,326	4,152	3,003	3,530
ブランド創出借款	件数	12	9	9	10	2	1
	金額	197	123	189	75	13	40
青年起業借款	件数	58	138	236	277	212	224
	金額	61	54	98	126	94	103
開発借款	件数	1	51	99	68	79	77
	金額	8	286	596	366	403	459
合計	件数	90,603	103,218	114,294	117,250	100,952	99,198
	金額	135,985	161,744	183,974	193,079	160,911	154,785
負債代理償却	件数	359	406	565	784	1,595	2,262
	金額	463	629	1,069	1,448	2,994	3,953

(出所)　表6-30に同じ。

銀行などの順位になっている（表6-27）。それに，台湾中小企業銀行と新竹区，台北区など各地区で設けられた中小企業銀行がそれに続いている（表6-28）。銀行の融資のうち中小企業への融資額比率からみると，その順位は高雄区中小企業銀行（融資額比率71.4％），第一商業銀行（同68.3％），台中区中小企業銀行（同66.2％），台湾中小企業銀行（同65.5％），彰化商業銀行（同64.8％），台南区中小企業銀行（同64.3％）などである。

　対中小企業の融資額比率（1997年）のうち，中小企業銀行が64.8％で最も高く，次に銀行・金庫の25.1％，新設民営銀行の14.2％である（表6-29）。

担保品が不足で中小企業の融資に支障が発生した場合，中小企業信用保証基金からの信用保証を入手し，融資を得ることができる。1997年末まで中小企業の信用保証基金による信用保証の累積件数は151万件，累積保証金額は1兆7674億台湾元，累積融資額は2兆3027億台湾元に達した（表6-30）。信用保証の件数，保証金額と融資額は1974年から増え続け，1995年にともに最も多くの件数と最大額に達したあと，減少が確認される。年末保証額と年末融資額は1974年から増え続け，1995年と1996年に最大値に達したあと，同じく低減がみられる。

この中小企業信用保証基金の信用保証のうち，一般借款の件数と金額が最も多く，全体の保証金額の3分の2に達する（表6-31）。その次が原料購入などの回転資金であり，全体の保証金額の5分の1に達する。

［注］
1) ヴォゲール教授は戦後台湾経済の発展について詳しく述べている。Vogel, Ezra F., *The Four Litter Dragons*, Harvard University Press, Cambridge, 1991（渡辺利夫訳『アジア四小龍：いかにして今日を築いたのか』中公新書，1993年，第2章）。
2) The International Bank for Reconstruction and Development, *The East Asian Miracle:Economic Growth and Public Policy*, A World Bank Policy Research Report, Oxford University Press, 1993（世界銀行，白鳥正喜監訳『東アジアの奇跡：経済成長と政府の役割』東洋経済新報社，1994年）；Aoki, Masahiko, Hyung-Ki Kim, Masahiro Okuno-Fujiwara, *The Role of Government in East Asian Economic Development*, Oxford University Press, 1996（青木昌彦・金瀅基・奥野（藤原）正寛編，白鳥正喜監訳『東アジアの経済発展と政府の役割』日本経済新聞社，1997年）。
3) 台湾の労働市場構造の転換と所得分配の公正化は，本書の第1章に詳しい。
4) 天下編輯『台湾，世界第一』天下雑誌叢書，台北，1998年，3ページ；それに，『台湾工業年鑑』(1998/99年版)，台湾産業研究所，1998年，68ページなども詳しい。
5) 台湾の中小企業について，日本語で書かれた代表論文は以下のようである。①劉進慶「民間企業の発展」（谷浦孝雄編『台湾の工業化：国際加工基地の形成』アジア経済研究所，1988年，第4章第3節）。

②劉進慶「台湾の中小企業問題と国際分業 その華商資本的性格に関する一考察」(『アジア経済』第30巻第12号，1989年12月)。
③梶原弘和「外資導入と産業・輸出構造の変化：台湾経済と中小企業」(梶原弘和『アジアの発展戦略』東洋経済新報社，第4章，1995年)。
④松永宣明「台湾経済発展の担い手」(松永宣明『経済開発と企業発展』勁草書房，1996年，第6章)。
⑤于宗先「中小企業」，高希均・李誠編『台湾経験40年』天下文化出版公司，台北，1991年，第11章 (小林幹夫・塚越敏彦訳『台湾の40年』(下)，連合出版，1993年)。
⑥安倍誠・川上桃子「韓国・台湾における企業規模の変容」(服部民夫・佐藤幸人編『韓国・台湾の発展メカニズム』アジア経済研究所，1996年)。
⑦蘇顕揚「台湾経済発展の戦略と中小企業」(『経済論叢』第158巻第5号，京都大学経済学会，1996年11月)。
⑧蘇顕揚「中小企業の存立・成長と研究開発」(『経済論叢』第157巻第3号，1996年3月)。
⑨蘇顕揚「台湾中小企業の発展と労働力」(富士ゼロックス小林節太郎記念基金1994年度研究助成論文)，1995年12月。
⑩竹内順子「台湾製造業の構造変化と中小企業」(さくら総合研究所環太平洋研究センター『アジアの経済発展と中小企業』日本評論社，1999年)。

6) この時期についての中小企業政策は次の論文に詳しい。朝元照雄「中小企業政策と政府の役割」(朝元照雄・劉文甫編『台湾の経済開発政策』勁草書房，2001年)。
7) 台湾の海外直接投資と対中投資は，朝元照雄『現代台湾経済分析：開発経済学からのアプローチ』勁草書房，1996年，第7章と第8章に詳しい。
8) 本書の第1章を参照されたい。
9) 「大企業は国内需要を主とし，中小企業は輸出を主とする」という現象は自動車産業と自動車部品産業から観察される。朝元照雄『現代台湾経済分析：開発経済学からのアプローチ』勁草書房，1996年，第4章。
10) 『中小企業白皮書』(1991年版)，1991年，付録3。
11) 于宗先『台灣的故事：經濟編』行政院新聞局，台北，1998年 ((朝元照雄訳)「台湾の経済発展を語る：いかにして今日を築いたか」『エコノミクス』第3巻第3，4号，九州産業大学経済学会，1999年3月)。
12) 『中華民國台灣地區貿易趨勢預測季刊』第7期，經濟部國際貿易局，1998年4月。

13) 『中華民國台灣地區進出口貿易統計月報』財政部統計處，各月。
14) 台灣銀行經濟研究室編『中華民國台灣地區工業財務狀況調查報告』第15輯～第37輯，各年。
15) 『中華民國台灣地區製造業經營實況調查』經濟部，1997年。
16) 鍾琴『中小企業之國際化』中華經濟研究院，台北，1998年。
17) 『中華民國台灣地區人力資源統計年報』1997年版，行政院主計處。
18) 『中小企業白皮書』(1998年版)，1998年，3-15～16ページ。
19) 『中華民國台灣地區製造業國內投資意向調查報告』經濟部統計處，1998年。

初 出 論 文

　以下は各章の初出論文（邦文）の掲載先である。本書に掲載した各章はこれらの論文を大幅に加筆修正したものである。

第1章：「転換点と逆U字型曲線：開発経済学による実証研究」（『エコノミクス』第9巻第1号，2004年）。

第2章：「日台の産業連関比較：産業構造のスカイライン分析と構造変化」（『産業経営研究所報』第35号，2003年）。なお，この論文の一部は日本台湾学会第5回学術大会（於：関西大学，2003年6月14日）および「台湾と日本の評価比較」国際学術シンポジウム（台湾台南・国立成功大学主催，2003年1月17日）で発表。「台日評比：産業關聯比較―産業地平線分析與結構變動」（中国語）（薛天棟・王駿發編『台灣與日本的國際比較』宏大出版社，台南，2003年）。

第3章：「産業の国際競争力分析（上），（下）」（『エコノミクス』第3巻第1号，第3巻第2号，1998年）。なお，この論文の一部は日本経済政策学会第58回全国大会（於：大阪産業大学，1999年10月22日）で発表。

第4章：「東アジアの経済発展戦略」（東アジア地域研究会・石田浩・西口清勝編『東アジア経済の構造』（講座　東アジア近現代史3），青木書店，2001年）。なお，この論文の一部は東アジア地域研究会第30回例会（於：京都大学経済研究所，2001年3月24日）で報告。

第5章：「台湾の産業政策と国家の制度能力」（アジア経済研究所2003年度「国家の制度能力と産業政策」研究会に提出した論文）。

第6章：「台湾の経済発展における中小企業の役割」（『産業経営研究所報』第32号，2000年）。

あとがき——開発経済学を知るため文献案内

　開発経済学（Development Economics）は開発途上国の経済発展メカニズムや経済の仕組みを分析する学問である。理論モデルや実証研究を通じて経済開発政策について提言する国際経済学の一分野である。以下は主として日本で出版された開発経済学の書籍を中心に文献を紹介する。

　戦前では「植民政策」や「植民地経済学」と呼ばれた。しかし，戦前は植民地宗主国が植民地支配のために，植民地を理解するために成り立ったもので，宗主国の「支配」がその目的であった。「植民政策」の分野の代表作は矢内原忠雄『植民及植民政策』（1926年，後に『矢内原忠雄全集』第1巻，1963年に収録），矢内原忠雄『帝国主義下の台湾』（1929年，岩波書店，1988年），涂照彦『日本帝国主義下の台湾』（東京大学出版会，1975年），持地六三郎『台湾植民政策』（富山房，1912年），東嘉生『台湾経済史研究』（東都書籍会社台北支店，1944年），川野重任『台湾米穀経済論』（有斐閣，1941年），東郷実・佐藤四郎『台湾植民発達史』（台北・晃文館，1916年）などである。戦前の殖民地経済学は開発経済学とは「体質」が異なっていて，その意味から厳密的に言えば，基本的な相違があった。

　「植民地経済学」の解明の代表作はオランダのブーケとイギリスのファーニバルである。前者は植民地経済に存在していた「複合社会」，後者はその「社会的・経済的二重構造」の実態を究明した。つまり，植民地宗主国から導入した近代部門と伝統社会に定着していた農業・零細手工業の二重構造の共存を指摘したものである（J. H.ブーケ（永井浩一訳）『二重経済論：インドネシア社会における経済構造分析』（秋童書房，1979年），J. S.ファーニバル（南太平洋研究会訳）『蘭印経済史』（実業日本社，1943年），板垣與一『アジアの民族主義と経済発展』（東洋経済新報社，1962年）など）。

　開発経済学の誕生は主として第2次世界大戦以降であり，開発途上国が植民

地支配から次々と独立し，初期では「低開発国経済学」や「後進国経済学」で呼ばれていた。この分野の代表作は，H．ミント（結城司郎・木村修三訳）『低開発国の経済学』（鹿島研究所出版会，1965年，後の改定版は木村修三・渡辺利夫訳『開発途上国の経済学』東洋経済新報社，1981年），H．ミント（渡辺利夫・小島眞・高梨和紘・高橋宏訳）『低開発国の経済理論』（東洋経済新報社，1973年），赤羽裕『低開発経済分析序説』（岩波書店，1971年）などである。

　ヌルクセが提起した途上国の資本形成によって，均衡的な成長を促す考えを持っていた。これが「均斉成長論」である（R．ヌルクセ（土屋六郎訳）『後進国の資本形成』厳松堂，1955年）。同じような考えを持つのがR．プレビッシュとH．W．シンガーであり，途上国による一次産品の交易条件が長期にわたって悪化したことで，工業化戦略の重要性を指摘した。P．N．ローゼンシュタイン-ロダンは「ビッグ・プッシュ」の必要性を唱え，産業間の投入産出関係の緊密性との連関で，ある程度の投資の必要性を指摘した。前記の「均斉成長論」に対して，「不均斉成長論」を主張したのがハーシュマンである。途上国の場合，資本には限りがあるために，特定の産業に投入し，発展の突破口を創るべきである指摘した（A．O．ハーシュマン（小島清監訳・麻田四郎訳）『経済発展の戦略』厳松堂，1961年，（麻田四郎・所哲也訳）『開発計画の診断』厳松堂，1973年）。

　ロストウの経済発展段階説では，(1) 伝統的社会の時代，(2) 離陸の先行条件期，(3) 離陸期，(4) 成熟期，(5) 高度大量消費時代の5段階に分けた。そのうち，(2) 離陸の先行条件と (3) 離陸期が最も重要な時期である（木村健康・村上泰亮・久保まち子訳『経済発展の諸段階』ダイヤモンド社，1961年）。「近代経済成長」の概念を築いたS．クズネッツ（塩野谷祐一訳『近代経済成長の分析（上・下）』（東洋経済新報社，1968年），西川俊作・戸田泰訳『諸国民の経済成長』（ダイヤモンド社，1977年））。そのほかに，J．A．シュンペーター（塩野谷祐一・中山伊知郎・東畑精一訳）『経済発展の理論』（岩波書店，1977年），H．ライベインシュタインは経済的後進性の特徴を近代経済理論で解明した（三沢嶽郎監訳・矢野勇訳『経済的後進性と経済成長』紀伊国屋書店，1960年）。それに，G．ミュールダール（小原敬士訳）『経済理論と低開発地域』（東洋経済新報社，1959年）も注目に値する。

その後，後進国は開発途上国や発展途上国と呼ばれるようになり，それに合わせて「経済発展論」や「発展途上国経済論」（開発途上国経済論）とも呼ばれることがあった。R．T．ギール（安場保吉・安場幸子訳）『経済発展論』（東洋経済新報社，1965年），稲田献一・関口末夫・床田安豊『経済発展のメカニズム：その理論と実証』（創文社，1972年），稲田献一・宇沢弘文『経済発展と変動』（岩波書店，1972年），鳥居泰彦『経済発展理論』（東洋経済新報社，1979年），西川潤『経済発展の理論（第2版）』（日本評論社，1978年），安場保吉『経済成長論』（筑摩書房，1980年），安場保吉・江崎光男編『経済発展論』（創文社，1985年），ランデス・ハル『経済開発論』（高文堂出版社，1983年），C．P．キンドゥルバーガー（坂本二郎・加野英資・菅宣雄訳）『経済発展論（上・下）』（好学社，1968年/1969年），P．A．ヨトポロス・J．B．ヌジェント（鳥居泰彦訳）『経済発展理論：実証研究』（慶應通信，1984年），秋山裕『経済発展論入門』（東洋経済新報社，1999年），大川一司・小浜裕久『経済発展論：日本の経験と発展途上国』（東洋経済新報社，1993年），小金芳弘『経済発展論』（東海大学出版会，1994年），小林一三『経済発展の理論と実証』（日本経済評論社，2001年），森野勝好・西口清勝編『発展途上国経済論』（ミネルヴァ書房，1994年），大塚勝夫『比較経済発展論』（早稲田大学出版部，1995年）などが代表作である。

「開発経済学」の用語をはじめて使ったのは村上敦（神戸大学名誉教授），渡辺利夫（東京工業大学名誉教授・拓殖大学教授）などであり，数多くの先駆的業績を残した。後に，基本的に意味は同じであるが，経済発展論よりも開発経済学がより多く使われるようになった。

この分野の初期の代表作は，村上敦『開発経済学』（ダイヤモンド社，1971年），W．エルカン（渡辺利夫・高梨和紘・小島眞・高橋宏訳）『開発経済学』（文眞堂，1976年），渡辺利夫『開発経済学研究：輸出と国民経済形成』（東洋経済新報社，1978年），杉谷滋『開発経済学再考』（東洋経済新報社，1978年），池本清『開発経済学の研究』（同文舘，1982年）などである。

この分野で最も影響が大きいのは，渡辺利夫『開発経済学：経済学と現代アジア経済』（日本評論社，1986年，第2版・1996年），石川滋『開発経済学の基本問題』（岩波書店，1990年），速水佑次郎『開発経済学』（創文社，1995年），M．

あとがき──開発経済学を知るため文献案内

P.トダロ（岡田靖夫監訳）『M.トダロの開発経済学（第6版）』（日本協力出版会，1997年），大野健一・桜井宏二郎『東アジアの開発経済学』（有斐閣，1997年），G.マイヤー編（松永宣明・大坪滋訳）『国際開発経済学入門』（勁草書房，1999年），黒崎卓・山形辰史『開発経済学：貧困削減へのアプローチ』（日本評論社，2003年），渡辺利夫・佐々木郷里編『開発経済学事典』（弘文堂，2004年）などである。

そのほかに，渡辺利夫・堀侑編『開発経済学：文献と解題』（アジア経済研究所，1984年），K.バス（大西高明訳）『開発経済学：既存理論の批判的検討』（成文堂，1986年），絵所秀紀『開発経済学：形成と展開』（法政大学出版局，1991年），朴聖相『開発経済学のフロンティア』（有斐閣，1991年），M.モリッシュ（保科秀明訳）『第三世界の開発問題』（古今書院，1991年），高木保興『開発経済学』（有斐閣，1992年），梅津和郎編『新・開発経済学』（晃洋書房，1993年），朽木昭文・野上裕生・山形辰史編『テキストブック・開発経済学』（有斐閣，1997年），山形辰史編『やさしい開発経済学』（アジア経済研究所，1998年），絵所秀紀『開発の政治経済学』（日本評論社，1997年），渡辺利夫『開発経済学入門』（東洋経済新報社，2001年，第2版・2004年），原洋之助『開発経済論（第2版）』（岩波書店，2002年），高木保興『開発経済学の新展開』（有斐閣，2002年），G.マイヤー・J.E.スティグリッツ編（岡本勘次・近藤正規・国際協力研究グループ訳）『開発経済学の潮流：将来の展望』（シュプリンガー・フェアラーク東京，2003年），M.エスワラン・A.コトワル（永谷敬三訳）『なぜ貧困はなくならないのか：開発経済学入門』（日本評論社，2000年），絵所秀紀『開発経済学とインド』（日本評論社，2002年），峯陽一『現代アフリカと開発経済学』（日本評論社，1999年），野上裕生『開発経済学のアイデンティティ』（アジア経済研究所，2004年）なども注目に値する。

開発経済学をミクロから捉えたのが，黒崎卓『開発のミクロ経済学：理論と応用』（岩波書店，2001年），P.バーダン・C.ウドリー（福井清一・不破信彦・松下敬一郎訳）『開発のミクロ経済学』（東洋経済新報社，2001年）である。

近年，開発経済学の一環から「国際開発学」，「国際開発論」や「海外協力論」，「国際援助論」が論じられるようになった。この分野は神戸大学大学院国際協力研究科，名古屋大学国際開発研究科，拓殖大学国際開発学部などの新設

によって，開発経済学の関連科目が開設されるようになった。渡辺利夫編『国際開発学（Ⅰ・Ⅱ）』（東洋経済新報社，2000年），渡辺利夫編『国際開発学と人間』（三五館，1998年），渡辺利夫編『国際開発学入門』（弘文堂，2001年），斎藤優『国際開発論：開発・平和・環境』（有斐閣，1995年），海外経済協力基金開発援助研究会編『経済協力用語辞典』（東洋経済新報社，1993年），石川滋編『開発協力政策の理論的研究』（アジア経済研究所，1996年），西垣昭・下村恭民『開発援助の経済学』（有斐閣，1993年），大野健一『市場移行戦略：新経済体制の創造と日本の知的支援』（有斐閣，1996年），大野健一『途上国のグローバリゼーション：自立的発展は可能か』（東洋経済新報社，2000年），小浜裕久『ODAの経済学』（日本評論社，1992年），大野幸一・錦見浩司編『開発戦略の再検討』（アジア経済研究所，2000年），T. W. シュルツ（土屋圭造監訳）『貧困の経済学』（東洋経済新報社，1981年），I. エーデルマン・C. T. モリス（村松安子訳）『経済成長と社会的公正』（東洋経済新報社，1978年），鶴見和子・川田侃編『内発的発展論』（東京大学出版会，1989年），梶原弘和『アジアの発展戦略』（東洋経済新報社，1995年），松永宣明『経済開発と企業発展』（勁草書房，1996年），恩田守雄『発展の経済社会学』（文眞堂，1997年），奥田英信・黒柳雅明編『入門開発金融：理論と政策』（日本評論社，1998年）などが出版された。

そのほかに，A. K. セン（石塚雅彦訳）『自由と経済開発』（日本経済新聞社，2000年），A. K. セン（黒崎卓・山崎幸治訳）『貧困と飢饉』（岩波書店，2000年），世界銀行（白鳥正喜監訳）『東アジアの奇跡：経済成長と政府の役割』（東洋経済新報社，1994年），世界銀行（柳原透監訳）『東アジア再生への途』（東洋経済新報社，2000年），世界銀行（小浜裕久・冨田陽子訳）『有効な援助』（東洋経済新報社，2000年），V. トーマス・他（小浜裕久・織井啓介・冨田陽子訳）『経済成長の「質」』（東洋経済新報社，2002年），W. イースタリ（小浜裕久・織井啓介・冨田陽子訳）『エコノミスト南の貧困と闘う』（東洋経済新報社，2003年），R. ウェード（長尾伸一・他訳）『東アジア資本主義の政治経済学』（同文舘，2000年），菊池京子編『開発学を学ぶ人のために』（世界思想社，2001年），宮川典之『開発論の視座』（文眞堂，1996年），渡辺利夫・三浦有史『ODA（政府開発援助）：日本に何ができるか』（中公新書，2003年），青山温子・原ひろ子・喜多悦子『開発と健康』（有斐閣，2001年）および世界銀行『世界開発報

告』（各年版，シュプリンガー・フェアラーク東京など），国連開発計画（UNDP）編『人間開発報告』（各年版，国際協力出版会・古今書院）などがあげられる。

　上記に述べた訳書のほかに，英文版「開発経済学」の基礎テキストのうち D. H. Perkins, S. Radelet, D. R. Snodgrass, M. Gillis, M. Roemer, *Economics of Development*, 5th ed., W. W. Norton & Company, 2001; D. Ray, *Development Economics*, Princeton University Press, 1998; J. Eatwell, M. Milgate, P. Newman, eds., *Economic Development*, W. W. Norton, 1987; G. M. Meier, D. Seers, *Pioneer in Development*, Oxford University, 1984; J. S. Hogendorn, *Economic Development*, 3rd ed., Harper Collins Collede Publishers, 1996などが知られていた。そのほかに，N. Gemmell, ed., *Surveys in Development Economics*, Basil Blackwell, 1987; J. P. Blair, L. A. Reese, eds., Approaches to *Economic Development*, Sage Publications, 1999; G. Rees, C. Smith, *Economic Development*, 2nd ed., Macmillan Press, 1994; D. Lal, *The Poverty of 'Development Economics'*, Harvard University Press, 1983などがあげられる。

　開発経済学の重要論文を収録した論文集としては，D. Lal, ed., *Development Economics*, Vol.1〜4, An Elgar Reference Collection, Edward Elger Publishing Limited, 1992; *Handbook of Development Economics*, Vol.1〜2 (H. Chenery, T. N. Srinivasan, eds.), Vol.3A〜3A (J. Behrmen, T. N. Srinivasan, eds.), North-Holland, Elsevier, 1989; P. Bardhan, C. Udry, eds., *Reading in Development Economics*, Vol.1〜2, The MIT Press, 2000; K. T. Liou, ed., *Handbook of Economic Development*, Marcel Dekker, Inc., 1998などがあげられる。

事項索引

ア 行

アジア太平洋オペレーションセンター計画　　ii, 52, 112, 113, 118, 140, 151
アジア太平洋オペレーション特区　　140
圧縮型経済発展　　113
アメリカ援助運用委員会（米援会）　　ii, 40, 104, 107-109, 113, 130, 146, 148
内向き型（工業化）　　42, 118, 124
エイサー（宏碁）　　56
OEM（委託加工生産）　　56, 162
ODM（委託設計・生産）　　56
大きな政府　　111, 113, 118, 138, 151

カ 行

海外投資政策　　137
海外直接投資　　50, 51, 58, 84, 86, 98, 163
戒厳令解除　　136, 148, 162
外国為替管理条例　　137
外国為替政策改革九人小組　　129
外国人投資条例　　128
外国人労働者　　181, 184-186, 188, 189
開発志向国家論者　　102, 113, 116
開発独裁型　　102, 148
科学技術化国家推進方策　　141
科学技術白書　　141
科学工業園区設置及び管理条例　　45, 135
華僑投資条例　　128
拡大循環メカニズム　　65
過剰労働力　　4, 9, 10, 11, 170
家族計画　　106, 107
為替管理条例　　154
為替貿易改革方策　　129, 154
官民分業　　134
企業総合損益構造　　189

技術の孵卵器　　145
偽装失業　　10
機能的アプローチ　　116
奇美實業公司　　53, 135
逆U字型曲線　　i, 3, 4, 11-13, 23, 25, 27, 31, 32
経安会 → 経済安定委員会
経建会 → 経済建設委員会
経合会 → 国際経済合作発展委員会
経済安定委員会（経安会）　　ii, 40, 107, 108, 113, 148
経済革新委員会　　138
経済建設委員会（経建会）　　ii, 36, 40, 41, 107, 111, 113
経済建設4ヵ年計画　　ii, 40-43, 45, 46, 48, 49, 107, 108, 110, 111, 139
経済建設6ヵ年計画　　134
経済振興方策　　140
経済設計委員会（経設会）　　ii, 36, 40, 107, 110, 113
経済テクノクラート　　133, 146-149
経済発展加速大綱　　108
経設会 → 経済設計委員会
ケインズ経済学　　110, 133
顕示比較優位指数（RCA指数）　　i, 66, 67, 69, 71-74, 76-82, 84-86, 88-93, 97, 98
工業委員会　　107, 148
工業技術研究院　　ii, 143, 145
工業生産能力の世界的再配置過程　　65
公業と私業の二重構造　　26
工業日本，農業台湾　　123
耕者有其田（実施条例）　　105, 121, 150
構造転換連鎖　　98
広達電脳　　56

公地放領　　105,121,123,150
国際競争力　　i,65,66,81,91,93,97-100,
　　140,162,163
国際経営開発研究所（IMD）　　143,144
国際経済合作発展委員会（経合会）　　i,36,40,
　　107,109,110,113
国民年金制度　　187
国家科学技術発展10ヵ年長期計画　　140
国家建設6ヵ年計画　　ii,41,43,52,111,113,
　　118,139,140
国家の制度能力　　ii,116-119,135,139,141,
　　145,150
国共内戦　　103,120,146,148

サ　行

財政経済5人小組　　110,111
最大不平等点　　i,12,13,24-26,32
最底辺労働者　　12,13,17,18
産業高度化促進条例　　48,139
産業政策　　ii,116-120,133,135,139,147,
　　150,152
産業の空洞化　　51,62
産業連関表　　i,35-39,42-49,51-54,57,59,61
三七五減租（条例）　　104,121,150
GHQ（連合軍総司令部）　　105
市場拡張的見解　　117
市場の失敗　　116
市場メカニズム　　102,116,131,150
市場友好的(論者)アプローチ　　102,113,116
ジニ係数　　30,31
重層的追跡過程　　ii,67,73,76,78,84,86,89,
　　91,97,98
十九項目財政経済改革措置　　ii,108,109,
　　130,131,151
週休2日制度　　186,187
十大建設　　ii,43,45,110,111,118,133-135,
　　151
十大新興産業　　139
十二項目建設　　ii,43,45,118,134,135,151
十二項目重点科学技術中期計画　　140
十二項目重点技術　　140

十四項目建設　　43
商業化点　　10,11,15
証券取引所　　130
証券取引法　　138
情報産業中進国　　89
食糧不足点　　7,9-11
所得格差　　3,12,13,27-32
所得分配　　11,23,25,30,31,163
新竹科学工業園区　　ii,45,62,118,135,136,
　　141,151
スカイライン・マップ　　i,35-37,39,42-44,46
　　-53,56-62
世紀に跨る国家建設計画　　52,111-113
西向政策　　48
政策の制定者　　105
生存維持的水準　　4,12,19
制度的賃金　　4-7,10-15,19
政府の失敗　　116
世界経済フォーラム　　143,144
全民健康保険制度　　187
相対的後発性利益　　113
外向き型（工業化）　　42,118,128,129

タ　行

対外投資及び技術合作審査処理弁法　　138
台南科学工業園区　　141
台湾省公有耕地の放領による自作農育成実施弁
　　法　　104
台湾省長官公署食糧管理臨時弁法　　120
台湾省農業組織調査委員会　　104
台湾積体電路製造（TSMC）　　56,145
台湾プラスチック（FPG）　　53,108,135,148
WTO加盟　　141
単一為替レート制度　　37,129,161
第2次輸入代替工業化　　45,133,134,151,162
竹南科学工業園区　　141
中国農村復興聯合委員会（農復会）　　ii,102-
　　107,113,114,148
中小企業王国　　158
中小企業銀行　　196,197
中小企業指導基準　　158

中小企業指導方策　137
中小企業信用保証基金　197, 198
中小企業認定基準　160
中小企業発展基金収支保管及び運用弁法　160
中小企業発展条例　160
中心・衛星系統（センター・サテライトシステム）　162
挑戦2008　ii, 52, 62, 64, 119, 142, 151, 156
賃金格差　23-27, 31, 32
賃金の限界生産性説　4, 6, 13, 15, 17, 19, 20, 32
賃金の生存費説　4, 6, 13-15, 17, 19, 32
デモンストレーション効果　149
転換点　i, 3-5, 7, 9-13, 15, 19, 21, 25, 30-33, 42
投資奨励条例　37, 42, 43, 45, 48, 108, 118, 129, 131, 136, 139, 154
土地なし労働者　13, 14
飛び地経済　132

ナ　行

南向政策　48
南北問題　65
二重経済発展モデル　7
二大，二高，二低　136
二二八事件　115, 120, 148, 153
2部戦略　117
寧為鶏首，不為牛後　168
農家余剰比率　29, 30
農業委員会　107
農業発展委員会　107
農地改革（土地改革）　ii, 104, 105, 119, 121, 123, 150
農復会　→　中国農村復興聯合委員会

ハ　行

八大重要技術　139
東アジアの奇跡　65, 97, 102, 114, 116, 152, 198
非共産主義的改革　105
肥料と穀物の交換制度　104
ファウンドリー　56, 145
プロダクト・サイクル理論　ii, 66, 73, 76, 78, 86, 89, 91, 95-98
米援会　→　アメリカ援助運用委員会
幣制改革　ii, 119-121, 150
ペティ＝クラークの経験法則　35
貿易特化係数　i, 93-98

マ　行

緑のシリコン・アイランド　118, 142
無制限労働供給　4, 6, 9, 12-14, 17, 20, 32
モノカルチュア経済　123

ヤ　行

輸出加工区　39, 42, 118, 131, 132, 161
輸出加工区設置管理条例　37, 131, 154
4組1会　107
4大公司　105, 123

ラ　行

ラニス＝フェイ・モデル　i, 7-10
両兆双星　52, 62, 142, 151
ルイス・モデル　i, 5, 7
聯華電子（UMC）　56, 145
レントシーキング（利潤誘導行動）　128, 146, 149
労働過剰経済　i, 4, 5, 23, 42, 170
労働基準法　180, 182, 186, 188
労働限界生産性　3, 5, 7, 9-11, 13, 15, 17, 19-21, 28, 31, 32
労働不足経済　i, 4, 5, 23, 42, 170

人名索引（ABC順）

安倍誠　199
Amsden, Alice　114,117,152,153
青木昌彦　99,152,198
朝元照雄　62-64,101,115,153-156,199

Baker, John Earl　103
Balassa, B.　i,66,97,100,152
Barclay, George　106
邊裕淵（Bien, Yu-Yuan）　33

趙既昌（Chao, Chi-Chang）　154
張之傑（Chang, C. C.）　154
張忠謀（Chang, M. C. M.）　145,156
陳誠（Chen, Cheng）　110
陳木在（Chen, Mu-Tsai）　153
陳水扁（Chen, Shui-Pien）　ii,118,142,151
陳定慧（Chen, T. H.）　155
陳添枝（Chen, Tain-Jy）　154,155
陳文溪（Chen, W. H.）　115,153
蔣經國（Chiang, Ching-Kuo）　110,149
蔣介石（Chiang, Kai-Shek）　147,149
蔣夢麟（Chiang, Mon-Lin）　103-106,115
瞿宛文（Chu, Wan-wen）　117,149,153,155,156
鍾琴（Chung, C.）　176,200

Fei, J. C. H.（費景漢）　i,3,7-11,33,34
藤森英男　155

Galenson, Walter　152
Gerschenkron, A.　113
後藤晃　152

花崎正晴　100

郝柏村（Hao, Po-Chun）　140
Haraldson, Wesley C.　130,131
服部民夫　199
候繼明（Hou, Chi-Ming）　155
蕭峯雄（Hsiao, F. H.）　125,153
謝森中（Hsieh, S. C.）　114
辛炳隆（Hsin, P. L.）　188
邢慕寰（Hsing, M. H.）　154
許松根（Hsu, S. K.）　154
薛光濤（Hsueh, K. T.）　155
黃俊傑（Huang, Chun-Chieh）　114
黃登忠（Huang, Teng-Chung）　122,153

家本秀太郎　62
池田吉紀　58,64
石田浩　114

Jacoby, Neil H.　114,154
Janow, M. E.　100

梶原弘和　62,100,199
高希均（Kao, Charies H. C.）　199
川上桃子　199
金瀅基（Kim, H. K.）　99,198
Kirby, W. C.　iii,147,156
小宮隆太郎　152
顧瑩華（Ku, Ying-Hua）　154,155
郭婉容（Kuo, S. W. Y.）　34
黒岩郁雄　145,146,156
Krugman, P.　66,97,99
Kuznets, S.　i,3,11,12,25,27,31,33,34

Ladejinsky, Wolf　114
李誠（Lee, Joseph S.）　188,199

人名索引

李登輝（Lee, Teng-Hui）　153
Leontief, W. W.　i, 35, 62
Lewis, W. A.　i, 3-5, 7, 9, 12, 31, 33, 42, 170
李國鼎（Li, Kuo-Ting）　133, 149, 153
梁侯金英（Liang, Ching-ing）　154
梁國樹（Liang, Kuo-Shu）　115, 154
連戰（Lien, Chan）　140
林建山（Lim, Bert J.）　155
林嘉慧（Lin, C. H.）　188
林江邁（Lin, C. M.）　115, 153
劉鳳文（Liu, F. W.）　154
劉進慶　26, 34, 64, 154, 156, 198, 199
劉文甫（Liu, Wenfu）　115, 155, 199

松本和幸　100
松永宣明　199
南亮進　34
三橋規宏　58, 64
溝口敏行　34
Moyer, Raymond T.　103, 104

長尾伸一　152
中辻萬治　99, 100
新飯田宏　64
野村誠　100

岡崎哲二　152
奥野（藤原）正寛　99, 152, 198
大和田惠朗　155
小野五郎　152
小野寺武夫　99, 100
尾崎巌　62

Pepper, T.　100
Porter, Michael E.　99, 100

Radelet, S.　101
Ranis, G.　i, 3, 7-11, 33, 34

Sachs, J.　101
蔡焜燦　156

斎藤一夫　34
佐藤幸人　199
施昭雄　62, 115, 155
沈宗瀚（Shen, T. H.）　103, 104
塩野谷祐一　33
白鳥正喜　99, 114, 152, 198
Stiglitz, Joseph E.　117, 152
Stillman, Charles　103
蘇顯揚（Su, H. Y.）　199
孫震（Sun, Chen）　115
孫運璿（Sun, Y. H.）　110
孫文（Sun, Yat-Sen）　102, 133, 146
鈴村興太郎　152

高中公男　62, 100
竹下興喜　99
竹内順子　199
丹下敏子　99
谷浦孝雄　198
土岐坤　99, 100
戸成富美子　99
曹興誠（Tsao, H. C.）　145
蔣碩傑（Tsiang, Shuo-Chieh）　154, 155
董安琪（Tung, An-Chi）　41, 63, 115, 147, 155, 156

内田茂男　58, 64

Vernon, R.　ii, 100
Vogel, E. F.　iii, 149, 155, 156, 198

Wade, Robert　117, 152
王永慶（Wang, Y. C.）　108, 148
渡辺利夫　34, 99-101, 114, 155, 198
Wheeler, J. W.　100
Winckler, Edwin A.　114
呉恵林（Wu, H. L.）　188

山田勇　62
山田三郎　34
Yang, Martin M. C.　114

葉萬安 (Yeh, W. A.)　　154
嚴家淦 (Yen, C. K.)　　110
晏陽初 (Yen, Y. C.)　　103
尹仲容 (Yin, Chung-Jung)　　130,133,149, 153,154

于宗先 (Yu, Tsong-Shian)　　129,153-155, 199
余玉賢 (Yu, Y. H.)　　153
Yusef, Shahid　　117,152

著者略歴

朝元照雄（あさもと　てるお）

　　1950年生まれ。筑波大学大学院社会科学研究科経済学専攻　博士課程修了・博士（経済学）。
　　株式会社日立製作所技術部主任・副参事、ハーバード大学フェアバンク東アジア研究センター客員研究員（1996～97年）を歴任。現在は九州産業大学経済学部教授。
　　主著は『現代台湾経済分析』勁草書房、1996年；『台湾経済論』（共編）勁草書房、1999年；『台湾の経済開発政策』（共編）勁草書房、2001年；『台湾の産業政策』（共編）勁草書房、2003年；『台湾経済入門』（共編）勁草書房、2007年；『台湾の経済発展』勁草書房、2011年；『台湾の企業戦略』勁草書房、2014年など。
（asamoto@ip.kyusan-u.ac.jp）

開発経済学と台湾の経験
　　アジア経済の発展メカニズム

2004年10月15日　第1版第1刷発行
2014年8月20日　第1版第4刷発行

著　者　　朝　元　照　雄
発行者　　井　村　寿　人

発行所　株式会社　勁　草　書　房
112-0005　東京都文京区水道2-1-1　振替　00150-2-175253
（編集）電話　03-3815-5277／FAX　03-3814-6968
（営業）電話　03-3814-6861／FAX　03-3814-6854
平文社・松岳社

Ⓒ ASAMOTO Teruo　2004

ISBN978-4-326-50254-7　　Printed in Japan

JCOPY　〈(社)出版者著作権管理機構　委託出版物〉
本書の無断複写は著作権法上での例外を除き禁じられています。
複写される場合は、そのつど事前に、(社)出版者著作権管理機構
（電話 03-3513-6969、FAX 03-3513-6979、e-mail: info@jcopy.or.jp）
の許諾を得てください。

＊落丁本・乱丁本はお取替いたします。
　　　　http://www.keisoshobo.co.jp

朝元照雄
台湾の経済発展
キャッチアップ型ハイテク産業の形成過程

A5判　3,200円
50354-4

渡辺利夫・朝元照雄 編著
台湾経済読本

A5判　2,800円
50330-8

渡辺利夫・朝元照雄 編著
台湾経済入門

A5判　2,800円
50289-9

赤羽　淳
東アジア液晶パネル産業の発展
韓国・台湾企業の急速キャッチアップと日本企業の対応

A5判　3,200円
50396-4

渡邉真理子 編著
中国の産業はどのように発展してきたか

A5判　3,800円
50380-3

トラン・ヴァン・トウ
ベトナム経済発展論
東アジアの中の市場移行

A5判　3,200円
50339-1

山澤逸平・馬田啓一・国際貿易投資研究所 編著
アジア太平洋の新通商秩序
TPPと東アジアの経済連携

A5判　4,000円
50388-9

山澤逸平・馬田啓一・国際貿易投資研究所 編著
通商政策の潮流と日本
FTA戦略とTPP

A5判　3,700円
50365-0

――― 勁草書房刊

＊表示価格は2014年8月現在，消費税は含まれておりません。